Das Problem des Doppelspiels beim gutgläubigen Erwerb

Europäische Hochschulschriften

European University Studies

Publications Universitaires Européennes

Reihe II **Rechtswissenschaft**

Series II Law

Série II Droit

Band/ Volume **6004**

Lidong Wang

Das Problem des Doppelspiels beim gutgläubigen Erwerb

Eine rechtsvergleichende Untersuchung zwischen dem deutschen und chinesischen Recht

PETER LANG

Bibliografische Information der Deutschen Nationalbibliothek
Die Deutsche Nationalbibliothek verzeichnet diese Publikation in der Deutschen Nationalbibliografie; detaillierte bibliografische Daten sind im Internet über http://dnb.d-nb.de abrufbar.

Zugl.: Köln, Univ., Diss., 2017

D 38
ISSN 0531-7312
ISBN 978-3-631-75660-7 (Print)
E-ISBN 978-3-631-75664-5 (E-PDF)
E-ISBN 978-3-631-75665-2 (EPUB)
E-ISBN 978-3-631-75666-9 (MOBI)
DOI 10.3726/b14143

Diese Publikation wurde begutachtet.

www.peterlang.com

Vorwort

Die vorliegende Arbeit wurde im Wintersemester 2017/2018 von der rechtswissenschaftlichen Fakultät der Universität zu Köln als Dissertation angenommen.

Bei Herrn Prof. Dr. Hans-Peter Haferkamp bedanke ich mich vielmals für die sorgfältige Betreuung. Herrn Prof. Dr. Dr. h. c. Hanns Prütting danke ich für die zügige Erstellung des Zweitgutachtens.

Diese Arbeit ist am Kölner Institut für Neuere Privatrechtsgeschichte, Deutsche und Rheinische Rechtsgeschichte entstanden. Für die stetige Hilfsbereitschaft und die Gastfreundlichkeit danke ich dem Direktor des Instituts, Herrn Haferkamp, sowie den Kolleginnen und Kollegen aus dem Institut. Daneben bedanke ich mich auch bei all denen, die mir in den vergangenen sechs Jahren die Freundschaft geschenkt haben. Ohne ihre Hilfe hätte ich in Köln nicht so gut studieren und leben können.

Mein herzlicher Dank gebührt DAAD und China Scholarship Council. Ohne die finanziellen Unterstützungen beider wären mein Masterstudium und die anschließende Promotion an der Universität zu Köln unmöglich gewesen. Der rechtswissenschaftlichen Fakultät der Jilin Universität, an der ich jetzt als Dozent tätig bin, danke ich für die großzügige Übernahme des Druckkostenzuschusses.

Frau Sarah Friedrich, die die Mühe der sprachlichen Korrektur der vorliegenden Arbeit auf sich genommen hat, schulde ich ebenfalls ein Dankeschön.

Danken möchte ich auch meinen Eltern, meinen Geschwistern und meiner Freundin, Frau Qianxiao Ren, die mich in jeder Hinsicht bedingungslos und beständig unterstützt haben. Ihnen ist die Arbeit gewidmet.

Changchun, im Dezember 2017 *Lidong Wang*

Inhaltsverzeichnis

Abkürzungsverzeichnis

a. A.	anderer Ansicht
aaO.	am angegebenen Ort
ABGB	Allgemeines bürgerliches Gesetzbuch (Österreich)
Abs.	Absatz
AcP	Archiv für die civilistische Praxis
ADHGB	Allgemeines Deutsches Handelsgesetzbuch von 1861
AGZR	Allgemeine Grundsätze des Zivilrechts der Volksrepublik China
ALR	Allgemeines Landrecht für die Preußischen Staaten von 1794
Alt.	Altnative
Anm.	Anmerkung
Art.	Artikel
Aufl.	Auflage
Bd.	Band
BGB	Bürgerliches Gesetzbuch
BGB-RGRK	Das Bürgerliche Gesetzbuch mit besonderer Berücksichtigung der Rechtsprechung des Reichgerichts und des Bundesgerichtshofes, mit Nebengesetzen, Kommentar
BGH	Bundesgerichtshof
BGHZ	Entscheidungen des Bundesgerichtshofes in Zivilsachen
bspw.	beispielsweise
bzgl.	bezüglich
bzw.	beziehungsweise
c. i. c.	culpa in contrahendo
CZGB	Zivilgesetzbuch der Republik China von 1930
DDR	Deutsche Demokratische Republik
d. h.	das heißt
ders.	derselbe
dies.	dieselbe(n)
Diss.	Dissertation
DJT	Deutscher Juristentag
E I	Entwurf eines Bürgerlichen Gesetzbuches für das Deutsche Reich. Erste Lesung
E II	Entwurf eines Bürgerlichen Gesetzbuches für das Deutsche Reich. Zweite Lesung
f.	folgende

ff.	fortfolgende
FG	Festgabe
Fn.	Fußnote
FS	Festschrift
gem.	gemäß
ggf.	gegebenenfalls
GoA	Geschäftsführung ohne Auftrag
Halbs.	Halbsatz
h. L.	herrschende Lehre
h. M.	herrschende Meinung
HGB	Handelsgesetzbuch
HRG	Handwörterbuch zur deutschen Rechtsgeschichte
Hrsg.	Herausgeber
JherJb	Jherings Jahrbücher für die Dogmatik des bürgerlichen Rechts
Kfz	Kraftfahrzeug
idR.	in der Regel
insb.	insbesondere
iSd	im Sinne der/des
iSv	im Sinne von
iVm	in Verbindung mit
JA	Juristische Arbeitsblätter
Jura	Juristische Ausbildung
JuS	Juristische Schulung
JW	Juristische Wochenschrift
JZ	Juristenzeitung
KPC	Kommunistische Partei Chinas
Münch KommBGB	Münchener Kommentar zum BGB
mwN.	mit weiteren Nachweisen
Nr.	Nummer
NJW	Neue Juristische Wochenschrift
NVK	Nationaler Volkskongress der Volksrepublik China
OLG	Oberlandgericht
Prot.	Protokolle
PWW	*Prütting/Wegen/Weinreich* (Hrsg.): BGB Kommentar
RabelsZ	Rabels Zeitschrift für ausländisches und internationales Privatrecht
RG	Reichsgericht

RGZ	Entscheidungen des Reichsgerichts in Zivilsachen
Rn.	Randnummer
s.	siehe
S.	Seite/Satz
s. o.	siehe oben
sog.	sogenannte(n)
Sp.	Spalte
SRG	Sachenrechtsgesetz der Volksrepublik China von 2007
Staudinger	Staudinger Kommentar zum BGB
TE	Entwurf eines Bürgerlichen Gesetzbuchs für das Deutsche Reich, Sachenrecht
TRG	Tijdschrift voor Rechtsgeschiedenis
u.	und
u. a.	und andere(r/n)/unter anderem
usw.	und so weiter
v.	vor/von/vom
v. a.	vor allem
VG	Vertragsgesetz der Volksrepublik China von 1999
vgl.	vergleiche
Vorbem.	Vorbemerkung
WM	Zeitschrift für Wirtschafts- und Bankrecht
z. B.	zum Beispiel
ZChinR	Zeitschrift für chinesisches Recht
ZfPW	Zeitschrift für die gesamte Privatrechtswissenschaft
ZGB	Zivilgesetzbuch (Schweiz)
ZGB der DDR	Zivilgesetzbuch der Deutschen Demokratischen Republik von 1975
ZGR RA	Zeitschrift der Savigny-Stiftung für Rechtsgeschichte: Romanistische Abteilung
ZJS	Zeitschrift für das Juristische Studium
zit.	zitiere

Einleitung

A. Fragestellung

In der juristischen Praxis ist es nicht selten, dass ein Nichtberechtigter eine fremde bewegliche Sache veräußert. Dies führt dazu, dass die Interessen des Eigentümers und des Erwerbers in schärfsten Konflikt treten. Einerseits ist dem Eigentümer daran gelegen, sein Eigentum an der Sache nicht durch die Verfügung eines Nichtberechtigten zu verlieren. Andererseits erfordert das Verkehrsinteresse, den Erwerber zum Eigentümer zu machen, wenn er gutgläubig an das Eigentum des Veräußerers glaubt. In der Praxis bleibt das Eigentum entweder weiterhin beim ursprünglichen Eigentümer bestehen oder aber der Erwerber wird der neue Eigentümer. Ein Kompromiss ist kaum vorstellbar. Dabei hat der Gesetzgeber zu entscheiden, wessen Interessen unter welchen Voraussetzungen schutzwürdiger sind. Gerade diese Aufgabe wird dem gutgläubigen Erwerb auferlegt. Wie der Name des Rechtsinstituts „gutgläubiger Erwerb" bereits zeigt, ist der gute Glaube des Erwerbers an das Eigentum des Veräußerers dafür eine entscheidende Voraussetzung. Zudem kommt der vom nichtberechtigt Verfügenden abgeleiteten Besitzlage eine ebenso wichtige Stellung zu.

In Deutschland ist der Vorgang der Eigentumsübertragung wegen des Trennungs- und Abstraktionsprinzips grundsätzlich vom kausalen Grundgeschäft getrennt zu betrachten. Verfügt ein Nichteigentümer über die bewegliche Sache eines anderen, stellt § 932 BGB die Grundregel des gutgläubigen Erwerbs im deutschen Recht dar: Hat der Veräußerer die bewegliche Sache dem Erwerber iSv § 929 S. 1 BGB übergeben und sind sich die Parteien über den Eigentumsübergang im Zeitpunkt der Übergabe einig, liegen die Grundvoraussetzungen des § 932 Abs. 1 S. 1 BGB vor. Übergabe iSv § 929 S. 1 BGB ist die Übertragung des unmittelbaren Besitzes oder die Verschaffung mittelbaren Besitzes.[1] Im Fall der Übereignung durch *brevi manu traditio* (Übergabe kurzer Hand) erwirbt der gutgläubige Erwerber das Eigentum, sofern sein unmittelbarer Besitz von dem Veräußerer abgeleitet ist, §§ 929 S. 2, 932 Abs. 1 S. 2 BGB. Aber in dem Fall, in dem das Eigentum an einer beweglichen Sache vom Nichtberechtigten durch bloßes Besitzkonstitut übertragen werden soll, erwirbt der Erwerber das Eigentum nur

1 MünchKommBGB/*Oechsler* (2017), § 929 Rn. 48 ff.; Staudinger/*Wiegand* (2017), § 929 Rn. 45 ff.; *Prütting*, Sachenrecht (2017), Rn. 375, S. 154; *Vieweg/Werner*, Sachenrecht (2015), § 4 Rn. 21, S. 93.

unter zusätzlichen Voraussetzungen, nämlich erst dann, wenn die Sache vom Veräußerer iSv § 929 S. 1 BGB übergeben wird, vgl. § 933 BGB.[2] Mit anderen Worten ist die Übergabe, also einerseits die freiwillige Aufgabe jeglicher Besitzposition des Veräußerers und andererseits die Erlangung mittelbaren oder unmittelbaren Besitzes[3] des Erwerbers auf Veranlassung des Veräußerers, für den gutgläubigen Erwerb nach §§ 929 S. 1, 932 Abs. 1 S. 1 BGB und §§ 930, 933 BGB erforderlich. Allgemein wird davon ausgegangen, dass der Grund für die Erforderlichkeit der Übergabe iSv § 929 S. 1 BGB darin liegt, dass wenn der Erwerber den Veräußerer im unmittelbaren Besitz belässt, er ihm das gleiche Vertrauen schenkt wie der ursprüngliche Eigentümer. Beide – ursprünglicher Eigentümer und potentieller gutgläubiger Erwerber – vertrauen dem veräußernden Nichtberechtigten den Besitz an der Sache an; in so einem Fall besteht aber jedenfalls kein Grund, das Vertrauen des potentiellen Erwerbers stärker zu schützen als jenes des Eigentümers.[4] Somit soll der Erwerber infolge des § 933 BGB das Eigentum nicht gutgläubig erwerben, wenn der Veräußerer möglicherweise zur gleichen Zeit noch für den ihm den Besitz anvertrauten Eigentümer besitzt („Doppelspiel").

Etwas anderes ergibt sich jedoch dann, wenn derjenige (K), der unter Eigentumsvorbehalt die bewegliche Sache von dem Eigentümer (E) erhalten hat, diese weiter durch bloßes Besitzkonstitut an den gutgläubigen Dritten (D1), also ohne Übergabe iSv § 929 S. 1 BGB, erfolglos veräußert, und dieser (D1) seinen aus dem mit K abgeschlossenen Besitzkonstitut abgeleiteten Herausgabeanspruch nach § 934 1. Alt. BGB zwecks Eigentumsübertragung an einen anderen Gutgläubigen (D2) abtritt. Nach § 931 BGB reicht auch der Erwerb mittelbaren Besitzes durch die Abtretung des Herausgabeanspruchs für die Übereignung aus. In § 934 BGB,

---

2 MünchKommBGB/*Oechsler* (2017), § 933 Rn. 4; Staudinger/*Wiegand* (2017), § 933 Rn. 17 ff.; Soergel/*Henssler* (2002), § 933 Rn. 6; *Vieweg/Werner*, Sachenrecht (2015), § 5 Rn. 21, S. 135.

3 MünchKommBGB/*Oechsler* (2017), § 933 Rn. 4; *Westermann/Gursky/Eickmann*, Sachenrecht (2011), S. 428 f. Die Erlangung mittelbaren Besitzes solle durch Begründung eines Besitzmittlungsverhältnisses zwischen dem Erwerber und einem Dritten auf Anweisung des Veräußerers erfolgen, wobei der Veräußerer jegliche Besitzposition verlieren muss. Ein durch den Veräußerer vermittelter Besitz reiche nicht aus. Wenn schon ein Besitzmittlungsverhältnis zwischen Veräußerer und dem Dritten besteht und der Dritte auf Anweisung des Veräußerers fortan für den Erwerber besitzen soll, findet § 934 Alt. 1 BGB hingegen Anwendung.

4 *Wolff/Raiser*, Sachenrecht (1957), S. 255; MünchKommBGB/*Oechsler* (2017), § 933 Rn. 1; *Boehmer*, Grundlangen der bürgerlichen Rechtsordnungen (1952), II/2, S. 30; *Wacke*, Das Besitzkonstitut als Übergabesurrogat in Rechtsgeschichte und Rechtsdogmatik (1974), S. 48 f. mwN.

der die zu § 931 BGB parallele Gutglaubensvorschrift darstellt, wird ausdrücklich zwischen zwei Fallgruppen unterschieden. Je nachdem, ob der Veräußerer selbst den mittelbaren Besitz innehat oder nicht, werden die Voraussetzungen für den gutgläubigen Erwerb durch Abtretung des Herausgabeanspruchs unterschiedlich geregelt.[5] Wenn der veräußernde Nichteigentümer nicht mittelbarer Besitzer war und infolgedessen dem Erwerber auch nicht durch Abtretung des Herausgabeanspruchs den mittelbaren Besitz verschaffen konnte, ist nach § 934 2. Alt. BGB der Erwerb des unmittelbaren Besitzes oder die Begründung eines Besitzvermittlungsverhältnisses zwischen dem Erwerber und dem besitzenden Dritten, der den Anweisungen des Veräußerers unterliegt, für den gutgläubigen Erwerb erforderlich.[6] Im Gegensatz dazu gilt, dass wenn der Veräußerer mittelbarer Besitzer war, er den Erwerber nach §§ 870, 398 BGB durch Abtretung des Herausgabeanspruchs zum mittelbaren Besitzer machen und ihm somit gemäß § 934 1. Alt. BGB das Eigentum verschaffen kann. Man fragt sich hier dann jedoch, ob es überhaupt gerechtfertigt ist, dass der gutgläubige Erwerb im ersten Fall, in dem die Übereignung durch bloßes Besitzkonstitut erfolgt und somit die Konstellation des „Doppelspiels" hervorgerufen wird, wegen § 933 BGB scheitert und hingegen im zweiten Fall, in dem der Herausgabeanspruch aus dem eben genannten Besitzkonstitut abgetreten wird – und die Konstellation des Doppelspiels unverändert bleibt – nach § 934 1. Alt. BGB erfolgen kann.

Anlässlich des berühmten Fräsmaschinenfalls[7] hatte BGH sich gerade mit dieser Konstellation, in der der unmittelbare Besitzer K (eventuell scheinbar) für zwei Besitzherren (E und D2) besitzt, auseinanderzusetzen, also damit, ob der gutgläubige Erwerber nach § 934 1. Alt. BGB durch die Abtretung des Herausgabeanspruchs, den der Veräußerer durch bloßes Besitzkonstitut vom anderen Nichtberechtigten erhalten hat, das Eigentum erwerben kann. Der BGH bejahte dies, was heftige und scharfe Kritik nach sich zog. Denn wie im Fall des § 933 BGB mittelt der Besitzmittler im Fall des § 934 1. Alt. BGB den Besitz (eventuell scheinbar) zur gleichen Zeit für zwei mittelbare „Besitzer" (E und D2); die Besitzlage ist in beiden Fällen nicht grundlegend geändert. Die Abrede zwischen D1 und D2 zur Abtretung des Herausgabeanspruchs nach §§ 870, 398 BGB ist wegen der Relativität des Schuldverhältnisses grundsätzlich nur für die beiden Parteien bindend und nur, wenn der bisherige Gläubiger, hier also D1, dem Schuldner K die Abtretung angezeigt hat, muss K die angezeigte Abtretung gegen sich gelten

5 *Prütting*, Sachenrecht (2017), § 35 Rn. 431, S. 188.

6 Palandt/*Herrler* (2017), § 934 Rn. 4; MünchKommBGB/*Oechsler* (2017), § 934 Rn. 4; Staudinger/*Wiegand* (2017), § 934 Rn. 10.

7 BGHZ 50, 45 = BGH NJW 1968, 1382 ff.

lassen, § 409 Abs. 1 S. 1 BGB. Der bisherige Eigentümer E bleibt nach wie vor von den vertraglichen Verhältnissen zwischen K, D1 und D2 unberührt. Wie schon angeführt ist der gutgläubige Erwerb beim bloßen Besitzkonstitut nach § 933 BGB zu verneinen, weil beide mittelbaren „Besitzer" dem „gemeinsamen" Besitzmittler das gleiche Vertrauen geschenkt haben. Durch die Abtretung des Herausgabeanspruchs übernimmt jedoch D2 das Vertrauen des D1 auf den Besitzmittler K und schenkt dieses weiterhin dem K.

Der Vergleich zwischen § 933 BGB und der Regelung des § 934 1. Alt. BGB ist auffallend:[8] Zum einen kann der Erwerber beim Besitzkonstitut (§ 933 BGB) das Eigentum vom Nichtberechtigten nicht erwerben, weil er dem Veräußerer (nur) das gleiche Vertrauen geschenkt hat wie der Eigentümer; zum anderen kann der Erwerber das Eigentum nach § 934 1. Alt. BGB erwerben, wenn der Veräußerer, der durch Besitzkonstitut den Besitz gemittelt bekommt, den sich aus dem Besitzkonstitut ergebenden Herausgabeanspruch abtritt, wobei die Vertrauenslage fast identisch mit der im Fall des § 933 BGB ist. Geht man davon aus, dass § 933 BGB ein richtiges Prinzip darstellt, dann löst § 934 1. Alt. BGB Disharmonie aus.

In einer anderen Fallgruppe des gutgläubigen Erwerbs ist man auch mit einer ähnlichen Konstellation konfrontiert, nämlich bei den Lagerfällen, mit denen das Reichsgericht (RG) sich wiederholt auseinandersetzte. In diesen Fällen lag zumeist folgender Sachverhalt zugrunde:

> Der Eigentümer (E) lagert seine bewegliche Sache beim Lagerhalter (L) ein und veräußert die eingelagerte Sache unter Eigentumsvorbehalt durch Abtretung des Herausgabeanspruchs an den Käufer (K). Zur Sicherheit übereignet K vor der Zahlung des Preises die immer noch eingelagerte Sache an den Darlehensgeber (D) durch Abtretung des angeblichen Herausgabeanspruchs gegen L. Nachdem D den Namenslagerschein von L erhalten hat, übereignet er die Sache wieder zur Sicherheit durch Abtretung des Herausgabeanspruchs an die refinanzierende Bank. Streitig ist die Eigentumslage der trotz mehrmaliger Übereignungen immer beim Lagerhalter gebliebenen Sache.[9]

Da das von Eigentümer und Lagerhalter abgeschlossene Besitzmittlungsverhältnis, als der Lagerhalter L auf Veranlassung des Vorbehaltskäufers K dem Darlehensgeber D den Lagerschein erstellte, noch nicht gekündigt war, fragt man sich, wie im Fall eines ebenfalls vom Besitzmittler (L) betriebenen „Doppelspiels" das alte Besitzmittlungsverhältnis zu behandeln ist, weil dessen Bestand oder

---

8 *Wacke*, Das Besitzkonstitut als Übergabesurrogat in Rechtsgeschichte und Rechtsdogmatik (1974), S. 51; *Boehmer*, Grundlangen der bürgerlichen Rechtsordnungen (1952), II/2, S. 33, spricht von „einem unheilbaren Widerspruch".

9 Nach RGZ 135, 75; ähnlicher Sachverhalt bei RGZ 138, 265.

Nichtbestand für die Eigentumslage der betreffenden Sache von entscheidender Bedeutung ist.

Im chinesischen Recht wird der gutgläubige Erwerb durch §§ 106 f. iVm 23 ff. SRG geregelt. Anders als in Deutschland wird das dingliche Rechtsgeschäft im chinesischen Recht nicht als ein vom Grundgeschäft unabhängiges Rechtsgeschäft behandelt. Ohne dieses Trennungsprinzip ist auch vom Abstraktionsprinzip keine Rede. Somit setzt die Übereignung beweglicher Sachen grundsätzlich ein wirksames Grundgeschäft voraus. Dementsprechend erfolgt der rechtsgeschäftliche Eigentumsübergang durch das Grundgeschäft und die Übergabe oder Eintragung ins Grundbuch. Verfügt ein Nichtberechtigter über eine fremde bewegliche Sache, ist der Kaufvertrag nach § 51 VG (Vertragsgesetz von 1999) grundsätzlich schwebend unwirksam. Die Wirksamkeit solch eines Kaufvertrags ist abhängig von der Genehmigung des Berechtigten oder davon, ob der verfügende Nichteigentümer nachträglich die Verfügungsbefugnis erhält. Diese Vorschrift wurde allerdings durch eine richterliche Auslegung des Obersten Volksgerichts zum Vertragsgesetz aus 2012 grundlegend geändert,[10] wonach der Klageanspruch, dass das fehlende Eigentum bzw. die Verfügungsbefugnis zum Zeitpunkt des Vertragsabschlusses zur Unwirksamkeit des Kaufvertrags führen solle, abzuweisen ist, § 3 Abs. 1 der Auslegung. Daher kann das fehlende Eigentum bzw. die fehlende Verfügungsbefugnis das Wirksamwerden des Kaufvertrags nicht mehr hindern. In solchen Fällen wird vielmehr der Eigentumsübergang gehemmt, es sei denn, dass besondere Voraussetzungen in der Person des Erwerbers erfüllt sind. Folglich stellt sich die Frage, wie der gutgläubige Mobiliarerwerb in China ausgestaltet ist. Nach den allgemeinen Regeln erfolgt die Eigentumsübertragung der beweglichen Sachen grundsätzlich durch Grundgeschäft und Übergabe, § 23 SRG.[11] Unter der Übergabe iSv § 23 SRG versteht man den Erwerb unmittelbaren bzw. mittelbaren Besitzes auf Veranlassung des Veräußerers. Hiernach reichen eine Übergabe kurzer Hand (§ 25 SRG), ein Besitzkonstitut (§ 27 SRG) oder eine Abtretung des Herausgabeanspruchs (§ 26 SRG) gleichfalls aus. Im Sachenrechtsgesetz sind nämlich Übergabe, Übergabe kurzer Hand, Besitzkonstitut und Abtretung des Herausgabeanspruchs unter dem gleichen Titel „Übergabe beweglicher Sachen“

10 Deutsche Übersetzung siehe: *Pißler*, Erläuterungen des Obersten Volksgerichts zu Fragen der Rechtsanwendung bei der Behandlung von Streitfällen zu Kaufverträgen, in: ZChinR 2014, S. 373 ff.

11 Der Erwerb von dinglichen Rechte an Schiffen, Luft- und Motorfahrzeugen setzt ebenfalls ein wirksames Grundgeschäft sowie die Übergabe voraus, aber ohne erfolgte Registrierung kann dies einem gutgläubigen Dritten nicht entgegengehalten werden, § 24 SRG.

geregelt. Aus diesem Grund wird die Übergabe in der Literatur in zwei Arten eingeteilt, die eine ist körperliche Übergabe oder Übergabe im engeren Sinne, die andere ist fingierte Übergabe oder „vergeistigte" Übergabe.[12] Während im deutschen BGB den verschiedenen Grundtatbeständen der rechtsgeschäftlichen Eigentumsübertragung entsprechend jeweils eine parallele Gutglaubensvorschrift an die Seite gestellt wird, fehlt es im chinesischen Sachenrechtsgesetz an solch parallelen Vorschriften. Daher stellt sich beim gutgläubigen Erwerb von beweglichen Sachen die Frage, ob der Erwerb mittelbaren Besitzes durch den gutgläubigen Erwerber im Wege des Besitzkonstituts oder der Abtretung des Herausgabeanspruchs auch zum Eigentumsübergang führen kann. Nach § 106 Abs. 1 SRG[13] ist die Übergabe für den gutgläubigen Erwerb beweglicher Sachen erforderlich. In Verbindung mit §§ 23 ff. SRG ist die Übergabe iSv § 106 Abs. 1 SRG folgerichtig dahin auszulegen, dass diese nicht nur die tatsächliche, sondern auch die fingierte Übergabe umfasst.[14] Dennoch lehnt die überwiegende Meinung[15] einen gutgläubigen Erwerb bei einem bloßen Besitzkonstitut oder der Abtretung des Herausgabeanspruchs ab. Zur Begründung dessen wird die Rechtswirkung der Übergabe ins Feld geführt. Zu dieser Situation hat jedoch das Oberste Volksgericht mit einer Auslegung zum Sachenrechtsgesetz am 12. Februar 2016 Stellung genommen und diese Auffassung teilweise geändert. In seiner Auslegung stellt das Oberste Volksgericht indirekt fest, dass die Abtretung eines tatsächlich bestehenden Herausgabeanspruchs für gutgläubigen Erwerb ausreichend ist. Zum gutgläubigen Erwerb durch bloßes Besitzkonstitut schwieg das Oberste Volksgericht jedoch in der richterlichen Auslegung.

---

12 *Liu*, Sachenrecht (2014), S. 68.

13 § 106 Abs. 1 SRG: Wenn ein Nichtberechtigter eine unbewegliche oder bewegliche Sache einem Übertragungsempfänger überträgt, hat der Eigentümer das Recht, sie heraus zu verlangen; soweit das Gesetz nichts anderes bestimmt, erwirbt der Übertragungsempfänger, wenn er die folgenden Voraussetzungen [sämtlich] erfüllt, das Eigentum an dieser Sache:
   1. Der Übertragungsempfänger ist im Zeitpunkt des Erhalts der unbeweglichen oder beweglichen Sache gutgläubig;
   2. die Übertragung geschieht zu einem vernünftigen Preis;
   3. wenn bei einer übertragenen unbeweglichen oder beweglichen Sache [die Übertragung] nach den gesetzlichen Bestimmungen registriert werden muss, ist die Übertragung nur wirksam, wenn die Registrierung erfolgt ist; wenn nicht registriert werden muss, muss [die Sache] dem Übertragungsempfänger übergeben worden sein.

14 *Liu*, Sachenrecht (2014), S. 117.

15 Zum Beispiel, *Cui*, Sachenrecht (2014), S. 100.

Trotz der Streitigkeiten und der fehlenden Vorschriften haben die chinesischen Volksgerichte verschiedener Instanzen sich mit heiklen Fällen auseinanderzusetzen, für die ohne Stellungnahme zum gutgläubigen Erwerb durch bloßes Besitzkonstitut kaum eine befriedigende Entscheidung gefällt werden kann, so z. B. in folgender Konstellation:

> D1 bestellte am 19. 01. 2007 zwei Maschinen bei K, der sich am 11. 06. 2007 beim Hersteller der Maschinen (E) unter Eigentumsvorbehalt (§ 134 VG) eindeckte. Im Kaufvertrag zwischen D1 und K wurde die Anmietung der Maschinen durch K vereinbart (antizipiertes Besitzkonstitut). Bevor K den vollständigen Kaufpreis an E gezahlt hatte, verkaufte D1 die Maschinen am 18. 07. 2007 weiter an die Privatperson D2. Um die Maschinen an D2 zu übergeben, bemächtigte sich D1 des Besitzes an den Maschinen ohne Gestattung des K. Streitig war nun, wer Eigentümer der Maschinen geworden ist.[16]

In diesem Fall trieb der unmittelbar besitzende K offenbar ein Doppelspiel, da er einerseits vor der vollständigen Zahlung des Kaufpreises an E diesem weiter den Besitz zu vermitteln schien und andererseits ein neues Besitzmittlungsverhältnis mit D1 abschloss.

Bei einem anderen Beispiel handelt es sich um eine mit den deutschen Lagerfällen vergleichbare Konstellation:

> K kaufte Waren von E, wobei vereinbart wurde, dass die Ware in Eigentum des E bleiben soll, bis K den vollständigen Preis an E zahlt. Die Ware wurde beim Lagerhalter L eingelagert und nur auf Anweisung des E durfte L die Ware an K liefern. Da K den Preis nicht wie vereinbart zahlte, verkaufte E die Ware an D1. Inzwischen hatte K die Ware jedoch durch Abtretung des Herausgabeanspruchs an D2 verkauft. Der Lagerhalter L erstellte D2 den Lagerschein, welcher die Ware weiter an D3 veräußerte und den Lagerschein übergab. Um das Eigentum der Ware wurde sodann gestritten.[17]

In diesem Fall trieb der Lagerhalter L offenbar ein Doppelspiel, als er trotz des bestehenden Lagervertrags mit E ein neues Besitzmittlungsverhältnis mit D2 einging. Anders als im deutschen Recht, in dem für die Lagerfälle bereits verschiedene Lösungen vorgeschlagen worden sind, steht eine ausführliche Auseinandersetzung mit diesem Problem im chinesischen Recht noch aus.

Seit dem Ende der Qing-Dynastie (1636–1912) rezipiert China das kontinentaleuropäische Privatrecht. Dieser Rezeptionsprozess wurde durch die Kommunistische Partei Chinas (KPC) nach 1949 unterbrochen. Nach der po-

---

16 Shenzhen Mittleres Volksgericht, Urteil vom 29. 05. 2014, Zivilsachen mit ausländischen Bezügen Nr. 102 (Zitiernummer des Urteils bei ChinaLawInfo: CLI.C.4077758.).

17 Tianjin Oberes Volksgericht, Urteil vom 05. 08. 2015, Zivilsachen Nr. 77 (Zitiernummer des Urteils bei ChinaLawInfo: CLI.C.7289936.).

litischen und wirtschaftlichen Reform in den 1970er und 1980er Jahren wurde die Rezeption in der zivilrechtlichen Gesetzgebung jedoch aufs Neue in Gang gesetzt. Die Kodifikation eines neuen chinesischen Zivilgesetzbuchs ist seither in der Planung. Seit 2014 wird das Gesetzgebungsverfahren nach dem Erlass einer Entscheidung zugunsten der Förderung der Rechtsstaatlichkeit durch die KPC beschleunigt. Das zukünftige Zivilgesetzbuch wird voraussichtlich aus fünf oder sechs Büchern[18] bestehen. Der Allgemeine Teil wurde bereits am 15. 3. 2017 durch den Volkskongress erlassen und ist am 1. 10. 2017 in Kraft getreten. Das Sachenrecht wird voraussichtlich im dritten oder vierten Buch geregelt werden. Im bereits erlassenen Allgemeinen Teil des chinesischen Zivilgesetzbuchs ist eine klare Prägung durch das deutsche BGB zu erkennen.[19] Dementsprechend liegt es nahe,[20] dass das BGB auch einen großen Einfluss auf die weiteren Bücher des neuen chinesischen Zivilgesetzbuchs nehmen wird. Wie der gutgläubige Mobiliarerwerb im zukünftigen Zivilgesetzbuch geregelt werden könnte, ist nicht unproblematisch. Eine rechtsvergleichende Forschung zum dargestellten kniffligen Doppelspiel bei gutgläubigen Erwerbskonstellationen trägt zu einer möglichen Rechtsgestaltung des gutgläubigen Erwerbs im künftigen chinesischen Recht bei.

B. Aufbau der Arbeit

Die vorliegende Arbeit gliedert sich in vier Teile.

Im ersten Teil werden die Diskussionen während der Schaffung des BGB, also, ob das Doppelspiel des bloßen Detentors (im Teilentwurf und ersten Entwurf) bzw. des Besitzmittlers (im zweiten Entwurf) überhaupt möglich war, erörtert. *Johow* wich in seinem Teilentwurf zum Sachenrecht bewusst vom Vorbeschluss

---

18 Umstritten ist, ob das Persönlichkeitsrecht als ein selbstständiges Buch neben dem Buch des Schuldrechts zu kodifizieren ist, vgl. v. a. *Wang Liming*, Die Humanistische Sorge und die Kodifikation des Persönlichkeitsrechts, in: Journal of Chongqing University (Social Science Edition), 2016(1), S. 176–183; heftig dagegen *Sun*, Die Kodifikation eines Zivilgesetzbuches in China: Einige Probleme mit Blick auf die Systematisierung und Verwissenschaftlichung der Gesetzgebung, in: ZChinR 2017, 86 (101).

19 Deutsche Übersetzung, vgl. *Klages/Leibküchler/Pißler*, Allgemeiner Teil des Zivilrechts der Volksrepublik China, in: ZChinR 2017, 208–238.

20 Zum großen Einfluss des deutschen Rechts auf das chinesische Sachenrechtsgesetz 2007, vgl. *Baumann*, Das neue chinesische Sachenrecht: seine Entwicklung unter Einfluss des deutschen Rechts (2005), S. 158 ff. Zu den Einflüssen des deutschen Rechts auf das alte chinesische ZGB, vgl. *Tze-Chien Wang*, Die Aufnahme des europäischen Rechts in China, in: AcP 166 (1966), 343 (343 ff.).

der ersten Kommission,[21] der den gutgläubigen Erwerb ins Bürgerliche Gesetzbuch einführen wollte, ab und schloss den gutgläubigen Erwerb vom Nichtberechtigten grundsätzlich aus. Ausnahmen ließ *Johow* nur bei besonderen Sachen, wie z. B. Geld oder Inhaberpapieren, zu, § 135 TE. Daneben war der Erwerb „vom Nichtberechtigten" auch durch kurzfristige Ersitzung möglich, § 139 TE. Der stark eingeschränkte gutgläubige Erwerb und die kurzfristige Ersitzung knüpften nach dem Konzept von *Johow* an die Übergabe an, die sich wiederum am Begriff des Besitzes orientierte, § 57 Abs. 1 TE. Im Teilentwurf unterschied *Johow* zwischen Besitz und Inhabung, § 48 TE. Nur der Besitzer konnte durch Besitzanweisung (§ 61 TE) oder Besitzkonstitut (§ 62 TE) die bewegliche Sache an einen Dritten übergeben, der bloße Detentor hingegen nicht. Das Doppelspiel beim eingeschränkten gutgläubigen Erwerb und der Ersitzung war nach dem Teilentwurf *Johows* somit ausgeschlossen. Die erste Kommission schloss sich dem Beschluss des 15. DJT an und nahm den gutgläubigen Erwerb in den ersten Entwurf auf, §§ 877 ff. E I. Da der erste Entwurf der Trennung zwischen Besitz und Inhabung weitgehend folgte, war der bloße Detentor nicht in der Lage, durch Besitzkonstitut einen Dritten zum Besitzer zu machen. Die zweite Kommission verzichtete jedoch auf diese Trennung und stellte den mittelbaren mit dem unmittelbaren Besitz gleich. Dies löste das heikle Problem des Doppelspiels beim gutgläubigen Erwerb aus.

Im zweiten Teil werde ich das Problem des Doppelspiels beim gutgläubigen Erwerb im geltenden deutschen Recht und die Versuche zur Rechtfertigung der sich daraus ergebenden Wertungsinkongruenz darstellen. Der Wertungswiderspruch zwischen § 933 BGB und § 934 BGB im Falle eines Doppelspiels wird von vielen kritisiert. Nach der Entscheidung im sog. Fräsmaschinenfall[22] tritt dieses Problem umso deutlicher hervor. Manche Kritik gegen den oben beschriebenen Widerspruch ist gerade die Reaktion auf den Fräsmaschinenfall. Dieser Fall zeigt den Unterschied zwischen den beiden Vorschriften auf: Wenn der Besitzmittler ein „Doppelspiel" betreibt, erwirbt der zweite mittelbare „Besitzer" zwar das Eigentum nach § 934 1. Alt. BGB, nicht aber nach § 933 BGB. Außerdem kann man die Voraussetzungen des § 933 BGB durch die Ausnutzung des § 934 1. Alt. BGB absichtlich umgehen, wenn der nichtberechtigte Veräußerer, der das Scheitern des gutgläubigen Erwerbs nach § 933 BGB verhindern will, die Ware zunächst bei einem Dritten einlagert und danach den Herausgabeanspruch an den gutgläubi-

---

21 *Jakobs/Schubert* (Hrsg.), Die Beratung des Bürgerlichen Gesetzbuchs, Sachenrecht, Band I, §§ 854–1017 (1985), S. 72 f.

22 Auf diesen Fall wird im zweiten Teil. B. I. der vorliegenden Arbeit vertieft eingegangen.

gen Erwerber abtritt.[23] Es wird von vielen versucht, den Widerspruch zwischen § 933 BGB und § 934 BGB zu rechtfertigen oder aufzulösen, wie z. B. mithilfe der Nebenbesitzlehre, der Gleichstellung des mittelbaren Besitzes mit dem Besitzmittlungsverhältnis (*Boehmer*), des noch bestehenden Herausgabeanspruchs als Hindernis des gutgläubigen Erwerbs (*Johannes Hager*), der Objektivierung des mittelbaren Besitzes (*Bömer*), usw. Andere Lösungsansätze werden ebenfalls in diesem Teil kurz erörtert.

Beim dritten Teil handelt es sich um die historische Entwicklung des Doppelspiel-Problems beim gutgläubigen Erwerb seit der Rechtsmodernisierung in der späten Qing-Dynastie und dessen heutigen Zustands im modernen China. Wie oben angeführt sind im chinesischen Sachenrechtsgesetz die Grundtatbestände der rechtsgeschäftlichen Übertragung des Eigentums an beweglichen Sachen grundsätzlich mit einer „Übergabe" iSv §§ 23 ff. SRG verbunden. Für den gutgläubigen Eigentumserwerb setzt § 106 Abs. 1 SRG auch ausdrücklich die Übergabe voraus, die nach der überwiegenden Meinung nicht anders als die „Übergabe" iSv. §§ 23 SRG zu verstehen sein könne. Wenn man dies annimmt, ist es folgerichtig, dass der gutgläubige Erwerb auch durch Besitzkonstitut erfolgen kann. Hält man es hingegen für erforderlich, dass der Begriff der „Übergabe" in § 106 SRG auf die tatsächliche Übergabe teleologisch zu reduzieren sei,[24] wird ein anderes Problem ohne Weiteres auftreten: Genügt die Abtretung des Herausgabeanspruchs dem Erfordernis der Übergabe? Fragen wie diese wurden durch eine richterliche Auslegung des Obersten Volksgerichts zum Sachenrechtsgesetz aus 2016 nur teilweise beantwortet, und zwar bestätigte das Oberste Volksgericht in § 18 der richterlichen Auslegung anlässlich der Konkretisierung des Zeitpunkts der Gutgläubigkeit indirekt, dass man durch die Abtretung des Herausgabeanspruchs das Eigentum an beweglichen Sachen vom Nichtberechtigten erwerben könne. Dennoch ließ die richterliche Auslegung die Frage nach der Tauglichkeit des bloßen Besitzkonstituts für den gutgläubigen Erwerb unbeantwortet. Allerdings vertrat das Oberste Volksgericht in seiner später verfassten Kommentierung zur richterlichen Auslegung die Meinung, dass die Übergabe iSv § 106 Abs. 1 SRG auch das Besitzkonstitut umfasse und auch allein damit der gutgläubige Erwerb eintreten könne. Dies führt dazu, dass das Doppelspiel-Problem im chinesischen

23 *Wacke*, Das Besitzkonstitut als Übergabesurrogat in Rechtsgeschichte und Rechtsdogmatik (1974), S. 52; Staudinger/*Wiegand* (2017), § 933 Rn. 33. *Boehmer*, Grundlangen der bürgerlichen Rechtsordnungen (1952), II/2, S. 33 ff., spricht von „Sabotierung des Eigentumsschutzes des § 933 durch § 934". Dagegen *Westermann/Gursky/Eickmann*, Sachenrecht (2011), § 48 Rn. 9, S. 439.

24 *Cui*, Sachenrecht (2014), 3. Aufl., S. 100.

Recht noch komplizierter ist als im deutschen Recht, denn in Letzterem kann man mindestens eine Einschränkung des gutgläubigen Erwerbs bei § 933 BGB finden. Wendet man die aktuelle chinesische Rechtslage auf die Fälle an, in denen der Besitzmittler ein Doppelspiel betreibt, würde sich die Unsicherheit für den (bisherigen) Eigentümer verschärfen. In diesem Teil werde ich folglich diese erwähnten Fragen näher erörtern.

Im vierten, also dem Schlussteil, werde ich auf der Basis der in den ersten drei Teilen unternommenen Untersuchungen rechtsvergleichende Schlüsse ziehen.

Erster Teil: Die Diskussionen während der BGB-Debatten

A. Der Teilentwurf des Sachenrechts von *Johow*

I. Die Begründungen *Johows*

Der Teilentwurf des Sachenrechts von *Reinhold Johow* erkannte grundsätzlich keinen gutgläubigen Erwerb vom Nichtberechtigten an. Nach *Johow* war es eine zwingende Voraussetzung für die Eigentumsübertragung, dass der Veräußerer Eigentümer der Sache war.[25] Allerdings erkannte auch *Johow* an, dass es Fälle geben müsse, in denen der Erwerber das Eigentum auch ohne den Willen des Eigentümers erwerben können müsse, denn ansonsten könnten Situationen auftreten, in denen „das Eigenthum in der Regel unbeweisbar bleiben und das werthvollste Recht an der Sache zugleich das unsicherste werden"[26] würde. Aus diesem Grund müsse das Eigentum zur Gewährleistung seiner Sicherheit eingeschränkt werden, also solle das Eigentum auch unter gewissen Umständen ohne den Willen des Eigentümers an den Erwerber übertragen werden können.[27] Für Immobilien ist dies beim Erwerb kraft öffentlichen Glaubens des Grundbuchs der Fall:

> „§ 124 (1) Wird Jemand ohne die erforderliche Auflassung als Eigenthümer eingetragen oder ist die erfolgte Auflassung nichtig, so verliert der bisherigen Eigenthümer durch die Eintragung des Erwerbers das Eigentum nicht.
>
> (2) Die nach dieser Eintragung von dritten Personen erworbenen Rechte bleiben jedoch in Kraft, wenn nicht nach § 24 die Berufung des Dritten auf den öffentlichen Glauben des Grundbuchs ausgeschlossen ist."

Da jedoch bewegliche Sachen grundsätzlich nicht eintragungsfähig waren, mussten die Einschränkungen des Eigentums für beweglichen anders als für die unbeweglichen Sachen geregelt werden. Aus diesen Erkenntnissen heraus suchte *Johow* in seinem Teilentwurf des Sachenrechts nach einer Lösung, über die aus dem römischen Recht entlehnte Ersitzung (§§ 139 ff. TE) und die weitergehenden Beweiserleichterungen durch Aufstellung einer gesetzlichen Eigentumsvermutung (§§ 199 ff. TE). *Johow* gestand ein, dass sein Standpunkt zwar der geltenden Rechtslage entsprochen, aber wohl nicht in Einklang gestanden habe

25 *Johow*, Entwurf eines Bürgerlichen Gesetzbuchs für das Deutsche Reich, Sachenrecht, Begründung Band II (1880), S. 740.

26 *Johow*, aaO., S. 740.

27 *Johow*, aaO., S. 741.

mit der Tendenz, die dazu neige, dem redlichen Erwerber das Eigentum nicht mit dem Ablauf der Ersitzungsfrist, sondern mit dem Erwerb der Sache sofort zuzuerkennen.[28]

Johow listete drei Gründe für den gutgläubigen Erwerb auf, die er allerdings für nicht überzeugend hielt: (1) die Konsequenz des Immobiliensachenrechts, (2) das beim Verkehr mit beweglichen Sachen bestehende Bedürfnis nach Rechtssicherheit und (3) die Tendenz der neueren Gesetzgebungen, insbesondere die Regelungen des ADHGB.[29] *Johow* ging davon aus, dass die scheinbare Vergleichbarkeit des Gewahrsams an beweglichen Sachen mit der Grundbucheintragung von Rechten an unbeweglichen Sachen trügerisch sei, wenn man erwäge, dass eine Eintragung im Grundbuch und der Gewahrsam in Bezug auf die Legitimation des Veräußerers von durchaus verschiedenem Wert seien. Die Wahrscheinlichkeit der Richtigkeit der Eintragung im Grundbuch sei hoch einzuschätzen, nur sehr selten unterliefen hier Fehler. Hingegen bestehe kein sachgerechter Grund, vom Gewahrsam, dessen Aussagekraft für das Eigentum viel schwächer sei als die des Grundbruchs, auf das Eigentum bzw. die Verfügungsberechtigung des Veräußerers zu schließen. Dass der redliche Erwerber vom nichtberechtigt veräußernden Gewahrsamsinhaber die bewegliche Sache erlange, solle nur zu gesetzlich schutzwürdigen Interessen des Erwerbers (also Lösungsanspruch des Erwerbers,[30] § 186 TE[31]), aber keinesfalls zum Eigentumserwerb zulasten des Eigentümers führen.[32] Dem zweiten Grund entgegnete *Johow*, dass die Steigerung der Rechtsposition des redlichen Erwerbers zwar in gewissem Maße den rechtlichen Schutz desselben nach sich ziehe, dieser aber auf dessen Lösungsanspruch zu beschränken sei (§ 186 TE), ein sofortiger Eigentumserwerb sei somit nicht erforderlich.[33] Im Übrigen wies *Johow* darauf hin, dass die Unterscheidung zwischen anvertrauten und abhandengekommenen

---

28 *Johow*, aaO., S. 741.

29 *Johow*, aaO., S. 741.

30 Zum Schicksal des Lösungsanspruchs des gutgläubigen Erwerbers in der Gesetzgebung des BGB, vgl. *Winter*, Das Lösungsrecht nach gutgläubigem Erwerb (2014), S. 276 ff.; *Wieling*, Sachenrecht Band I (2006), S. 365.

31 § 186 TE Sachenrecht: „Der Gegenanspruch des Inhabers einer beweglichen Sache streckt sich, wenn er dieselbe in gutem Glauben an das Eigenthum des Veräußerers in übrigens rechtsgültiger Weise erworben hat, auch auf die Erstattung dessen, was er für die Erwerbung der Sache gegeben oder geleistet hat, und wenn er dieselbe gutgläubig zum Pfande genommen hat, auch auf die Erstattung dessen, was er dem Pfandschuldner gegen Empfang der Sache gegeben oder geleistet hat."

32 *Johow*, Entwurf eines Bürgerlichen Gesetzbuchs für das Deutsche Reich, Sachenrecht, Begründung Band II (1880), S. 741 f.

33 *Johow*, aaO., S. 742.

Sachen fehlginge, denn die Art und Weise des Besitzverlusts beim Eigentümer solle nicht zugunsten oder zulasten des Erwerbers wirken, da sich der Eigentümer in beiden Konstellationen unvorsichtig verhalten haben könne.[34] Gegen den dritten Grund wandte *Johow* ein, dass es hinsichtlich des Eigentumserwerbs vom Nichtberechtigten zwei einander gegenüberstehende Lager gegeben habe. Das eine schließe sich dem römisch-gemeinen und das andere dem altdeutschen Recht an. Abgesehen vom Handelsrecht solle *Johow* zufolge das römisch-gemeinrechtliche Vindikationsprinzip „den weitaus größten Theil Deutschlands" beherrscht haben und die davon abweichenden Rechtsbildungen sollten als Überreste der germanischen Anschauung betrachtet werden. Jedoch sei in den ins Handelsrecht aufgenommenen Rechtssätzen eine andere Entwicklungstendenz zu erblicken.[35] Gegen das germanische Rechtsprinzip „Hand wahre Hand" formulierte *Johow*, dass es dem germanischen Recht wegen der naiven und volksmäßigen Rechtsbildung in seinen Entstehungszeiten bereits an Wissenschaftlichkeit und Einheitlichkeit gemangelt habe und sich die daraus ergebenden Unklarheiten trotz zahlreicher Nachforschungen nicht haben aufklären lassen.[36] Des Weiteren ging *Johow* auf das germanische Rechtsprinzip ein und verglich es mit dem römischen Recht: Für die Entscheidung im Streit um die Möglichkeit eines gutgläubigen Eigentumserwerbs komme es nach dem germanischen Recht nicht auf das erworbene absolute Recht an, sondern teils auf die persönlichen Rechtsverhältnisse zwischen Veräußerer und Eigentümer, teils auf den widerrechtlich entzogenen Gewahrsam (also „Gewere-Verlust"); die Gründe für den fehlenden dinglichen Anspruch im germanischen Recht lägen darin, dass der gutgläubige Eigentumserwerb in einer vorwiegend ackerbautreibenden Gemeinschaft geringen Wert verdiene und es „einer vorwiegend sinnlich-naiven Anschauungsweise" entspreche, die tatsächlich-körperliche Fahrnisherrschaft der Rechtsposition gleichzustellen; das germanisch-rechtliche „Hand wahre Hand"-Prinzip, wonach die Verfolgbarkeit der beweglichen Sache sich nach der freiwilligen Aufgabe der „Gewere" durch den „Eigentümer" oder dem unfreiwilligen „Gewere-Verlust" bestimmen solle, sei vor diesem gesellschaftlichen Hintergrund entstanden und nachher im Sachsenspiegel[37] aufgenommen worden. Die Unsicherheit um den Umfang unfreiwillig verlorener Sachen und der später

---

34 *Johow*, aaO., S. 742 f. u. 928.

35 *Johow*, aaO., S. 743.

36 *Johow*, aaO., S. 744; die Ansicht *Johows* hierzu ist im 20. Jahrhundert wiederholt von anderen Germanisten, teilweise aber auch leicht davon abweichend, bestätigt worden, vgl. *Scherner*, Salmannschaft, Servusgeschäft und venditio iusta (1971), S. 174 f.; *Völkl*, Der Verkauf der fremden Sache im Westgotenrecht, in: ZGR RA 110 (1993), 427 (439 f.).

37 Sachsenspiegel, II § 60.

entwickelte komplizierte Lösungsanspruch des redlichen Erwerbers hätten dazu geführt, dass das germanische Recht hinsichtlich der Regelungen zum gutgläubigen Erwerb durch das römisch-gemeine Recht verdrängt worden sei. In Letzterem liege nämlich „auch dem Rechte an beweglichen Sachen der an sich so einfache und einleuchtende Eigenthumsbegriff zum Grunde".[38] Gegen § 306 ADHGB formulierte *Johow*, dass beim Rückblick auf dessen Entstehungsgeschichte dieser Paragraf trotz mancher Gegenvorschläge zugunsten eines gutgläubigen Erwerbs „nicht aus einer allgemeinen Tendenz der neueren Rechtsbildung hervorgegangen"[39] sei, zumal es sich dabei „nicht um ein allgemeines handelsrechtliches Prinzip, sondern um eine innerhalb des Handelsrechts für gewisse Fälle zugelassene Ausnahme"[40] handele. Daneben bleibe, so *Johow*, bei der Revision des ADHGB weiter zu beobachten, ob die Interessen des Handels die Aufrechthaltung des § 306 ADHGB geböten, oder ob sie es gestatten würden, dass solche Fälle auch in den allgemeinen Bestimmungen des künftigen Bürgerlichen Gesetzbuchs gleichzubehandeln wären. Außerdem wies *Johow*, weiteren Vorwürfen vorbeugend, darauf hin, dass die Ausdehnung des gutgläubigen Erwerbs auf das Bürgerliche Gesetzbuch nicht gerechtfertigt werden könne, selbst wenn die Regelung des § 306 ADHGB weiter beibehalten werde, denn diese sei bereits während der Beratungen zum ADHGB höchst umstritten gewesen und habe dem damals „in dem weitaus größten Theile Deutschlands lebenden [...] Rechtsbewusstsein" nicht entsprochen.[41]

II. Die Regelungen des Erwerbs vom Nichtberechtigten in *Johows* Teilentwurf des Sachenrechts

Aus den oben angeführten Gründen lehnte *Johow* in seinem Teilentwurf des Sachenrechts grundsätzlich den sofortigen gutgläubigen Erwerb ab und schränkte die Vindikation des (Alt)Eigentümers nur durch kurzfristige Ersitzung ein, womit er von den Grundsätzen, die die 1. Kommission am 8. 10. 1875 im Vorbeschluss zugunsten des sofortigen gutgläubigen Erwerbs getroffen hatte,[42] abwich. Nach § 134 TE[43] konnte der Erwerber in einigen Konstellationen das Eigentum vom

---

38 *Johow*, aaO., S. 744 f.

39 *Johow*, aaO., S. 749.

40 *Johow*, aaO., S. 749.

41 *Johow*, aaO., S. 750.

42 *Jakobs/Schubert* (Hrsg.), Die Beratung des Bürgerlichen Gesetzbuchs, Sachenrecht, Band I, §§ 854–1017 (1985), S. 72 f.

43 § 134 TE Sachenrecht: „Gehörte die Sache dem Veräußerer nicht, so geht, wenn nachträglich derselbe das Eigenthum erwirbt, oder der Eigenthümer die Veräußerung genehmigt, oder der Eigenthümer Erbe des Veräußerers wird, mit dem Eintritte dieser

Nichtberechtigten erwerben: z. B. wenn der Veräußerer nachträglich das Eigentum erwarb oder wenn der Eigentümer die Veräußerung genehmigte, usw. Ferner wurden in § 135 TE einige Ausnahmen des Vindikationsprinzips vorgeschrieben, nämlich dass der redliche Erwerber bei mangelndem Eigentum des Veräußerers dennoch das Eigentum an der übergebenen Sache erwerben konnte, wenn der Erwerber die Sache in einer öffentlichen Versteigerung erstanden hatte oder wenn Geld oder Inhaberpapiere Gegenstand der Veräußerung waren. Darüber hinaus bestand eine Ausnahme dann, wenn der redliche Besitzer einer Sache deren Erzeugnisse oder sonstige Früchte derselben veräußert und dem Erwerber übergeben hatte, bevor der Eigentümer der Sache den Besitzer auf Herausgabe dieser Früchte verklagt hatte. In allen anderen nicht von §§ 134 f. TE erfassten Fällen war ein sofortiger gutgläubiger Erwerb nicht möglich. Als Interessenausgleich wurde dem „gutgläubigen Erwerber" ein Lösungsanspruch eingeräumt, wenn der Eigentümer die Sache vindizierte. Außerdem unterlag die Vindikationsmöglichkeit nach § 139 TE der Einschränkung einer dreijährigen Ersitzung, wonach der bisherige Eigentümer die Herausgabe der Sache nicht mehr erfolgreich fordern konnte, wenn der Erwerber die Sache gutgläubig übergeben bekommen und drei Jahre ununterbrochen besessen hatte. Eine nachträgliche Kenntnis des Erwerbers vom fehlenden Eigentum des Veräußerers unterbrach jedoch die Ersitzungszeit und schloss auch deren weitere Fortsetzung aus, § 143 TE. Damit wurde das vom kanonischen Recht später entwickelte Prinzip *„mala fides superveniens nocet"*[44] von *Johow* in seinen Teilentwurf aufgenommen.

Im Gemeinen Recht[45] wurde die *actio publiciana* üblicherweise anerkannt. Durch dieses der *rei vindicatio* nachgebildete Rechtsinstitut wurde der Ersitzungsbesitz wie das Eigentum geschützt. In gewissem Maße kann man davon ausgehen, dass der redliche Erwerber, dem eine ersitzungsfähige Sache übergeben wurde, im römisch-gemeinen Recht trotz des fehlenden sofortigen gutgläubigen Eigentumserwerbs durch die Möglichkeit der Ersitzung in Verbindung mit der *actio publiciana* gut geschützt wurde, wenn der Besitz vor Vollendung der Ersit-

Thatsachen das Eigenthum auf den Erwerber über, falls bis dahin sowohl der Veräußerer, als der Erwerber bei dem Geschäfte beharrt haben.
Unberührt hiervon bleiben die besonderen Rechte des Erben und der Erbschaftsgläubiger in dem Falle bedingter Erbschaftsübernahme."

44 Zu dessen Erläuterung vgl. etwa *Kaser/Knütel/Lohsse*, Römisches Privatrecht (2017), S. 154.

45 Mit „Gemeinem Recht" ist das nach der Rezeption des römischen Rechts im 19. Jahrhundert geltende „Gemeine Recht" gemeint, vgl. *Luig*, „Gemeines Recht", in: HRG Band II, 2. Aufl., 2012, Sp. 71 ff.

zung verloren ging oder von einem Nichteigentümer eingegriffen wurde.[46] Je kürzer die Ersitzungsfrist ist, desto geringer ist der Unterschied im Vergleich zu einem redlichen Erwerber bei sofortigem gutgläubigen Erwerb. Aus diesem Grund ist die römisch-gemeinrechtliche Ersitzung nach einer von immer mehr Leuten vertretenen Meinung[47] ein tragender Gedanke des modernen gutgläubigen Eigentumserwerbs. Im Teilentwurf wollte *Johow* hingegen durch eine erleichterte Eigentumsvermutung (§§ 198–201 TE) die *actio publiciana* ersetzen. Doch auch darin waren starke Einflüsse des römischen Rechts zu erkennen. Nach § 199 TE galt zugunsten desjenigen, der eine bewegliche Sache in gutem Glauben erworben und übergeben erhalten hatte, bis zum Gegenbeweis die Vermutung, dass die Sache dem Veräußerer gehört hatte. Mit dieser Eigentumsvermutung konnte sich der gutgläubige Erwerber im Laufe der Ersitzungsfrist gegen alle Eingriffe anderer erwehren, mit Ausnahme solcher des Eigentümers. Die Rechtsfolge aus der Ersitzung und der in deren Laufe dem Ersitzenden zugutekommenden Eigentumsvermutung im Teilentwurf *Johows* stellte somit keinen großen Unterschied im Vergleich zur römisch-gemeinrechtlichen Ersitzung iVm der *actio publiciana* dar.

III. Die Möglichkeit des „Doppelspiels" beim stark eingeschränkten gutgläubigen Erwerb vom Nichtberechtigten und bei der Ersitzung in *Johows* Teilentwurf des Sachenrechts

In *Johows* Teilentwurf des Sachenrechts kam es für den Eigentumserwerb bei eingeschränktem gutgläubigen Erwerb und bei der Ersitzung stets auf die Übergabe der beweglichen Sachen (§ 135 TE: „… erlangt der redliche Erwerber das

---

46 *Honsell*, Römisches Recht (2015), S. 72; *Hurst-Wechsler*, Herkunft und Bedeutung des Eigentumserwerbs kraft guten Glaubens nach Art. 933 ZGB (2000), S. 17 ff.; *Hähnchen*, Rechtsgeschichte (2012), S. 49 f.

47 So z. B. bereits kurz nach Inkrafttreten des BGB *Regelsberger*, Der sogenannte Rechtserwerb vom Nichtberechtigten, in: JherJb 47 (1904), 339 (365 ff.); *von Lübtow*, Hand wahre Hand, in: Studien zur Rechtsgeschichte Band II, S. 68; die an der Universität Zürich entstandene Dissertation von *Hurst-Wechsler*, Herkunft und Bedeutung des Eigentumserwerbs kraft guten Glaubens nach Art. 933 ZGB (2000), geht davon aus, dass der Gutglaubenserwerb unmittelbar aus der römisch-rechtlichen *usucapio* und *actio publiciana* stammt; *Stagl*, Gutgläubiger Fahrniserwerb als „sofortige Ersitzung", in: AcP 211 (2011), 530 ff., behauptet ausdrücklich, der gutgläubige Erwerb sei „sofortige Ersitzung"; *Söllner*, Der Erwerb vom Nichtberechtigten, in: FS *Coing* Band I (1982), S. 374, Fn. 39, lässt zwar den Streit um die Herkunft des gutgläubigen Erwerbs dahinstehen, geht aber offenbar davon aus, dass mindestens das Erfordernis nach „gutem Glauben" aus dem römischen Recht stammen solle; ganz kurz dazu, *Haferkamp*, Artikel: Besitz, in: Enzyklopädie der Neuzeit, Bd. II (2005), Sp. 83.

Eigenthum an der ihm *übergebenen* Sache, …"; § 139 TE: „… die Sache …, behufs der Eigenthumserwerbung in übrigens rechtsgültiger Weise *übergeben* erhalten …"[48]) an. Für die Frage, ob der Umgang mit dem Doppelspiel des unmittelbaren Besitzers, das in den heutigen §§ 933 f. BGB seine Ausprägung findet, bereits im Entstehungsverfahren des BGB angelegt war, dürften die Begriffe des Besitzes und der damit eng verbundenen Übergabe im Teilentwurf des Sachenrechts als die ersten Anknüpfungspunkte gelten. Nach dem Teilentwurf *Johows* erfolgte die Übergabe dadurch, dass der Besitz von dem bisherigen Besitzer dem Erwerber eingeräumt und von diesem sodann ausgeübt wurde, § 57 Abs. 1 TE.[49] Somit war der Begriff der Übergabe im Teilentwurf an den des Besitzes angeknüpft.

Nachdem er sich mit dem Rechtsverhältnis zwischen Besitzer und Inhaber im römisch-gemeinen Recht auseinandergesetzt hatte,[50] kam *Johow* in seinem Teilentwurf dazu, dass der Inhaber grundsätzlich auch als Besitzer anerkannt werde, es sei denn, dass er den Willen habe, die tatsächliche Gewalt für einen anderen, der diesen Willen teile und somit durch den Inhaber besitze, auszuüben.[51] Aufgrund dieser Erkenntnis unterschied *Johow* in seinem Teilentwurf zwischen Inhabung, die in § 53 TE[52] bei beweglichen Sachen auch als „Gewahrsam" bezeichnet wurde, und Besitz. Nach § 48 Abs. 1 TE war Inhaber, wer die tatsächliche Gewalt über eine Sache ausübte. In dem Fall, in dem der Inhaber den Willen hatte, die tatsächliche Gewalt nur für einen anderen auszuüben, und der andere einen hiermit übereinstimmenden Willen hatte, war nur dieser andere Besitzer (§ 48 Abs. 2 TE). Demzufolge erforderte Fremdbesitz den übereinstimmenden Willen des Inhabers, den Besitz für einen anderen zu mitteln, sowie den Willen des Besitzers, sich den Besitz durch den Inhaber vermitteln zu lassen. *Johow* hielt jedoch an seiner in § 48 TE[53] zum Ausdruck gebrachten Auffassung in der Haupt-

48 Hervorhebung durch den Autor.

49 § 57 Abs. 1 TE Sachenrecht: „Die Uebergabe einer Sache erfolgt dadurch, daß der Besitz von dem bisherigen Besitzer dem Erwerber eingeräumt und von diesem ergriffen wird."

50 *Johow*, Entwurf eines Bürgerlichen Gesetzbuchs für das Deutsche Reich, Sachenrecht, Begründung Band I (1880), S. 357–362.

51 *Johow*, aaO., S. 362.

52 § 53 TE Sachenrecht: „Die thatsächliche Gewalt über eine bewegliche Sache wird erlangt durch die Herstellung eines solchen Verhältnisses zu der Sache, in welchem die unmittelbare Beherrschung der Sache durch den Erwerber gegeben ist oder nach Sitte und Gebrauch als vorhanden gilt (Gewahrsam)."

53 § 48 TE Sachenrecht: „Wer eine Sache mit seinem Willen in thatsächlicher Gewalt hat, ist Inhaber. Hat der Inhaber den Willen, die thatsächliche Gewalt nur für anderen zu üben, der Andere aber den hiermit übereinstimmenden Willen, so ist dieser Andere Besitzer. In allen übrigen Fällen ist der Inhaber Besitz."

beratung nicht fest. Abweichend vom Wortlaut des § 48 TE schlug er vor, dass Inhaber einer Sache derjenige sein solle, der „die tatsächliche Gewalt in der Anerkennung" ausübe, „daß die Sache einem Anderen gehöre".[54] Hier blieb jedoch unklar, wie genau *Johow* die Begriffe Besitz und Inhabung hätte modifizieren wollen, da er § 48 TE schließlich unverändert ließ.[55] Wenngleich also Zweifel über die Reichweite dieser Meinungsänderung bestehen blieben, ließ sich dennoch auf folgende Punkte schließen: Die innere Anerkennung des Inhabers war entscheidend dafür, wer Besitzer sein sollte; nach dem Wortlaut des § 48 Abs. 2 TE und *Johows* Begründung dazu reichte die bloße Anerkennung des Inhabers für den Besitz des Anderen nicht aus, vielmehr musste dieser auch einen damit „übereinstimmenden Willen" zeigen; dieses Erfordernis des „übereinstimmenden Willen" nahm *Johow* in der Hauptberatung ja zwar wohl wieder zurück – aber die Willensrichtung des Inhabers war somit dennoch in beiden Fällen von entscheidender Bedeutung. Ob durch eine bloße Vereinbarung zwischen Inhaber und einem Dritten dem Besitzer ohne dessen Mitwirkung sein Besitz entzogen werden konnte, betraf die Frage des Besitzkonstituts. Darauf wird im folgenden Teil eingegangen. *Johow* ließ jedoch noch im Auffangtatbestand des § 48 Abs. 3 TE die Möglichkeit des Besitzes in anderen Fällen offen, in denen der Inhaber die tatsächliche Gewalt über die Sache für sich im eigenen Interesse ausübt, wie z. B. als Pfandgläubiger, Sequester, Mieter, Pächter, Nießbraucher usw.[56]

Als eine Voraussetzung der Übertragung des Eigentums an beweglichen Sachen und der Ersitzung wurde die Übergabe in den Paragrafen §§ 56 ff. TE konkretisiert, wodurch die Übergabe auch durch die *brevi manu traditio*,[57] die Besitzanweisung,[58]

---

54 Protokolle der 1. Kommission zur Ausarbeitung des Entwurfs eines Bürgerlichen Gesetzbuchs für das Deutsche Reich, S. 3377, hier zitiert nach *Schubert*, Die Entstehung der Vorschriften des BGB über Besitz und Eigentumsübertragung (1966), S. 61.

55 *Schubert*, Die Entstehung der Vorschriften des BGB über Besitz und Eigentumsübertragung (1966), S. 61.

56 *Johow*, Entwurf eines Bürgerlichen Gesetzbuchs für das Deutsche Reich, Sachenrecht, Begründung Band I (1880), S. 360.

57 § 60 TE Sachenrecht: „Die Uebergabe der in der thatsächlichen Gewalt eines Anderen befindlichen Sache an den Inhaber erfolgt durch die beiderseitige Willenserklärung, daß der Inhaber die bisher für den Uebergebenden geübte thatsächliche Gewalt fortan für sich üben solle und wolle."

58 § 61 TE Sachenrecht lautete: „Die Uebergabe der in den thatsächlichen Gewalt eines Anderen befindlichen Sache an einen Dritten kann bewirkt werden durch die im Einverständnisse desselben von dem bisherigen Besitzer dem Inhaber ohne dessen Widerspruch ertheilte Anweisung, die thatsächliche Gewalt fortan für den Dritten zu üben."

nach § 61 TE[59] oder mittels Besitzkonstitut[60] bewirkt werden konnte. Die *brevi manu traditio* und die Besitzanweisung wurden im Teilentwurf des Sachenrechts gleichfalls als „Übergabe" eingestuft, anders als im nachträglich in Kraft getretenen BGB, dem solche Formen nur als „Ersatzformen der Übergabe" (Übergabesurrogate) bekannt sind (§ 930 und § 931 BGB: „…, so kann die Übergabe dadurch *ersetzt* werden, …").

Bei der Besitzanweisung wurde die Übergabe einer in der tatsächlichen Gewalt eines Anderen befindlichen Sache an einen Dritten dadurch bewirkt, dass der bisherige Besitzer dem Inhaber ohne dessen Widerspruch die Anweisung erteilte, die tatsächliche Gewalt fortan für den Dritten auszuüben und der Dritte damit einverstanden war, § 61 TE. Ein solches Einverständnis des Inhabers war nach § 61 TE schon dann anzunehmen, wenn er der vom bisherigen Besitzer erteilten Anweisung nicht widersprach. Darauf, dass die Übergabe an den Dritten durch Besitzanweisung erst mit dessen Einverständnis erfolgte, war aus § 48 Abs. 2 TE zu schließen, der im Verhältnis Besitzer-Inhaber ihren übereinstimmenden Willen erforderte. Dadurch, dass alle drei Teile in diesem Fall der Besitzübertragung nicht widersprechen durften und die Willensrichtung des Inhabers von außen erkennbar vermutet wurde, war die Möglichkeit eines Doppelspiels des Inhabers von vornherein ausgeschlossen.

Es stellt sich jedoch noch die Frage eines möglichen Doppelspiels bei einer Übergabe durch Besitzkonstitut (§ 62 TE). Dieses betraf Fälle, in denen aufgrund eines besonderen Rechtsverhältnisses zwischen Erwerber und bisherigem Besitzer Letzterer als Inhaber weiterhin zur tatsächlichen Gewaltausübung berechtigt blieb. Hierbei wurde die Übergabe dadurch bewirkt, dass der bisherige Besitzer im Einverständnis mit dem Erwerber erklärte, die tatsächliche Gewalt fortan für den Erwerber ausüben zu wollen. Die Vorschrift war aber auf „de[n] bisherige[n] Besitzer" als denjenigen beschränkt, der durch Besitzkonstitut einen Dritten zum Besitzer machen konnte. Damit war der Inhaber nach dem Teilentwurf des Sachenrechts nicht in der Lage,

59 Die Vorschrift über die Besitzanweisung wurde von der zweiten Kommission gestrichen und dem § 931 BGB zugeordnet, vgl. Mugdan III, S. 505 u. *Ernst*, Eigenbesitz und Mobiliarerwerb (1992), S. 278. Heute wird die Besitzanweisung als eine Form der Übergabe im Sinne des § 929 S. 1 BGB angesehen, vgl. Soergel/*Henssler* (2002), § 929 Rn. 61; MünchKommBGB/*Oechsler* (2017), § 929 Rn. 55; Staudinger/*Wiegand* (2017), § 929 Rn. 49; *Wilhelm*, Sachenrecht (2016), S. 428; a. A. *Wieling*, Sachenrecht Band I (2006), S. 320.

60 § 62 TE Sachenrecht: „Ist auf Grund eines besonderen Rechtsverhältnisses zu dem Erwerber der bisherige Besitzer befugt, die Sache als Inhaber zu behalten, so kann die Uebergabe dadurch erfolgen, daß der bisherige Besitzer im Einverständnisse mit dem Erwerber erklärt, die thatsächliche Gewalt fortan für den Erwerber üben zu wollen."

einem Dritten mittels Besitzkonstitut Besitz zu verschaffen. Wenn sich der Inhaber zum Besitzer im Sinne von § 48 TE aufzuschwingen gedachte, musste er nach § 70 Abs. 1 Nr. 1 TE „dem Besitzer die Sache ableugne[n] oder demselben gegenüber den Willen erklär[en], die Sache für sich oder für einen Dritten zu haben." Der bloße Versuch des Inhabers, sich dem Erwerber gegenüber als Besitzer auszugeben und das Eigentum an der beweglichen Sache durch Besitzkonstitut zu veräußern, scheiterte bereits an der mangelnden Fähigkeit zur Vornahme des Besitzkonstituts, es sei denn, er hatte sich bereits erfolgreich zum Besitzer aufgeschwungen.

Nach § 204 TE[61] wurde durch die Abtretung des aus der Eigentümerstellung folgenden Anspruches auf Herausgabe ein gegen Dritte wirkendes Recht auf Erlangung der Sachen nicht begründet; die Abtretung des Anspruchs galt lediglich als Bevollmächtigung zur Geltendmachung desselben. Demzufolge wurde die Abtretbarkeit der Vindikation verneint. Daher ist davon auszugehen, dass *Johow* den Standpunkt vertrat, dass die Trennung des dinglichen Herausgabeanspruchs von der Eigentümerstellung unmöglich war.[62] Zudem fand die im BGB vorgeschriebene Abtretung des obligatorischen Herausgabeanspruchs (§ 870 BGB) auch keinen entsprechenden Ausdruck im Teilentwurf. In der Tat schloss die gesetzliche Definition des Besitzes im Teilentwurf des Sachenrechts diese Übergabeform schon aus, indem sie vorschrieb, dass Inhaber und Besitzer hinsichtlich des Besitzes einen „übereinstimmenden Willen" teilen mussten. Trat der Besitzer den Anspruch auf Herausgabe an einen Dritten ab, ohne dies dem Inhaber anzuzeigen, scheiterte der Besitz des Dritten am fehlenden entsprechenden Willen des Inhabers; wurde die Abtretung dem Inhaber hingegen mitgeteilt, war die Konstellation nicht anders als eine Besitzanweisung zu beurteilen.

IV. Zusammenfassung

Aufgrund der strengen Trennung von Inhabung und Besitz und der engen Anknüpfung der Übergabe an den Begriff des Besitzes räumte der Teilentwurf des Sachenrechts dem Inhaber einer beweglichen Sache in Fällen des Besitzkonstituts und der Besitzanweisung kein mögliches Doppelspiel ein. Würden solche Übergabeformen auf die Ersitzung und den sofortigen gutgläubigen Erwerb bestimm-

---

61 § 204 TE Sachenrecht: „Durch die Abtretung des Eigenthumsanspruches auf Herausgabe der Sache wird ein gegen Dritte wirksames Recht auf Erlangung der Sache nicht begründet. Die Abtretung des Anspruchs gilt als Bevollmächtigung zur Geltendmachung desselben."

62 *Einsele-Wili*, Vindikationszession (1975), S. 50.

ter beweglicher Sachen angewendet, könnte das Dilemma im geltenden Recht, wie z. B. der Fräsmaschinenfall und die Lagerfälle, vermieden werden.

B. Die Einflüsse des 15. Deutschen Juristentags

Anlässlich des 15. Deutschen Juristentags 1880 in Leipzig wurden u. a. zwei Gutachten über das Besitzkonstitut und den gutgläubigen Eigentumserwerb vorgestellt, nämlich, „ob und unter welchen Voraussetzungen das *constitum possessorium* mit der Wirkung der Besitzübertragung für bewegliche Sachen auszustatten ist", und „was ist im deutschen Civilgesetzbuche über die Vindication beweglicher Sachen im Verhältnisse zum redlichen Erwerb zu bestimmen?". Allgemein geht man davon aus, dass der 15. Deutsche Juristentag Einfluss auf die Einführung des gutgläubigen Erwerbs und dessen Rechtsgestaltung im künftigen BGB genommen hat.[63]

I. Das Gutachten *Adolf Exners*

Der Wiener Professor *Adolf Exner* setzte sich zu Anfang seines Gutachtens mit der Erforderlichkeit der Besitzübertragung durch ein Besitzkonstitut am Beispiel des Pferdekaufes von einem Stallhalter auseinander und bejahte ein solches Erfordernis.[64] Er vertrat die Ansicht, dass die herrschende Lehre nach *Savigny* völlig recht gehabt habe, wenn sie die Voraussetzung für ein Besitzkonstitut dahin gehend formuliert habe, dass der Tradent übereinstimmend mit dem entsprechenden Willen des Empfängers den Besitz für sich aufgeben und gleich-

---

63 *Rieß*, Zum Sachenrecht des Entwurfs, Drittes Buch, Vierter Abschnitt, Titel III und IV, in: Deutscher Anwaltverein (Hrsg.), Gutachten aus dem Anwaltsstande über die erste Lesung des Bürgerlichen Gesetzbuches (1890), S. 642; *Hübner*, Rechtsverlust im Mobiliarsachenrecht (1955), S. 30; *Lohsse*, Gutgläubiger Erwerb, mittelbarer Besitz und die Väter des BGB, in: AcP 206 (2006), 527 (536); Staudinger/*Wiegand* (2017), Vor § 932 Rn. 4. Die Gesetzgebungsmaterialien verweisen diesbezüglich auch wiederholt auf die Verhandlungen des 15. Deutschen Juristentags, wie beispielsweise, Motive III, S. 344; *Jakobs/Schubert* (Hrsg.), Die Beratung des Bürgerlichen Gesetzbuchs, Sachenrecht, Band I, §§ 854–1017 (1985), S. 599. Der nachträglich erlassene erste Entwurf schloss sich in Bezug auf Besitzkonstitut als Übergabesurrogat und die Aufnahme des gutgläubigen Erwerbs ins BGB in großem Maße auch den vom 15. Deutschen Juristentag angenommenen Anträgen an.

64 *Exner*, Ob und unter welchen Voraussetzungen das constitutum possessorium mit der Wirkung der Besitzübertragung für bewegliche Sachen auszustatten ist? in: Verhandlungen des 15. Deutschen Juristentages Band I (1880), S. 3–5.

zeitig die Inhabung (Detention) im Namen des Empfängers antreten müsse.[65] *Exner* ergänzte im Anschluss an *Savignys* Lehre noch, dass das bloße Wort für ein Besitzkonstitut jedoch nicht ausreiche; vielmehr müsse die tatsächliche Besitzaufgabe hinzukommen.[66] Jedoch könne dies als Einfallstor ausgenutzt werden, wenn diese tatsächliche Besitzaufgabe durch die Erklärung zum Verzicht auf den Besitz ersetzt werden könne. Daher müsse die Anwendung dieser aus gemeinem Recht abgeleiteten Regel modifiziert werden, damit eine Übergabe bloß „durch Erklärung" vermieden werde.[67] Zwar könne aus den getroffenen Absprachen auf die Tatsache zu schließen sein, dass ein Besitzkonstitut abgeschlossen worden sei, aber reine mündliche Vereinbarungen sollten ohne überprüfbare Tatsachen nicht ausreichen.[68] Somit ist zu fragen, welche Tatsachen für ein erfolgreiches Besitzkonstitut hinzutreten müssten. *Exner* nannte hierfür zwei Voraussetzungen: Zunächst müsse der bisherige Besitzer „das Gefühl seiner unabhängigen Macht über die Sache" verloren haben. Zudem müsse sich der Tradent wirklich zum Werkzeug des gegnerischen Besitzwillens machen und einen faktischen Zustand herbeiführen, in dem der neue Besitzer in gewisser Richtung über dessen Person und dadurch zugleich über die Sache verfüge.[69] Dafür müssten stets besondere Gründe vorliegen, denn sonst würde sich niemand der Verfügung durch einen anderen unterwerfen lassen. Somit sei von entscheidender Bedeutung, ob hinter den bloßen Erklärungen auch noch die den Besitzwechsel herbeiführenden Tatsachen, also die von beiden vereinbarten konkreten Rechtsverhältnisse, gebe. *Exner* warf der damals herrschenden Lehre vor, dass sie den Besitzwechsel an die bloße Vereinbarung anknüpfen lasse, ohne sich mit dem Grund dafür im Einzelfall auseinanderzusetzen, was zu einer leichtfertigen Vornahme eines Besitzkonstituts führe.[70] Deshalb sei es erforderlich, dass die zugrunde liegenden Tatsachen des Besitzkonstituts nachweisbar seien. Durch die bloße Darlegung der Erklärung des angeblichen Tradenten könne der Richter keine Überzeugung vom Besitzkonstitut gewinnen. Vielmehr bedürfte es dazu eines konkreten Rechtsverhältnisses (*causa traditionis*), aufgrund dessen sich der Tradent zum Detentor mache und sich somit vom Besitz der Sache loslösen lasse. Solche Rechtsverhältnisse könnten bspw. eine Miete, Verwahrung oder Leihe darstellen.[71] Auf die Wirksamkeit eines

65 *Exner*, aaO., S. 5 f.
66 *Exner*, aaO., S. 6.
67 *Exner*, aaO., S. 6.
68 *Exner*, aaO., S. 6.
69 *Exner*, aaO., S. 6.
70 *Exner*, aaO., S. 7.
71 *Exner*, aaO., S. 7.

solchen Rechtsverhältnisses komme es jedoch im konkreten Fall nicht an.[72] Versucht der Besitzer, dessen Besitz bereits durch einen Detentor vermittelt wird, die Sache durch Besitzkonstitut einem Dritten zu übergeben, werde die Übergabe nicht durch den Widerspruch des Detentors verhindert.[73]

Exners Thesen setzten sich in der Abstimmung durch: Es war die gebotene Konsequenz zur Aufrechthaltung des Erfordernisses der Übergabe beim Eigentumsübergang im Mobiliarsachenrecht, das Besitzkonstitut nur unter der Voraussetzung als Übergabe wirken zu lassen, dass neben der Veräußerung ein besonderes Rechtsverhältnis begründet worden war, welches den Veräußerer zur Aufrechterhaltung des Gewahrsams an der veräußerten Sache berechtigte oder verpflichtete.[74] Der Gegen- und der Nebenantrag dazu wurden entsprechend abgelehnt.[75]

Für den Eigentumserwerb vom Berechtigten war man sich demnach darüber einig, dass man das Besitzkonstitut dem vom 15. DJT angenommenen Antrag zufolge „als Übergabe wirken lassen" könne unter der Voraussetzung, dass „neben der Veräußerung ein besonderes Rechtsverhältnis" vorliege. Der Antrag *Exners* zum Besitzkonstitut setzte sich zwar nicht direkt mit dem gutgläubigen Eigentumserwerb bzw. der Ersitzung auseinander, wirkte sich aber indirekt auf beide Rechtsinstitute aus, indem das mit einem besonderen Rechtsverhältnis verbundene Besitzkonstitut „als Übergabe [wirkte]". Somit blieb nur die Frage bestehen, ob es möglich ist, dass der Detentor nach *Exners* Antrag in der Lage war, durch bloß einseitige Umstellung der Willensrichtung einem Dritten den Besitz zu verschaffen. Indem *Exner* jedoch für das Besitzkonstitut voraussetzte, dass der Tradent selbst, ohne jegliche Ausnahme zu nennen, Besitzer sein müsse,[76] ist die obige Frage zu verneinen. Ein Doppelspiel des Detentors war nach dem Antrag *Exners* nicht möglich.

II. Das Gutachten *Alex Frankens*

Nach *Exner* trug der Greifswalder Professor *Alex Franken* sein Gutachten zum Thema „Was ist im deutschen Civilgesetzbuche über die Vindication beweglicher Sachen im Verhältnisse zum redlichen Erwerb zu bestimmen?" vor. Das Gut-

---

72 *Exner*, aaO., S. 8.

73 *Exner*, aaO., S. 8.

74 Zweite Sitzung der ersten Abtheilung in der Aula der Universität am 10. September 1880, in: Verhandlungen des 15. DJT Band II (1880), S. 128 f.

75 Zweite Sitzung der ersten Abtheilung in der Aula der Universität am 10. September 1880, in: Verhandlungen des 15. DJT Band II (1880), S. 127 f.

76 *Exner*, aaO., S. 5.

achten ging weitgehend auf das Verhältnis von Vindikation und gutgläubigem Erwerb unter dem im französischen Recht herrschenden „Vertragssystem" und dem v. a. vom österreichischen Recht vertretenen „Übergabesystem" ein.[77] Stark abweichend von den oben genannten Systemen formulierte *Franken* seine Vorschläge wie folgt:

> „§ 1. Durch Veräußerungsgeschäfte wird das Eigenthum beweglicher Sachen erst im Augenblick der erfüllten Gegenleistung erworben.
> Uebergabe ist nicht erforderlich, vorbehaltlich der ausdrücklichen gesetzlichen Ausnahmen.
> ....
> § 5. Vindication beweglicher Sachen findet nicht statt; doch steht demjenigen, welcher durch ein von einem Unbefugten vorgenommenes Veräußerungsgeschäft sein Eigenthum eingebüßt hat, jedem Besitzer gegenüber das Recht der Einlösung gegen Ersatz des Anschaffungspreises zu.
> § 6. Wer eine fremde bewegliche Sache in rechtswidriger Absicht oder unter grober Fahrlässigkeit bei Prüfung der Rechtsmäßigkeit seines Erwerbs von einer zur Verfügung über dieselbe nicht befugten Person an sich bringt, erwirbt kein Recht an derselben und ist dem Eigenthümer zur Herausgabe und Ersatz alles Schadens verpflichtet.
> § 7. Wer in rechtswidriger Absicht oder unter grober Fahrlässigkeit bei Prüfung seines Verfügungsrechtes eine fremde bewegliche Sache, über die zu verfügen er nicht berechtigt ist, veräußert, ist dem Eigenthümer zur Herausgabe der Sache und der für den credietirten Preis erhaltenen Sicherheiten, sowie zum Ersatz alles Schadens verpflichtet."

Der Eigentumsübergang an beweglichen Sachen erfolgte *Franken* zufolge also weder mit dem Vertragsabschluss (Vertragssystem in Frankreich) noch mit der Übergabe (Übergabesystem in Österreich), sondern erst mit der Auszahlung des Kaufpreises. Eine Vindikation wurde dem (Alt)Eigentümer grundsätzlich nicht zuerkannt. Nur in den Fällen, in denen der Erwerber nicht „gutgläubig" war, war dieser verpflichtet, alles, was er durch das Veräußerungsgeschäft erlangt hatte, dem Eigentümer herauszugeben und gegebenenfalls Schadensersatz zu leisten. Im Umkehrschluss ist davon auszugehen, dass der Erwerber grundsätzlich das Eigentum an beweglichen Sachen gutgläubig vom Nichtberechtigten erwerben konnte. Dieser gutgläubige Erwerb vom Nichtberechtigten sowie der normale Erwerb vom Berechtigten waren von der Übergabe unabhängig. Für den Erwerb vom Nichtberechtigten nahm *Franken* auch keine Unterscheidung zwischen an-

---

77 *Franken*, Was ist im deutschen Civilgesetzbuche über die Vindication beweglicher Sachen im Verhältnisse zum redlichen Erwerb zu bestimmen? in: Verhandlungen des 15. DJT Band II, S. 137 ff.

vertrauten und abhandengekommenen Sachen vor. Außerdem war es nach der Vorstellung *Frankens* nicht erforderlich, die Ersitzung ins künftige Bürgerliche Gesetzbuch einzuführen, weil sie sich „mit der Tradition und den bisher häufigen Eigentumspräsumtionen oder -Fiktionen" erübrige.[78]

In den anschließenden Diskussionen stieß das Gutachten *Frankens* auf heftige Kritik. Der Leipziger Rechtsanwalt *Reuling* äußerte sich in Bezug auf das Gutachten *Frankens* derart, dass der in § 306 ADHGB[79] vorgesehene gutgläubige Erwerb vom Nichtberechtigten in das künftige Bürgerliche Gesetzbuch aufzunehmen sei, weil es ansonsten an genügenden Gründen für die vom ADHGB abweichende Vorschrift fehle.[80] Danach brachte *Heinrich Brunner* seine Meinung bzgl. *Frankens* Gutachtens zum Ausdruck. Er führte ironisch aus, dass die im Gutachten formulierten Vorschläge so praxisfern seien, dass der Gutachter *Franken* selbst nicht die Absicht gehabt haben könne, dass seine Vorschläge ins künftige Bürgerliche Gesetzbuch aufgenommen werden sollten.[81] *Brunner* ging auf das Verhältnis des gutgläubigen Erwerbs zur Vindikation in den verschiedenen Übertragungssystemen im preußischen ALR, römischen Recht und ADHGB ein und sprach sich ausdrücklich für die Aufnahme der Grundsätze des ADHGB ins Bürgerliche Gesetzbuch aus, und zwar ohne jegliche Modifizierung.[82]

Bei der Abstimmung wurden die Vorschläge *Frankens* sodann von den meisten Teilnehmern des 15. Deutschen Juristentages abgelehnt. Eine Mehrheit bekam der Vorschlag *Brunners*, nach dem das Verhältnis des gutgläubigen Erwerbs zur Vindikation beweglicher Sachen nach den Grundsätzen des ADHGB zu normieren sei.[83] Es scheint, dass dieser Beschluss des 15. Deutschen Juristentages dem Gesetzgeber eine mögliche Richtung gewiesen hat. Wichtig war dabei, dass die seit Langem geübte Rechtspraxis unter dem ADHGB mit dem BGB verknüpft

---

78 *Franken*, aaO., S. 153.

79 § 306 ADHGB: „(1) Wenn Waaren oder andere bewegliche Sachen von einem Kaufmann in dessen Handelsbetriebe veräußert und übergeben worden sind, so erlangt der redliche Erwerber das Eigenthum, auch wenn der Veräußerer nicht Eigenthümer war. …
…
(4) Dieser Artikel findet keine Anwendung, wenn die Gegenstände gestohlen oder verloren waren."

80 Zweite Sitzung der ersten Abtheilung in der Aula der Universität am 10. September 1880, in: Verhandlungen des 15. DJT Band II, S. 69.

81 AaO., S. 79.

82 AaO., S. 80 f.

83 AaO., S. 83.

wurde.[84] Beim nachträglichen Streit über die Voraussetzungen der Übergabe beim gutgläubigen Eigentumserwerb sind die Lehren des ADHGB aus Gründen der historischen Kontinuität folglich heranzuziehen.

III. Zusammenfassung

Auf dem 15. Deutschen Juristentag wurde über das Besitzkonstitut als Übergabeform und die mögliche neue Rechtsgestaltung des gutgläubigen Erwerbs im BGB beraten. Bei der Abstimmung wurde der Antrag *Exners* angenommen, dass der Detentor nicht durch bloßes Besitzkonstitut einen Dritten zum Besitzer machen konnte. Aus einer Analyse dieses Antrags *ex post* ergibt sich, dass ein Doppelspiel des Detentors von Anfang an ausgeschlossen sein sollte. Der Antrag *Frankens*, nach dem der gutgläubige Erwerb vom Nichtberechtigten gänzlich auszuschließen sei, wurde von der Mehrheit des 15. Deutschen Juristentages abgelehnt. Der Gegenantrag erhielt schließlich die Mehrheit, sodass der Weg zur Aufnahme des gutgläubigen Erwerbs in Sinne von § 306 ADHGB ins künftige Bürgerliche Gesetzbuch geebnet wurde.

C. Der erste Entwurf und die Kritik

I. Die gesetzgeberischen Überlegungen zur Einführung des gutgläubigen Erwerbs

Die Verfasser des ersten Entwurfs zum Bürgerlichen Gesetzbuch (Abkürzung: E I) folgten weitgehend dem Beschluss des 15. Deutschen Juristentags[85] und führten teilweise auf Antrag von *Derscheid*[86] den gutgläubigen Eigentumserwerb vom Nichtberechtigten ein (§§ 877–879 E I). Sie wichen bewusst vom Vorbeschluss der ersten Kommission vom 8. 10. 1875 sowie vom Teilentwurf *Johows* ab.[87]

Die erste Kommission bemühte sich darum, den Zusammenhang zwischen dem in § 877 E I[88] eingeführten gutgläubigen Erwerb und den anderen Rechts-

---

84 Eingehend *Lohsse*, Gutgläubiger Erwerb, mittelbarer Besitz und die Väter des BGB, in: AcP 206 (2006), 527 (532 ff.).

85 Motive III, S. 344, Fn. 1; *Jakobs/Schubert* (Hrsg.), Die Beratung des Bürgerlichen Gesetzbuchs, Sachenrecht, Band I, §§ 854–1017 (1985), S. 599.

86 *Jakobs/Schubert* (Hrsg.), Die Beratung des Bürgerlichen Gesetzbuchs, Sachenrecht I, §§ 854–1107 (1985), S. 598.

87 *Jakobs/Schubert* (Hrsg.), aaO., S. 72.

88 § 877 E I: „Wenn der Veräußerer nicht Eigenthümer der Sache war, der Erwerber aber diesen Umstand bei dem sich vollziehenden Erwerbe nicht gekannt, seine Unkenntniß auch nicht auf grober Fahrlässigkeit beruht hat, so erlangt der Erwerber durch den im

instituten zu erklären. Nach Auseinandersetzungen mit dem preußischen ALR und dem sächsischen BGB sowie dem bayerischen Recht ging der Gesetzgeber davon aus, dass sich hinsichtlich der Verfolgungsrechte in beiden Gesetzbüchern die allgemeine römisch-gemeinrechtliche Regel durchgesetzt habe, dass der Eigentümer also seine bewegliche Sache bis zur Ersitzung stets verfolgen könne und der gutgläubige Erwerber im Gegenzug einen Lösungsanspruch gegen den Eigentümer habe.[89] Die dem gegenüberstehende sog. „germanisch-rechtliche" Regel lasse hingegen Rechtsmängel in der Person des Veräußerers außer Acht, wenn die sonstigen Voraussetzungen der Eigentumsübertragung vorlägen, insbesondere wenn die Sache schon übergeben wurde. Davon ausgenommen waren die Fälle, in denen der Besitz an der veräußerten Sache dem Eigentümer ohne dessen Willen entzogen worden war, also wenn kein Fall des Prinzips „Hand wahre Hand" vorlag, denn dann konnte der gutgläubige Erwerber nicht sofort das Eigentum erwerben.[90] Im Vergleich zur römisch-gemeinrechtlichen Regel war hinsichtlich der Rechtsfolge auch aus der germanischen Rechtsgestaltung kein großer Unterschied zu erblicken; strich man das Erfordernis des Zeitablaufs bei der Ersitzung und berücksichtigte man die Ersitzungsunfähigkeit von *res furtiva*, kam man „im Großen und Ganzen" zur selben Rechtsausgestaltung, die man gemeinhin dem Verdienst des germanischen Rechts zuschrieb.[91] Der Gesetzgeber stellte jedoch nicht klar heraus, woher der gutgläubige Erwerb seiner Meinung nach stammt. Es ist insoweit irreführend, dass die Ausführungen in den „Motiven" sowohl auf das germanische Prinzip „Hand wahre Hand" als auch auf die „*prescription instantanée*" des französischen Rechts, das insofern auf die römisch-gemeinrechtliche Ersitzung hindeutet, verwiesen wird, ohne jedoch eine klare Entscheidung des Ursprungs aus dem einen oder anderen getroffen zu haben.[92] Auch eine Begründung dafür, warum die Freiwilligkeit bzw. Unfreiwilligkeit des Besitzverlustes *seitens des Eigentümers* zum gutgläubigen Erwerb oder auch nur zum Lösungsanspruch *des Erwerbers* führen soll. Ohne stichhaltigen Grund würde schlicht der Verkehrsschutz in den Vordergrund gedrängt, sodass es dann naheläge, beide Konstellationen gleichzubehandeln.

§. 874 bezeichneten Vertrag das Eigenthum. Die Kenntniß und die auf grober Fahrlässigkeit beruhende Unkenntniß der Anfechtbarkeit eines Rechtsgeschäftes stehen, wenn die Anfechtung erfolgt, der Kenntniß und der auf grober Fahrlässigkeit beruhenden Unkenntniß der mit der Anfechtung eingetretenen rechtlichen Wirkung gleich."

89 Motive III, S. 342.

90 Motive III, S. 342.

91 Motive III, S. 342.

92 Motive III, S. 342, Fn. 5.

Hielte man es hingegen für erforderlich, eine Unterscheidung zwischen freiwilligem und unfreiwilligem Besitzverlust vorzunehmen, ließe sich dies mit historischer Kontinuität rechtfertigen. Dies lässt sich nämlich entweder aus dem germanischen Prinzip „Hand wahre Hand“ herleiten oder aber aus der Einschränkung der Ersitzung bei der *res furtiva*. Das diesbezügliche Schweigen des Gesetzgebers kann für den nachträglich entstandenen Streit in gewissem Maße verantwortlich gemacht werden.

Die Erforderlichkeit der Einführung des gutgläubigen Erwerbs begründete die erste Kommission im Wesentlichen mit der Sicherheit des Rechtsverkehrs. Sie ging davon aus, dass es für den Verkehr mit beweglichen Sachen von großer Bedeutung sei, dem gutgläubigen Erwerber den Eigentumserwerb zu gewährleisten. Im Bereich des Immobiliensachenrechts werde dem Bedürfnis nach Verkehrssicherheit durch den öffentlichen Glauben des Grundbuches Genüge getan. Anstelle des Grundbuchs sei die Inhabung bzw. der Besitz des nichtberechtigten Veräußerers der beweglichen Sache in der Lage, dem Erwerber die Sache zu übergeben und somit die anderen Voraussetzungen der Eigentumsübertragung zu erfüllen, was die Grundlage des zu schützenden guten Glaubens darstelle.[93] Abgesehen von der Ausnahme abhandengekommener Sachen obliege es dem Eigentümer, den Rechtsschein des nichtberechtigten Veräußernden zu verhindern, indem er seine beweglichen Sachen nicht aus der Hand gebe. Dahin gehend stelle es jedoch eine Überforderung des Erwerbers dar, sich über die Zugehörigkeit der veräußerten Sache vergewissern zu müssen. Dem Gesetzgeber zufolge sei im Allgemeinen davon auszugehen, dass im Fall einer nichtberechtigten Veräußerung in der Regel den Eigentümer ein höheres Eigenverschulden treffe als den Erwerber;[94] aus diesem Grund entspreche es der Billigkeit, zulasten des bisherigen Eigentümers das Eigentum an der beweglichen Sache dem gutgläubigen Erwerber zuzuerkennen.[95] Nach der römisch-rechtlichen Regel wurden jedoch dem Erwerber alle Gefahren der Aufklärung, ob die Sache dem Veräußernden gehöre oder nicht, auferlegt; dem ADHGB zufolge wurde der Erwerber in gewissem Maße verpflichtet, sich die erforderliche Gewissheit über die Befugnis des Veräußerers zu verschaffen. Beide Lösungen vermögen in ihrem jeweiligen Rahmen zu überzeugen. Der Gesetzgeber schloss sich der Lösung des ADHGB an, weil er im Anschluss an den

93 Motive III, S. 344.

94 Die Kritik *von Lübtows* dazu, Hand wahre Hand, in: Studien zur Rechtsgeschichte, Band II (1997), S. 76 ff.

95 Motive III, S. 344.

Beschluss des 15. Deutschen Juristentages auf den Einklang mit den Vorschriften des ADHGB größeren Wert legen wollte.[96]

II. Die dogmatische Betrachtung des gutgläubigen Erwerbs im ersten Entwurf

Der gutgläubige Erwerb vom Nichtberechtigten fand im ersten Entwurf ausschließlich eine Erwähnung in § 874 E I[97], also der Grundregel des rechtsgeschäftlichen Eigentumserwerbs vom Berechtigten. Danach war zur rechtsgeschäftlichen Übertragung des Eigentums an einer beweglichen Sache ein zwischen Eigentümer und Erwerber unter Übergabe der Sache zu schließender Vertrag erforderlich, welcher die Willenserklärung der Vertragsschließenden enthielt, dass das Eigentum auf den Erwerber übergehen solle (§ 874 Abs. 1 E I). Dieser Norm zufolge war für die rechtsgeschäftliche Übertragung des Eigentums an beweglichen Sachen erforderlich, dass sich Veräußerer und Erwerber über den Eigentumsübergang einigten. Diese Einigung wurde vom ersten Entwurf ausdrücklich als „Vertrag" bezeichnet und war somit ein vom Kausalgeschäft streng abgetrenntes, eigenes dingliches Rechtsgeschäft.[98] Ob die Wirksamkeit des dinglichen Rechtsgeschäfts vom Kausalgeschäft zu abstrahieren war, ließ sich dem Wortlaut des Entwurfes zwar nicht unmittelbar entnehmen, ließ sich jedoch aus den Gesetzgebungsmaterialien ableiten: „Die sachenrechtlichen Geschäfte sind nothwendig abstrakter Natur."[99] Des Weiteren war für die Eigentumsübertragung nach § 874 E I eine Übergabe erforderlich. Der Erwerb vom Nichtberechtigten setzte sich nach § 877 E I im Rahmen des § 874 E I im ersten Entwurf durch,[100] allerdings

96 Motive III, S. 344; so auch *Jakobs/Schubert* (Hrsg.), Die Beratung des Bürgerlichen Gesetzbuchs, Sachenrecht, Band I, §§ 854–1017 (1985), S. 599.

97 § 874 E I: „Zur Uebertragung des Eigenthums an einer beweglichen Sache durch Rechtsgeschäft ist ein zwischen dem Eigenthümer und dem Erwerber unter Uebergabe der Sache zu schließender Vertrag erforderlich, welcher die Willenserklärung der Vertragschließenden enthält, daß das Eigenthum auf den Erwerber übergehen soll. Die Vorschriften des §. 829 finden entsprechende Anwendung.
Ist der veräußernde Eigenthümer nicht Besitzer, sondern nur Inhaber der Sache, so wird die Uebergabe dadurch ersetzt, daß er dem Erwerber die Inhabung einröumt und dieser den Besitz ergreift.
Die Uebergabe der Sache ist nicht erforderlich, wenn der Erwerber sich bei Schließung des Vertrags bereits im Besitze der Sache befindet."

98 *Wieling*, Sachenrecht Band I (2006), S. 35.

99 Motive III, S. 7.

100 Motive III, S. 345.

nur mit zusätzlichen Voraussetzungen. Die Erste war die Gutgläubigkeit des Erwerbers:[101] Der Erwerber durfte den Umstand der unberechtigten Verfügung des Veräußerers nicht kennen bzw. eine diesbezügliche Unkenntnis durfte auch nicht auf grober Fahrlässigkeit beruhen. Nach der Ansicht des Gesetzgebers sollte das mangelnde Eigentum des Veräußerers durch die Gutgläubigkeit des Erwerbers ersetzt werden.[102] Zudem erforderte der gutgläubige Erwerb „den im § 874 bezeichneten Vertrag", der nach § 874 E I „unter Uebergabe der Sache" zu schließen war. Da unter der Übergabe iSv § 874 Abs. 1 E I die Besitzübergabe zu verstehen war und die Vorschriften darüber durch die Vorschriften zum Erwerb und Verlust des Besitzes ergänzt wurden,[103] stand der gutgläubige Erwerb im ersten Entwurf wiederum in engem Zusammenhang mit dem Begriff der Übergabe.

Im ersten Entwurf wurde die Übergabe in den Vorschriften über Besitz und Inhabung näher definiert. In Anlehnung an das römisch-gemeine Recht und den Teilentwurf des Sachenrechts *Johows* basierte der erste Entwurf gleichfalls auf der Trennung zwischen Besitz und Inhabung.[104] Inhaber der Sache war nach § 797 E I derjenige, der die tatsächliche Gewalt über die Sache ausübte; übte der Inhaber die tatsächliche Gewalt mit dem Willen aus, die Sache als die Seinige zu besitzen (Besitzwille), war er selbst der Besitzer. Fielen Besitz und Inhabung beim Besitzerwerb auseinander, fanden die Vorschriften über den Erwerb mittels eines von einem Vertreter vorgenommenen Rechtsgeschäfts entsprechende Anwendung, § 801 E I. Den Besitz konnte man entweder durch Übergabe oder auf andere Weise erwerben. Somit wurde der Besitz mittels Übergabe erworben, wenn der bisherige Besitzer dem Erwerber diesen eingeräumt hatte und nunmehr von Letzterem ausgeübt wurde, § 803 Abs. 1 E I; wenn der Erwerber sich bereits in der Lage befand, beliebig die Gewalt über die Sache auszuüben, konnte der Besitz auch durch einfache Erklärung übertragen werden, § 803 Abs. 2 E I.[105] Eine besondere Bestimmung für die *brevi manu traditio* sah der erste Entwurf nicht vor. Der Grund dafür liegt darin, dass sich die Besitzergreifung des Erwerbers offenbar erübrige, sofern er bereits Inhaber war. Dieser Fall sollte vom § 803 Abs. 2 E I erfasst werden.[106] Fraglich ist jedoch, ob eine *brevi manu traditio* seitens des vertretungsberechtigten Inhabers mit sich selbst möglich sein sollte. Der erste Entwurf schwieg bewusst zu dieser Frage in der Erkenntnis, dass es in den Fällen der

101 Motive III, S. 344.
102 Motive III, S. 345 f.
103 Motive III, S. 342.
104 Motive III, S. 80 f.
105 „Der konsensuale Besitzwechsel", vgl. Motive III, S. 90.
106 Motive III, S. 94.

auf Vollmacht beruhenden Vertretungsmacht kaum nötig sein werde, den Akt des Vertreters als eine Übergabe an sich selbst aufzufassen. Hierbei handelt es sich um eine Verbindlichkeit des Vertretenen zur Einräumung des Besitzes. Der Vertreter kann durch die Willenserklärung des Vertretenen ermächtigt werden, sowohl dritte Gläubiger als auch sich selbst zu befriedigen. Im Fall einer *brevi manu traditio* zu seinen eigenen Gunsten gelte die Willenserklärung des Vertretenen daher als Gestattung der Besitzergreifung.[107] Somit stand § 803 Abs. 2 E I nicht entgegen, dass sich der Inhaber als Vertreter selbst im Fall der rechtsgeschäftlich erteilten Vertretungsmacht[108] durch eine *brevi manu traditio* zum Besitzer machte.

Die Besitzübertragung mithilfe des Besitzkonstituts war in § 805 Abs. 1 E I geregelt. Nach § 805 Abs. 1 E I konnte der Besitz einer in Inhabung des Besitzers befindlichen Sache dadurch übergeben werden, dass der bisherige Besitzer aufgrund eines zwischen ihm und dem Erwerber bestehenden besonderen Rechtsverhältnisses dem Erwerber erklärte, die tatsächliche Gewalt fortan für diesen auszuüben. Anders als eine Übergabe durch Anweisung setzte die Übergabe durch Besitzkonstitut voraus, dass der Besitzer selber auch Inhaber der beweglichen Sache war. Diese Form der Übergabe war seit jeher im Privatrechtsverkehr so tief verwurzelt,[109] dass die Verfasser des ersten Entwurfs davon ausgingen, dass selbst wenn der Entwurf zu diesem Problem geschwiegen hätte, der Besitzwechsel durch Besitzkonstitut dennoch weiterhin Bestand gehabt hätte.[110] Die gesetzgeberischen Bedenken gegenüber der Anerkennung des Besitzwechsels durch Besitzkonstitut waren dennoch deutlich zu erkennen.[111]

Die Überlegungen des Gesetzgebers fußten darauf, dass die gesetzliche Voraussetzung des Besitzwechsels für Eigentumsübertragung nicht schon deswegen als erfüllt angesehen werden sollte, weil sich die Beteiligten darüber einig waren.[112] Die bloße Willenserklärung allein solle nicht in der Lage sein, den Besitzwechsel herbeizuführen; vielmehr müssten sich zugleich auch die realen Rechtsverhältnisse verändern. Der Wille des bisherigen Besitzers sowie des Erwerbers stellte

107 Motive III, S. 94.

108 Bei gesetzlicher Vertretungsmacht ist dies zu verneinen, Motive III, S. 94 f.

109 Ausführlich *Wacke*, Das Besitzkonstitut als Übergabesurrogat in Rechtsgeschichte und Rechtsdogmatik (1974), S. 5 ff.

110 Motive III, S. 97.

111 Solche Bedenken wurden im Gesetzgebungsverfahren jedoch endgültig verworfen, *Schubert*, Die Entstehung der Vorschriften des BGB über Besitz und Eigentumsübertragung (1966), S. 65, Fn. 346.

112 Motive III, S. 97.

nur einen Teil der Veränderung der realen Rechtsverhältnisse dar.[113] Somit konnte die Übergabe mithilfe des Besitzkonstituts nicht allein durch bloße Willensänderung der Beteiligten erfolgen, es musste vielmehr noch die Änderung bzw. Neubegründung eines realen Rechtsverhältnisses hinzutreten. Ein Antrag, nach dem das Besitzkonstitut kein besonderes reales Rechtsverhältnis voraussetzen sollte, wurde von der ersten Kommission abgelehnt, denn nur wenn ein reales Rechtsverhältnis vorliege, sei genau feststellbar, ob die Übergabe der Sache von den beiden Parteien ernst gemeint oder nur simuliert sei.[114] Die Abgrenzung des Besitzkonstituts zur Übergabe mittels Besitzanweisung ist dadurch gekennzeichnet, dass bei Ersterem die Erklärungen des Tradenten und des Erwerbers erforderlich sind, wohingegen bei Letzterer die Willensumstellung des Inhabers auf Anweisung des Besitzers ausreicht; im Vergleich zur Übergabe kurzer Hand findet beim Besitzkonstitut keine vorweggenommene körperliche Apprehension statt.[115] Somit befand sich der Besitzer, der seinen Besitz mittels eines Besitzkonstituts erlangte, im Vergleich zu einer Besitzanweisung bzw. Übergabe kurzer Hand in einer schwachen Lage, da er den Besitz durch Kundgebung lediglich des Vertretungswillens des bisherigen Besitzers erwarb ohne jegliche von außen erkennbare Mitwirkung eines Dritten oder körperliche Apprehension. Man sah sich in Erklärungsnöten, wie der bisherige Besitzer die Sache „ungeachtet der Uebergabe" behalten könne.[116] Diese Problematik hätte auch gut zu einem Ausschluss des Besitzerwerbs durch Besitzkonstitut im ersten Entwurf führen können.[117] Aber der Gesetzgeber erkannte richtigerweise, dass dieser nur scheinbar vernünftige Grund nicht zu überzeugen vermochte, denn dieser berücksichtigte nicht hinreichend die Eigentumsübertragungsregel, die einen irgendwie gearteten Besitzerwerb voraussetzten, und ließ die Auseinandersetzung damit, ob der Besitzerwerb durch Besitzkonstitut die Voraussetzungen der Eigentumsübertragung erfüllten, dahinstehen.[118] Der Gesetzgeber ging davon aus, dass der Besitzerwerb durch Besitzkonstitut die Voraussetzungen des rechtsgeschäftlichen Eigentumserwerbs vom Berechtigten zwar einerseits erfüllen, aber andererseits diejenigen

113 Motive III, S. 97.

114 Protokolle der 1. Kommission zur Ausarbeitung des Entwurfs eines Bürgerlichen Gesetzbuchs für das Deutsche Reich, S. 3414, 3416 f., hier zitiert nach *Schubert*, Die Entstehung der Vorschriften des BGB über Besitz und Eigentumsübertragung (1966), S. 65.

115 Motive III, S. 97.

116 Motive III, S. 97.

117 Motive III, S. 98.

118 Motive III, S. 98.

des in § 877 E I vorgeschriebenen gutgläubigen Erwerbs vom Nichtberechtigten nicht erfüllen sollte. Aufgrund dieser Weichenstellung sah der erste Entwurf noch vor,[119] dass die Übergabe mittels Besitzkonstitut nicht zum erfolgreichen gutgläubigen Erwerb führen könne.[120] Dies kam darüber hinaus auch darin zum Ausdruck, dass nur der Besitzer, der gleichzeitig auch Inhaber der Sache war, nach § 805 Abs. 1 E I ein Besitzkonstitut abschließen konnte und somit die Voraussetzungen der Übergabe für den Erwerb vom Berechtigten erfüllte; hingegen scheiterte eine erfolgreiche Übergabe durch Besitzkonstitut beim Erwerb vom Nichtberechtigten bereits daran, dass der veräußernde bloße Inhaber nicht in der Lage war, einen anderen durch Besitzkonstitut zum Besitzer zu machen. Insofern war die Vorschrift des § 879 S. 1 E I rein deklaratorisch.[121] Daneben bestanden noch andere Fälle, in denen der Besitzer der Sache nicht zur Besitzübertragung mittels Besitzkonstitut berechtigt war. Das Besitzkonstitut wurde in solchen Fällen mit der folgenden schlichten Begründung verneint: „Sei der veräußernde Nichteigenthümer nicht bloßer Inhaber sondern Besitzer, so werde nicht anders zu entscheiden sein."[122] Daher war nach den Vorstellungen des Gesetzgebers derjenige, der bloßer Detentor war oder sich ohne jegliche Berechtigung als Besitzer ausgab, keinesfalls in der Lage, ein Besitzkonstitut für einen erfolgreichen Eigentumserwerb eines Dritten abzuschließen. Aufgrund des gescheiterten Besitzkonstituts bestand folglich auch kein wirksamer Herausgabeanspruch des Erwerbers.

Eine andere Form der Übergabe stellte nach dem ersten Entwurf die Besitzanweisung dar,[123] durch die der Erwerber allerdings nicht die tatsächliche Gewalt

119 § 879 S. 1 E I: „Die Vorschriften der §§. 877, 878 finden keine Anwendung, wenn der Erwerb sich nach der Vorschrift des §. 874 Abs. 3 ohne Uebergabe vollzogen hat oder wenn die Uebergabe nach den Vorschriften des §. 805 erfolgt ist."

120 Motive III, S. 98.

121 *Lohsse*, Gutgläubiger Erwerb, mittelbarer Besitz und die Väter des BGB, in: AcP 206 (2006), 530 (537).

122 *Jakobs/Schubert* (Hrsg.), Die Beratung des Bürgerlichen Gesetzbuchs, Sachenrecht, Band I, §§ 854–1017 (1985), S. 602; *Lohsse*, Gutgläubiger Erwerb, mittelbarer Besitz und die Väter des BGB, in: AcP 206 (2006), 530 (537).

123 Im geltendem Recht ist die Besitzanweisung als Übergabe iSd § 929 S. 1 BGB eingeordnet, wodurch ein neues Besitzmittlungsverhältnis auf Veranlassung des bisherigen Besitzers begründet wird, vgl. *Westermann/Gursky/Eickmann*, Sachenrecht (2011), S. 320; Soergel/*Stadler* (2002), § 868 Rn. 18, § 870 Rn. 2 u. 5; hingegen geht *Wieling* davon aus, dass der mittelbare Besitz durch Besitzanweisung nach § 870 BGB übertragen wird, dabei wird das alte Besitzmittelungsverhältnis übertragen, kein neues begründet; aber der Eigentumsübergang erfolgt trotzdem nach § 929 S. 1 BGB, vgl. *Wieling*, Sachenrecht Band I (2006), S. 242.

über die Sache erlangte, sondern einen Vertreter für diese tatsächliche Gewaltausübung benannt bekam.[124] Damit waren jene Fälle gemeint, in denen sich die bewegliche Sache in den Händen eines Dritten (des Inhabers) befand, und dieser Dritte die tatsächliche Gewalt für den Besitzer ausübte, der die Sache übergeben wollte. Die Sache konnte nach § 804 E I dann an den Erwerber übergeben werden, indem der bisherige Besitzer den Inhaber anwies, die tatsächliche Gewalt fortan für den Erwerber auszuüben und jener gegenüber dem bisherigen Besitzer seinen neuen Besitzwillen erklärte; der Erwerber erlangte den Besitz nicht, wenn der angewiesene Inhaber unverzüglich nach dem Empfang der Anweisung gegenüber dem bisherigen Besitzer oder dem Erwerber der Anweisung widersprach. Somit war es nicht erforderlich, dass der bisherige Besitzer dem Erwerber das körperliche Ergreifen der beweglichen Sache freigab; vielmehr reichte es aus, wenn er es dem ihm gegenüber gebundenen Vertreter (Inhaber) freigab, damit der Vertreter fortan die tatsächliche Gewalt für den Erwerber ausübte,[125] denn in solchen Fällen wurde die Inhabung des Besitzers durch das Rechtsverhältnis zwischen dem Besitzer und dem vertretenden Inhaber festgesetzt. Folgte der Inhaber der Anweisung des bisherigen Besitzers, vollzog sich der Besitzwechsel, somit endete das alte Schuldverhältnis und ein neues mit dem neuen Besitzer trat anstelle des alten.[126] Da die in § 807 E I vorgeschriebene Übergabe mittels Besitzanweisung zwar nicht direkt aus der Quelle des römischen Rechts stammte, aber stark von den Regeln des Gemeinen Rechts über den Besitzerwerb mittels Vertreter beeinflusst war,[127] handelte es sich hierbei vielmehr um die auf den Besitzerwerb anwendbaren allgemeinen Grundsätze als um die Abtretung des Herausgabeanspruchs.

Eine Vorschrift über die Abtretbarkeit des Herausgabeanspruchs aus Eigentum fehlte im ersten Entwurf. Nach Ansicht der ersten Kommission war aber anzunehmen, dass die allgemeinen Vorschriften des Schuldrechts über die Abtretung von Forderungen auch auf die Abtretung des Herausgabeanspruchs anzuwenden seien, soweit sich nicht aus der dinglichen Natur des abgetretenen Anspruchs ein Hindernis ergebe.[128] Aufgrund des vom Herausgabeanspruch

124 Motive III, S. 95.

125 Motive III, S. 95. Kritiker gingen hingegen davon aus, es sei nicht notwendig, den Besitzübergang von der Zustimmung des bloßen Detentors abhängig zu machen. Vielmehr genüge es, wenn die Rechte des Inhabers nicht vom Besitzwechsel berührt würden, so *Biermann*, Traditio Ficta (1891), S. 408.

126 Motive III, S. 95.

127 *Lohsse*, Gutgläubiger Erwerb, mittelbarer Besitz und die Väter des BGB, in: AcP 206 (2006), 527 (540), mwN.

128 Motive III, S. 399.

begehrten Zwecks konnte sich der abgetretene Anspruch nicht gegen den Eigentümer selbst richten.[129] Somit war davon auszugehen, dass der Gesetzgeber die Vindikationszessionslehre aus dem Gemeinen Recht übernommen und die Abtretbarkeit des Herausgabeanspruchs aus dem Eigentum grundsätzlich für möglich gehalten hatte.[130] Ob der Eigentümer durch die Abtretung der Vindikation, die der Realisierung des Inhalts seines Rechtes diente, veräußern konnte, oder ob der Abtretung der Vindikation nur eine schuldrechtliche Wirkung unter den Beteiligten zuzuschreiben war, blieb jedoch zweifelhaft; zwar sollte dem Entwurf laut der gesetzgeberischen Intention zu entnehmen sein, dass die Abtretung der Vindikation und die Übertragung des Eigentums zu differenzieren seien, aber doch eine dingliche Bindung des Abtretenden anzunehmen sein sollte.[131] Sonst wäre der nicht besitzende Eigentümer außerstande, einem Anderen „ein unverbringliches und unwiderrufliches Recht auf Erlangung der Sache gegenüber allen dritten Inhabern zu verschaffen."[132] Also nahm der Gesetzgeber die Abtretbarkeit der Vindikation aus praktischen Gründen in Kauf, ohne sich damit auseinandergesetzt zu haben, ob der Erwerb der Vindikation den Erwerb des Eigentums nach sich zog oder umgekehrt.

Hinsichtlich eines gutgläubigen Eigentumserwerbs mittels Abtretung der Vindikation wurde jedoch keine Norm von der ersten Kommission geschaffen. Klar war jedoch, dass eine Übergabe mittels Besitzanweisung bereits im Gemeinen Recht möglich war (s. o.). Später wurde diese gemeinrechtliche Regel auch ins ADHGB aufgenommen und als eine Form der Übergabe beim Erwerb vom Berechtigten sowie Nichtberechtigten anerkannt.[133] Wegen der Erwägungen, dass das BGB hinsichtlich des Erwerbs vom Nichtberechtigten mit dem ADHGB in Einklang stehen solle, wurden diese Gedanken in den ersten Entwurf ein-

---

129 Motive III, S. 399. Nach heutiger h. M. geht das Eigentum im Fall der Übereignung besitzloser Sachen auf den Erwerber nicht durch Vindikationszession, sondern durch schlichte Einigung über v. a. weil die Vindikation nicht „isoliert" abgetreten werden kann, vgl. *Avenarius*, Übereignung besitzloser Sachen und Vindikationszession, in: JZ 1994, 511 (512); *Neumayer*, Die sogenannte Vindikationszession (§ 931 BGB) im dogmatischen Spannungsfeld zwischen Übereignung und procuratio in rem, in: FS *Heinrich Lange* (1970), 305 (309 ff.); *Westermann/Gursky/Eickmann*, Sachenrecht (2011), S. 337.

130 Vgl. *Avenarius*, Übereignung besitzloser Sachen und Vindikationszession, in: JZ 1994, 511 (511 f.).

131 Motive III, S. 400.

132 Motive III, S. 400.

133 *Johow*, Entwurf eines Bürgerlichen Gesetzbuchs für das Deutsche Reich, Sachenrecht, Begründung Band I (1880), S. 392 ff.

gebracht. Somit war der nichtberechtigte Veräußerer bereits während der Geltung des ADHGB in der Lage, dem Erwerber das Eigentum dadurch zu verschaffen, dass der Veräußerer den Detentor anwies, fortan für den Erwerber die Sachgewalt über die Sache auszuüben und der Detentor dieser Anweisung nachkam. Dies entsprach auch der damaligen Auffassung über die Übergabe, die dadurch erfolgte, dass der körperliche Besitz auf den Erwerber oder dessen Repräsentanten übertragen und nicht beim Veräußerer belassen wurde. Somit konnte der Erwerber seinen Besitz durch den angewiesenen Detentor ausüben, der die Sache fortan für den Erwerber innehatte.[134] Bei einem ersten Blick in den ersten Entwurf wurde aus einem Umkehrschluss aus § 879 E I, der das Besitzkonstitut als mögliche Form des Übergabesurrogats explizit ausschloss, deutlich, dass der gutgläubige Erwerb bei Besitzanweisung und Vindikationszession möglich sein sollte. Zudem war § 877 E I unter Verweis auf § 874 Abs. 1 und Abs. 2 E I anwendbar.[135] Demnach konnte derjenige, der den Besitz aufgrund einer vom Nichteigentümer erteilten Anweisung durch den Detentor erhalten hat, das Eigentum gutgläubig erwerben. Das Gleiche galt für demjenigen, dem die Sache durch Abtretung der angeblichen Vindikation des Nichteigentümers „übergeben" worden ist.[136]

Da sich der nichtbesitzende Eigentümer im Fall der Übereignung mittels Vindikationszession nicht selbst vergewissern konnte, wo sich die zu veräußernde Sache befand bzw. der Besitzer seinen Besitz nicht einfach aufgeben wollte, war infolgedessen ein Doppelspiel im Falle einer Verfügung durch einen Nichtberechtigten nicht möglich im ersten Entwurf.

Die nachträglich in § 870 BGB aufgenommene Übertragung mittelbaren Besitzes durch Abtretung des (schuldrechtlichen) Herausgabeanspruchs war im ersten Entwurf noch kein Thema.[137] Bei der im ersten Entwurf enthaltenen Besitzanweisung (§ 804 E I) handelte es sich um den Besitzerwerb mittels eines Vertreters, nicht um die Übergabe durch Abtretung des Herausgabeanspruchs (s. o.). Die mögliche Rechtsfolge der Abtretung eines vermeintlichen Herausgabeanspruchs wegen gescheiterten Besitzkonstituts (s. o.) war von der ersten Kommission nicht bedacht worden.

---

134 Vgl. *Lohsse*, Gutgläubiger Erwerb, mittelbarer Besitz und die Väter des BGB, in: AcP 206 (2006), 527 (541), mwN., insb. Fn. 68.

135 *Lohsse*, Gutgläubiger Erwerb, mittelbarer Besitz und die Väter des BGB, in: AcP 206 (2006), 527 (543).

136 *Lohsse*, Gutgläubiger Erwerb, mittelbarer Besitz und die Väter des BGB, in: AcP 206 (2006), 527 (543), mwN.

137 *Schubert*, Die Entstehung der Vorschriften des BGB über Besitz und Eigentumsübertragung (1966), S. 64.

III. Die Kritik

Der erste Entwurf stieß nach seiner Verabschiedung auf scharfe Kritik.[138] Besonders umstritten war der durch die §§ 877 ff. E I eingeführte gutgläubige Erwerb. Die Kritik des Sozialisten *Anton Menger* konzentrierte sich nicht auf die konkrete Dogmatik des gutgläubigen Erwerbs, sondern auf die politische Ökonomie. *Menger* meinte, dass es ein Grundsatz für ein auf privatrechtlichen Grundlagen aufgebautes Rechtssystem sein solle, die Unverletzlichkeit des Grundeigentums zu achten.[139] Laut *Menger* werde das Immobilieneigentum durch den in § 837 E I vorgeschriebenen Erwerb kraft öffentlichen Glaubens des Grundbuchs gefährdet,[140] noch tiefer gehend verletzt werde das Eigentum an beweglichen Sachen durch den in § 877 E I eingeführten gutgläubigen Erwerb vom Nichtberechtigten.[141]

Nach *Wilhelm Kindel* müsse man sich hinsichtlich der Beibehaltung der Regel „Hand wahre Hand" vor „jeder nationalen Voreingenommenheit" hüten.[142] Nach *Kindel* stehe das römisch-rechtliche Vindikationsprinzip mit dem germanischen Prinzip „Hand wahre Hand" grundsätzlich nicht in Konflikt. Die Einschränkung der Vindikation durch den Grundsatz „Hand wahre Hand" stelle keine prinzipielle Modifizierung des römischen Rechtssystems dar. Aus diesem Grund sei die Beibehaltung des germanischen Grundsatzes im Bürgerlichen Gesetzbuch nicht „blos aus Nationalstolz".[143] Außerdem wies *Kindel* darauf hin, dass die Untreue begünstigt werde, indem man die Verfügung des Nichtberechtigten auch wirksam werden lasse. Aber dies könne man als eine leidige, nur dem Verkehrsschutz dienende Konzession hinnehmen.[144] Schließlich sprach sich *Kindel* trotz aller Bedenken für die Aufnahme des gutgläubigen Erwerbs ins BGB aus, weil er „im kaufmännischen Verkehre einmal" gelte.[145] Zu den konkreten Voraussetzungen, insbesondere der Übergabe, übte *Kindel* fast keine Kritik.[146] Aber er setzte sich intensiv mit den allgemeinen Regeln der rechtsgeschäftlichen Eigentumsübertragung auseinander, bevor er auf den gutgläubigen Erwerb einging. Somit lohnt es sich, einen Blick auf seine vorherigen

---

138 *Zweigert/Kötz*, Einführung in die Rechtsvergleichung (1996), 3. Aufl., S. 140 f.
139 *Menger*, Das bürgerliche Recht und die besitzlosen Volksklassen (1890), S. 119.
140 *Menger*, Das bürgerliche Recht und die besitzlosen Volksklassen (1890), S. 120.
141 *Menger*, Das bürgerliche Recht und die besitzlosen Volksklassen (1890), S. 120.
142 *Kindel*, Das Recht an der Sache: Kritische Bemerkungen zum 3. Buche des Entwurfs eines Bürgerlichen Gesetzbuches für das Deutsche Reich (1889), S. 191.
143 *Kindel*, aaO., S. 191.
144 *Kindel*, aaO., S. 191.
145 *Kindel*, aaO., S. 191.
146 *Kindel*, aaO., S. 192.

Ausführungen zu werfen. Zuerst bestand *Kindel* darauf, dass der Vertrag nur das Recht an der Sache und die es schützende Obligation erzeugen sollte,[147] welche ein schwächeres und durch denselben Vertrag noch begrenztes Recht an der Sache sei[148] und die erst mit der Tradition (Übergabe) oder Eintragung das Recht des Vorzugs, der Folge und der Unabhängigkeit verdiene.[149] Daraus lässt sich schließen, dass Kindel großen Wert auf die Übergabe beim Eigentumsübergang gelegt hat. Zwar fand *Kindel* unter Annahme der Titulus-Modus-Lehre das Abstraktionsprinzip, insbesondere die totale Loslösung der Eigentumsübertragung vom Kausalgeschäft höchst zweifelhaft.[150] Gleichwohl erklärte er sein völliges Einverständnis damit, dass der erste Entwurf den Eigentumserwerb,[151] auch den Erwerb vom Nichtberechtigten, von der Übergabe[152] abhängig machte. Dennoch ging *Kindel* auf den Begriff der Übergabe nicht ausführlich ein, sondern wies nur darauf hin, dass Verkäufer und Käufer im Fall eines Besitzkonstituts keine Realtradition bräuchten.[153] Wie sich dies auf den gutgläubigen Erwerb auswirken könnte, war für ihn jedoch kein Thema.

In einem Gutachten zum ersten Entwurf ging *Rieß* davon aus, dass die Aufnahme des Prinzips „Hand wahre Hand" ins Bürgerliche Gesetzbuch einen wesentlichen Fortschritt darstelle;[154] jedoch hatte er „sachliche Bedenken" dagegen, dass der erste Entwurf keine Unterscheidung zwischen entgeltlichem und unentgeltlichem Erwerb getroffen hatte.[155] In § 803 E I verwendete der Gesetzgeber die Formulierung Besitzerwerb „mittels" Übergabe statt Besitzerwerb „durch" Übergabe absichtlich, um der „Übergabe der Sache" nicht den versteckten Sinn einzuräumen, mit Übergabe iSv § 874 Abs. 1 E I sei stets der konsensuale Besitz-

147 *Kindel*, aaO., S. 62 ff., S. 68.

148 *Kindel*, aaO., S. 65 ff.

149 *Kindel*, aaO., S. 62 ff.

150 *Kindel*, aaO., S. 95 f. und 97 ff., insb. S. 104 ff. Auch in einer anderen Abhandlung kritisierte *Kindel* das Trennungs-und Abstraktionsprinzip heftig, vgl. *ders.*, Das Rechtsgeschäft und sein Rechtsgrund (1892), S. 142.

151 *Kindel*, Das Recht an der Sache: Kritische Bemerkungen zum 3. Buche des Entwurfs eines Bürgerlichen Gesetzbuches für das Deutsche Reich (1889), S. 62. Im Falle des Doppelverkaufs solle der Käufer, dem die bewegliche Sache zuerst tradiert wurde, das Eigentum erwerben.

152 *Kindel*, aaO., S. 78 ff, 86 f.

153 *Kindel*, aaO., S. 92.

154 *Rieß*, Zum Sachenrecht des Entwurfs, Drittes Buch, Vierter Abschnitt, Titel III und IV, in: Deutscher Anwaltsverein (Hrsg.), Gutachten aus dem Anwaltsstande über die erste Lesung des Bürgerlichen Gesetzbuches (1890), S. 642.

155 *Rieß*, aaO., S. 645 f.

wechsel[156] gemeint, was etwa den konsensuale Inhabungswechsel ausschließe. Daher sei es erforderlich gewesen, einen zweiten Absatz zu § 874 E I einzuführen, wonach die Übergabe, wenn der veräußernde Eigentümer nicht Besitzer, sondern Inhaber war, dadurch ersetzt werden konnte, dass dem Erwerber die Inhabung eingeräumt werde.[157] *Rieß* stimmte der ersten Kommission dahin gehend zu, ging aber ferner davon aus, dass die Rechtslage auch ohne diesen zweiten Absatz exakt dieselbe gewesen sei, also ein konsensualer Inhaberwechsel akzeptiert worden wäre.[158] Auf die möglichen Probleme, die sich aus dem konkreten Erfordernis der Übergabe beim gutgläubigen Erwerb ableiten lassen und in Gestalt eines Doppelspiels auftauchen können, ging *Rieß* nicht ein.

Konrad Cosack sah in §§ 877 f. E I zwar den klaren Ausdruck der germanischrechtlichen Regel „Hand wahre Hand", betonte aber gleichwohl, dass sich der Grundgedanke des altdeutschen Rechts im ersten Entwurf nur unzureichend durchgesetzt habe. Dennoch meinte *Cosack* nicht, dass diese altdeutsche Regel unverändert ins Bürgerliche Gesetzbuch aufgenommen werden sollte. Vielmehr schlug er vor, die altdeutsche Regel nach „dem Bedürfniß des heutigen Rechtslebens" zu modifizieren.[159] Vor allem müssten die Missverständnisse der Verfasser des ersten Entwurfs hinsichtlich des Unterschieds zwischen römischem und altdeutschem Recht beseitigt werden.[160] In den „Motiven" zum ersten Entwurf des Bürgerlichen Gesetzbuchs vertraten dessen Verfasser die Meinung, dass die Vorschriften über den gutgläubigen Erwerb vom Nichtberechtigten im ersten Entwurf keinen großen Unterschied zur römischen Rechtsgestaltung darstellten, wenn „man in der [römischen Usukapion] das Erforderniß der Vollendung der Usukapion streicht und die Ausschließung der Usukapion bei der res furtiva berücksichtigt".[161] Dieser Erkenntnis in den „Motiven" konnte *Cosack* nicht beipflichten, denn zum einen sei die Streichung der Vollendung der Usukapion in Wirklichkeit nicht passiert und zum anderen habe die „*res furtiva*" im römischen Recht auch die nicht ersitzungsfähige unterschlagene Sache umfasst, welche hingegen im altdeutschen Recht als anvertraute Sache angesehen worden sei und somit – nach

156 Motive III, S. 334: „Der Entwurf versteht unter Übergabe der Sache […] Besitzübergabe."

157 Motive III, S. 91.

158 *Rieß*, aaO., S. 634.

159 *Cosack*, Das Sachenrecht mit Ausschluß des besonderen Rechts der unbeweglichen Sachen im Entwurf eines Bürgerlichen Gesetzbuches für das Deutsche Reich (1889), S. 25.

160 *Cosack*, aaO., S. 25 f.

161 Motive III, S. 342.

heutiger Anschauung – „gutgläubig erworben“ werden könne.[162] Ferner bedauerte *Cosack* es, dass beim gutgläubigen Erwerb im ersten Entwurf nicht nur vereinzelte Missverständnisse, sondern auch eine generelle Ungenauigkeit hinsichtlich des Ausdrucks aufgetreten war. Noch bedauerlicher bezeichnete *Cosack* die Tatsache, dass der Gesetzgeber sich über den tieferen Sinn der altdeutschen Regel hinweggesetzt und sich damit begnügt habe, „eine einzelne Folgerung der Regel aus dem Zusammenhang zu reißen und auf dem Boden des im Übrigen unveränderten römischen Rechts zu verpflanzen“.[163] Zu den Formen der Übergabe im gutgläubigen Erwerb brachte *Cosack* scharfe Einwände zum Ausdruck. Zum einen meinte er, dass es nicht sachgerecht sei, den gutgläubigen Erwerb bei einem Besitzkonstitut auszuschließen. Das durch § 879 S. 1 E I eingeführte Verbot des Besitzkonstituts sei eine Neuerung, die dem älteren deutschen Recht ebenso wie dem ADHGB fremd gewesen sei und somit sachlich ungerechtfertigt. Der Grund liege darin, dass man das Besitzkonstitut als gleichwertig mit der körperlichen Besitzübergabe ansehen müsse, wenn man den Besitz ohne eigenen Gewahrsam des Besitzers generell für denkbar halte. Ausgenommen davon seien die Fälle, in denen einem Besitzkonstitut ernsthafte, gewichtige Gründe entgegenstünden.[164] Außerdem könne das Verbot des Besitzkonstituts nach *Cosack* mühelos dadurch umgangen werden, dass der Erwerber für kurze Zeit, möglicherweise auch nur für einen Augenblick, den Gewahrsam an der Sache begründe und dann sofort zurückgebe. Dadurch sei es ein Leichtes, die vom Gesetzgeber intendierte Unterscheidung zwischen körperlicher Übergabe und einem Besitzkonstitut zu unterlaufen.[165] Aus diesem Grund behauptete *Cosack*, dass man das Besitzkonstitut nicht grundsätzlich beim gutgläubigen Erwerb ausschließen könne, es sei denn, dass ein ernsthafter Grund bestehe, der zu unerträglichen Formspielereien führe.[166] Als Beispiel nannte *Cosack* das Faustpfandrecht, dessen Begründung durch Besitzkonstitut vom altdeutschen Recht und dem ersten Entwurf ausgeschlossen wurde. Auch war zu dessen Erlöschen die Rückgabe der Pfandsache an den Pfandbesteller erforderlich. Im Gegensatz dazu wurde nirgendwo angeordnet, dass das von dem gutgläubigen Erwerber erworbene Eigentum durch nachträgliche Rückgabe der Sache an den Veräußerer wieder verwirkt werden sollte. Daher sei der Grund, der gegen einen gutgläubigen Erwerb durch Besitzkonstitut sprechen solle, nicht

162 *Cosack*, aaO., S. 26.
163 *Cosack*, aaO., S. 26.
164 *Cosack*, aaO., S. 28.
165 *Cosack*, aaO., S. 28 f.
166 *Cosack*, aaO., S. 28.

stichhaltig.[167] Auch die sonstigen Einwände gegen die Tauglichkeit des Besitzkonstituts zum gutgläubigen Erwerb erachtete *Cosack* als nicht überzeugend, wie z. B. den Vorwurf, es fehle beim Besitzkonstitut an der äußeren Erkennbarkeit, denn dies gelte gleichfalls für die Übergabe durch Besitzanweisung.[168] Außerdem entspreche die Zulässigkeit des gutgläubigen Erwerbs durch Besitzkonstitut auch dem altdeutschen Rechtsgedanken, weil dies „überwiegend zweckmäßig" sei.[169] Als Beispiel nannte *Cosack* einen Fall der Doppelveräußerung des Nichtberechtigten durch Besitzkonstitut:

Bankier A verkauft Wertpapiere, die B bei ihm hinterlegt, mittels Besitzkonstitut hintereinander an C und D, und verfällt in Konkurs.[170]

In diesem Fall treibt A nur ein scheinbares „Doppelspiel", welches jedoch daran scheitert, dass er als bloßer Inhaber nicht zur Übergabe durch Besitzkonstitut befähigt ist (§ 805 E I). Damit hat das später im geltenden Recht auftauchende Doppelspiel wenig zu tun. Die Lösung zu diesem nur scheinbaren „Doppelspiel" sah *Cosack* in Anlehnung an das altdeutsche Recht darin, dass dem D der Vorzug zu geben sei, weil „ein jeder seinen Glauben da suchen muß, wo er ihn gelassen hat, und A nur dem D die Treue gehalten hat, nur D seine seinen Glauben unverletzt wiederfindet."[171] Nähme man die Vorschläge *Cosacks* an, hätten die Vorschriften über Besitz und Eigentumsübertragung nach Vorbild des altdeutschen Rechts neu formuliert werden müssen.

Der wohl bekannteste Kritiker *Otto von Gierke* war enttäuscht darüber, dass der Gesetzgeber den gutgläubigen Erwerb aus dem römischen Recht abzuleiten versuchte, weil im Rechtsinstitut des gutgläubigen Erwerbs die Fortführung des altdeutschen Satzes „Hand wahre Hand" zum Ausdruck käme.[172] Er hielt es somit für unnötig, „den Sieg eines einheimischen Rechtsgedankens mit so verzweifelten Kunststücken zu bemänteln".[173] Unter Verweis auf die Formulierungen *Cosacks*[174] brachte *von Gierke* seine scharfe Kritik gegen den Gesetzgeber derart zum Ausdruck, dass sich „hinter einer derartigen Motivierung [des Gesetzgebers] ein

167 *Cosack*, aaO., S. 28.
168 *Cosack*, aaO., S. 28.
169 *Cosack*, aaO., S. 28 f.
170 *Cosack*, aaO., S. 29.
171 *Cosack*, aaO., S. 29.
172 *Gierke*, Der Entwurf eines Bürgerlichen Gesetzbuchs und das deutsche Recht (1889), S. 337.
173 *Gierke*, aaO., S. 337.
174 *Cosack*, Das Sachenrecht mit Ausschluß des besonderen Rechts der unbeweglichen Sachen im Entwurf eines Bürgerlichen Gesetzbuches für das Deutsche Reich (1889), S. 26.

Mangel an tieferem Verständnis für das vaterländische Recht" verberge.[175] *Von Gierke* vertrat somit zwar die Meinung, der erste Entwurf habe sich durch Einführung des gutgläubigen Erwerbs der Vorschrift des § 306 ADHGB angenähert, sei allerdings „in einer Reihe von Punkten unzureichend ausgefallen".[176] Dass der heutige gutgläubige Erwerb tief mit dem altdeutschen Recht verwoben ist, zeigt sich auch darin, dass selbst *Otto von Gierke*, wie er zugestand, bei der ersten Niederschrift seiner Kritik zum Entwurf des BGB „mangels hinreichend eingehender Prüfung ein zu günstiges Urteil[177] über den Inhalt der Sätze des Entwurfs gefällt" hat.[178] In der endgültigen und 1889 veröffentlichten Fassung seines Werkes erklärte *von Gierke* sein vollständiges Einverständnis mit der Meinung *Cosacks*.[179]

IV. Zusammenfassung

Die Kritiker, insbesondere diejenigen, deren kritische Meinungen zum gutgläubigen Erwerb vom Reichsjustizamt in die „Zusammenstellung" aufgenommen und von der zweiten Kommission herangezogen wurden, waren überwiegend mit den Vorschriften des ersten Entwurfs nicht einverstanden. Zum Problem des Doppelspiels beim gutgläubigen Erwerb äußerten sie sich jedoch nicht. Die Kritik am Rechtsinstitut des gutgläubigen Erwerbs konzentrierte sich im Wesentlichen darauf, herauszuarbeiten, ob dieses die römischen oder germanischen Rechtstraditionen fortsetzte. *Cosack* sprach die Konstellation eines Doppelspiels beim gutgläubigen Erwerb nach dem ersten Entwurf zwar bereits an, konnte dieses Problem aber dadurch lösen, dass demjenigen, der zuletzt das Besitzkonstitut mit dem nichtberechtigten Veräußerer abgeschlossen hatte, der Vorzug zu gewähren sei. Dadurch jedoch, dass *Cosack* die drei gleichrangigen schuldrechtlichen Verhältnisse unterschiedlich behandelt und demjenigen, mit dem der Inhaber der Sache das zeitlich letzte Rechtsverhältnis abschließt, den Vorrang einräumt, birgt seine Auffassung mehr Probleme als Lösungen.

D. Der zweite Entwurf

Der von der zweiten Kommission herausgearbeitete zweite Entwurf übernahm im Wesentlichen die Vorschriften des gutgläubigen Erwerbs aus dem ersten Ent-

175 *Gierke*, Der Entwurf eines Bürgerlichen Gesetzbuchs und das deutsche Recht (1889), S. 337.
176 *Gierke*, aaO., S. 338.
177 *Gierke* dachte auf den ersten Blick, dass sich in den §§ 877 ff. E I die Prinzipien des altdeutschen Rechts durchgesetzt hätten.
178 *Gierke*, aaO., S. 338 Fn. 1.
179 *Gierke*, aaO., S. 338.

wurf.[180] Ferner stimmten die Formulierungen der §§ 846–849 E II in weiten Teilen mit denen der geltenden §§ 932–936 BGB überein. Einige kleine Veränderungen zum ersten Entwurf sind jedoch zu benennen: Die Beweislast des guten Glaubens, die im ersten Entwurf den Erwerber traf, wurde demjenigen auferlegt, der den Eigentumserwerb angriff[181] und der Lösungsanspruch desjenigen, der eine abhandengekommene Sache gutgläubig erwerben wollte (§ 939 E I), wurde gestrichen,[182] sodass das BGB dahin gehend mit dem ADHGB in Einklang gebracht wurde.[183]

So schien es auf den ersten Blick, dass der gutgläubige Erwerb des ersten Entwurfs mit nur marginalen Änderungen in den zweiten übernommen worden war. Die heimliche Revolution in den Tatbeständen des gutgläubigen Erwerbs vollzog sich jedoch dadurch, dass die zweite Kommission die Unterscheidung zwischen Inhabung und Besitz aufhob, wodurch Erstere im vereinheitlichen Begriff des Letzteren aufging und der Besitz vielmehr in mittelbar und unmittelbar eingeteilt wurde. Daneben traten §§ 842–848 E II (= §§ 929–934 BGB) in Bezug auf die Übergabe (§§ 842, 846 E II = §§ 929, 932 BGB) und die Besitzerlangung (§§ 843, 847 E II = §§ 930, 933 BGB; §§ 844, 848 E II = §§ 931, 934 BGB) wieder mit §§ 777–793 E II in Verbindung. Damit scheiterte das Konzept der zweiten Kommission,[184] dass die neu formulierten §§ 777–793 E II (= §§ 854–872 BGB) nur die Tatbestände des Besitzschutzes, nicht aber die des Eigentumserwerbs betreffen sollten.

Diese auf Vorschläge v.a. des Preußischen Justizministeriums[185] zurückgehende Vereinheitlichung bzw. Vereinfachung der Terminologie von Besitz und Inhabung führte dazu, dass die eigentlich im ersten Entwurf nur possessorisch geschützte Inhabung von der zweiten Kommission nunmehr „unmittelbarer Besitz“ genannt wurde, der dem „mittelbaren Besitz“ gegenüberstand (§ 790 E II). Die eigentlich in den Tatbeständen des possessorischen Schutzes vorkommende Terminologie der Inhabung[186] und der eigentlich die Eigentumszuordnung und -übertragung kennzeichnende Besitz[187] wurden einander somit gleichgestellt. Dementsprechend wurden die Vorschriften über die Übergabe im Titel „Besitz und Inhabung“ gestrichen (§§ 803–805 E I). Als Voraussetzung für die rechtsge-

180 Mugdan III, S. 630 ff.
181 Mugdan III, S. 631 f.
182 *Winter*, Das Lösungsrecht nach gutgläubigem Erwerb (2014), S. 276 f.
183 Mugdan III, S. 693.
184 Mugdan III, S. 502 (Protokolle 3332).
185 *Ernst*, Eigenbesitz und Mobiliarerwerb (1992), S. 20 ff.
186 *Ernst*, Eigenbesitz und Mobiliarerwerb (1992), S. 18 f.
187 *Ernst*, Eigenbesitz und Mobiliarerwerb (1992), S. 23 f.

schäftliche Eigentumsübertragung lebten solche Vorschriften über die Übergabe im Titel „Erwerb und Verlust des Eigenthums an beweglichen Sachen" wieder auf, und zwar insbesondere in drei Vorschriften (§§ 842–844 E II = §§ 929–931 BGB). Bei der Rekonstruierung des Besitzrechts wurde die Kernvoraussetzung sowohl mittelbaren als auch unmittelbaren Besitzes in der Weise vereinheitlicht, dass sie beide jedenfalls „durch die Erlangung der tatsächlichen Gewalt über die Sache" erworben wurden (§ 777 E I = § 854 BGB); der im ersten Entwurf noch geforderte *aminus domini* für den allgemeinen Besitz war auch entsprechend aufgehoben. Der neue Entwurf enthielt somit am Ende des Teils „Besitz" lediglich noch eine isolierte Definition für „Eigenbesitz" (§ 793 E II = § 872 BGB), welcher jedoch für den im selben Teil geregelten possessorischen Besitzschutz sowie für alle weiteren Teile kaum eine Rolle spielte.[188] Insbesondere wurde § 813 Abs. 2 E I[189] von der zweiten Kommission ersatzlos gestrichen. Die tatbestandliche Gleichstellung von unmittelbarem und mittelbarem Besitz sowie die Streichung des § 813 Abs. 2 E I führten gemeinsam dazu, dass mit dem zweiten Entwurf nicht mehr zu verhindern war, dass der Besitzmittler einen Dritten durch Besitzkonstitut zum mittelbaren Besitzer machte. Das hierin schon angelegte, aber erst später in der Praxis aufgetretene Doppelspiel hätte die zweite Kommission in großem Maße vermeiden können. In den Beratungen zum nächsten Entwurf war der zweiten Kommission vorgeschlagen worden, die folgende Vorschrift als § 874a E I in den Entwurf aufzunehmen:[190]

1. „Befindet sich der Veräußerer im Besitze der Sache, so kann die Uebergabe dadurch ersetzt werden, dass der Erwerber ihm den Besitz als Nießbraucher, als Miether oder Pächter oder als Verwahrer beläßt".
   Event.: „Befindet sich der Veräußerer im Besitze der Sache, so kann die Uebergabe dadurch ersetz werden, dass zwischen ihm und dem Erwerber ein Rechtsverhältniß begründet wird, welches ihn zum Besitze berechtigt oder verpflichtet."

188 *Ernst*, Eigenbesitz und Mobiliarerwerb (1992), S. 24. Zutreffend wies *Frank Peters* in einer Rezension zu der Abhandlung von *W. Ernst*, AcP 192 (1992), 348 (348 u. 352), darauf hin, dass der Begriff „Eigenbesitz" im Bereich der Eigentumsvermutung des § 1006 BGB (= § 918 E II) eine noch maßgebliche Rolle spielt. Eine darüber hinausgehende Bedeutung des „Eigenbesitzes" spricht aber auch *Peters* nicht.

189 § 813 Abs. 2 E I: „Solang der Inhaber die thatsächliche Gewalt behält, wird durch eine Handlung desselben der Besitz nur dann beendigt, wenn der Inhaber gegenüber dem Besitzer den Willen erklärt, die thatsächliche Gewalt nicht mehr für den Besitzer sondern für sich oder für einen Dritten auszuüben."

190 Mugdan III, S. 624.

2. „Ist der Veräußerer im Besitze der Sache, so kann die Übergabe dadurch ersetzt werden, daß zwischen dem Erwerber und dem anderen Theile ein Rechtsverhältniß […] vereinbart wird".
3. „Die Uebergabe kann dadurch ersetzt werden, daß der Erwerber nach Maßgabe der §§ c, d den Eigenbesitz der Sache erlangt. Im Falle des § c muß jedoch der Erwerber auch seinem Eigentumsanspruche gegenüber die Einwendungen geltend lassen, welche dem Besitzer gegen den abgetretenen Anspruch des Veräußerers zustehen."

Dieser Vorschlag wurde von der zweiten Kommission angenommen und trat schließlich als § 930 BGB in Kraft. Die Einführung dieser Vorschrift galt als Ersatz für den gestrichenen § 805 E I. Dadurch, dass der Wortlaut des späteren § 930 BGB den Veräußerer als „Eigentümer im Besitz der Sache" bezeichnet, ist die Frage unvermeidbar, ob der Erwerber mittelbarer Besitzer werden kann, wenn er nicht nach § 933 BGB das Eigentum erworben hat und sich der Nichtberechtigte als Eigentümer ausgibt. Es wurde der zweiten Kommission vorgeschlagen, einen zweiten Absatz in den oben genannten § 874a E I einzufügen, um die Sicherungsübereignung durch Besitzkonstitut auszuschließen:[191]

> „Diese Vorschrift (Ersatz der körperlichen Uebergabe durch const. poss.) findet keine Anwendung, wenn die Umstände ergeben, daß durch die Veräußerung dem Erwerber Sicherheit wegen einer Forderung verschafft werden soll."

Aufgrund des Abstraktionsprinzips und der damit einhergehenden Zweckneutralität des dinglichen Rechtsgeschäfts sowie wegen praktischer Bedürfnisse im Rechtsverkehr wurde dieser Vorschlag jedoch zu Recht von der zweiten Kommission abgelehnt.[192] Wegen der Möglichkeit der Eigentumsübertragung durch Besitzkonstitut und dem damit verbundenen zulässigen Versuch des Besitzmittlers, fremdes Eigentum durch Besitzkonstitut zu übertragen, wird das Doppelspiel des Besitzmittlers, gleichzeitig für zwei oder mehr Personen besitzen zu wollen, erstmals relevant.

E. Ergebnis

Johows Teilentwurf zum Sachenrecht und der erste Entwurf des BGB unterschieden beide noch zwischen Besitz und Inhabung, sodass auch nach beiden Entwürfen der bloße Inhaber nicht in der Lage war, den Besitz einem Dritten durch Besitzkonstitut zu verschaffen. Erst mit der Einführung des mittelbaren Besitzes durch die zweite Kommission und mit der Gleichstellung des mittelbaren

191 Mugdan III, S. 626.
192 Mugdan III, S. 626 f.

und unmittelbaren Besitzes im Kernbereich ist das knifflige Doppelspiel beim gutgläubigen Erwerb relevant geworden. *Wolfgang Ernst* arbeitete überzeugend heraus, dass sich die zweite Kommission bei der Schaffung eines völlig neuen Rechtsbegriffs, den des mittelbaren Besitzes, nicht hinreichend über dessen Auswirkungen auf den gutgläubigen Erwerb bewusst war.[193] Diese Verworrenheit bildete einen wichtigen Ansatz für *Lohsse*,[194] der anhand der (zu jener Zeit noch nicht veröffentlichten[195]) Gesetzgebungsmaterialien zum ersten Mal die zuvor von niemandem bemerkte Entstehungsgeschichte des Widerspruchs zwischen § 933 BGB und § 934 BGB herausarbeitete: Hinsichtlich der Entstehung des Wertungswiderspruchs zwischen § 933 BGB und § 934 BGB war der zweiten Kommission ebenfalls Unbedachtheit vorzuwerfen. Aufgrund der Gleichstellung zwischen mittelbarem und unmittelbarem Besitz sei der Besitzmittler, der im ersten Entwurf noch als Inhaber bezeichnet worden war und somit kein Besitzkonstitut abschließen konnte, plötzlich in die Position gerückt, einen Dritten durch Besitzkonstitut zum Besitzer zu machen.[196] Dies habe dazu geführt, dass der eigentlich von der ersten Kommission angestrebte Einklang mit dem damals geltenden § 306 ADHGB von der zweiten Kommission völlig außer Acht gelassen wurde.[197] Noch auffälliger ist es, dass diese Wertungsinkongruenz der zweiten Kommission aufgrund der Einsicht *Sohms* und seiner darauf basierenden Anträge zur Korrektur auch bekannt gewesen war.[198] Dass sich die zweite Kommission, so *Lohsse*, trotz dieser Anträge nicht hinreichend mit den potenziellen Folgen der Einführung des mittelbaren Besitzes auseinandergesetzt, sondern die Anträge aus bloßen Erwägungen der Verkehrserleichterung abgelehnt habe,[199] deute darauf hin, dass der Gesetzgeber diese Folge habe in Kauf nehmen wollen. Daraus folgert *Lohsse* ferner, dass die Versuche, entgegen dem gesetzgeberischen Willen den Wertungswiderspruch durch einschränkende Auslegung des § 934 BGB zu

193 *Ernst*, Eigenbesitz und Mobiliarerwerb (1992), S. 266 ff. Dieser wichtige Befund *Ernsts* wird von der negativen Bewertung für die gesamte Abhandlung *Ernsts* (*Peters*, Rezension zu: *Wolfgang Ernst*, Eigenbesitz und Mobiliarerwerb (1992), in: AcP 192 (1992), 348 ff.) nicht betroffen.

194 *Lohsse*, Gutgläubiger Erwerb, mittelbarer Besitz und die Väter des BGB, in: AcP 206 (2006), 527 (531 f.).

195 *Lohsse*, aaO., 527 (559), Fn. 98.

196 *Lohsse*, aaO., 527 (547).

197 *Lohsse*, aaO., 527 (547 f.).

198 *Lohsse*, aaO., 527 (549 ff.).

199 *Lohsse*, aaO., 527 (549 u. 551).

korrigieren, fehlgehen müssten.[200] *Lohsse* bestreitet damit den auch vom BGH aufgeworfenen Wertungswiderspruch[201], stimmt dem vom BGH ohne nähere Begründung aufgestellten Prinzip,[202] welches sich, wie *Lohsse* überzeugend darstellte, jedoch nicht aus der Gesetzgebungsgeschichte ableiten lässt, allerdings zu, wodurch sein wertvollster Befund, der Wertungswiderspruch sei durch die Unbedachtheit des Gesetzgebers bei Einführung mittelbaren Besitzes entstanden, gerade nicht hinreichend ausgenutzt wird. Die von *Lohsse* anhand der Entstehungsgeschichte nachgewiesene Unbedachtheit des Gesetzgebers bildet gerade den Grund für die nötige Korrektur.

---

200 *Lohsse*, aaO., 527 (553).

201 BGH NJW 1968, 1382 (1385): „Es ist in der Tat auffallend, daß wirtschaftlich gleichliegende Sachverhalte verschieden beurteilt werden müssen, je nach dem, ob die eine oder die andere Bestimmung (§ 933 oder § 934 Halbsatz 1 BGB) zur Anwendung kommt, daß also die Anwendung des geltenden Rechts zu unterschiedlichen Ergebnissen führt, deren Berechtigung nicht ohne weiteres einsichtig ist."

202 BGH NJW 1968, 1382 (1385): „Beiden Regelungen [d.h. § 933 und § 934 BGB] liegt [...] das Prinzip zugrunde, daß der unmittelbare Besitz dem mittelbaren gleichzusetzen ist und daß es für den gutgläubigen Eigentumserwerb genügt, wenn sich der Veräußerer seines Besitzes vollständig entledigt, gleichgültig, ob es sich hierbei um mittelbaren oder unmittelbaren Besitz handelt."

Zweiter Teil: Das Doppelspiel beim gutgläubigen Erwerb im geltenden deutschen Recht und die Versuche zur Rechtfertigung der sich daraus ergebenden Wertungsinkongruenz

A. Die aktuelle Rechtslage

I. Abstraktionsprinzip und gutgläubiger Erwerb im BGB

Im deutschen Sachenrecht gilt das Trennungs- und Abstraktionsprinzip. Danach sind das schuldrechtliche Verpflichtungs- und das dingliche Verfügungsgeschäft streng voneinander getrennt und in ihrer Wirksamkeit grundsätzlich voneinander unabhängig. Dies führt dazu, dass es für die rechtsgeschäftliche Eigentumsübertragung überhaupt nicht auf das Grundgeschäft und dessen Wirksamkeit ankommt. Vielmehr setzt die Übertragung des Eigentums an einer beweglichen Sache gem. § 929 S. 1 BGB voraus, dass der Eigentümer die Sache dem Erwerber übergibt und sich beide darüber einig sein müssen, dass das Eigentum übergehen soll.[203] Durch das Abstraktionsprinzip wird die Wirksamkeit des dinglichen Rechtsgeschäfts grundsätzlich[204] von der des Grundgeschäfts losgelöst. Somit wirkt sich ein Mangel des Grundgeschäfts auch grundsätzlich nicht auf die Eigentumsübertragung aus. Die dadurch herbeigeführte rechtsgrundlose Vermögensverschiebung ist im Rahmen des Bereicherungsrechts (§§ 812 ff. BGB) auszugleichen.[205] Nach § 932 I BGB setzt der gutgläubige Mobiliarerwerb die Veräußerung iSv § 929 S. 1 BGB voraus, womit das Abstraktionsprinzip auch für Eigentumserwerb vom Nichtberechtigten gilt. Die Wirksamkeit des Grundgeschäfts ist für den gutgläubigen Erwerb folglich gleichfalls nicht heranzuziehen. Dies stellt einen wesentlichen Unterschied zum chinesischen Recht dar, in dem die Nichtigkeit des Grundgeschäfts grundsätzlich zum Scheitern des Eigentumsübergangs führt.

---

203 *Prütting*, Sachenrecht (2017), S. 12 ff.

204 Ausnahme des Abstraktionsprinzips siehe „abweichende Gestaltungen", *Westermann/Gursky/Eickmann*, Sachenrecht (2011), S. 37 f.; *Haferkamp*, „Fehleridentität" – zur Frage der Anfechtung von Grund- und Erfüllungsgeschäft, in: Jura 20, 1998, S. 511 ff.

205 *Wilhelm*, Sachenrecht (2016), S. 21.

II. Erwerb mittelbaren Besitzes als Kernproblem

1. Die allgemeinen Voraussetzungen für mittelbaren Besitz

Nach der Vorstellung des Gesetzgebers waren die Vorschriften der §§ 777–793 E II (= §§ 854–872 BGB) aus Gründen der Gesetzesklarheit nur als Voraussetzungen des Besitzschutzes aufzufassen, der Eigentumserwerb sollte hiervon hingegen nicht berührt werden.[206] In der Tat kommen dem mittelbaren Besitz aber neben dem Besitzschutz noch weitere wichtige Funktionen, auch beim Eigentumserwerb an beweglichen Sachen,[207] zu: Die Ersatzformen der Übergabe verwirklichen sich entweder durch die Neubegründung des Besitzmittlungsverhältnisses, vermöge dessen der Erwerber „mittelbaren Besitz" erlangt (§ 930 BGB), oder durch die Änderung des Besitzverhältnisses, die eine Folge der Abtretung des Herausgabeanspruchs ist (§ 931 BGB). Außerdem setzt die Ersitzung nach § 937 BGB voraus, dass der Ersitzende Eigenbesitzer iSv § 872 BGB sein muss, wobei mittelbarer Eigenbesitz gleichfalls ausreicht. Aus diesem Grund ist eine Auseinandersetzung mit dem mittelbaren Besitz im Kontext der Übergabesurrogate der §§ 930 f. BGB zwingend.

Der mittelbare Besitz ist seit dem Inkrafttreten des BGB ein höchst streitiges Thema,[208] vor allem, weil es sich dabei um einen relativ neuen Begriff handelt, den erst die zweite Kommission ins BGB eingeführt hat.[209] Die gesetzliche Definition des mittelbaren Besitzes findet sich in § 868 BGB, nach dem mittelbarer Besitzer ist, wer eine Sache einem anderen als Nießbraucher, Pfandgläubiger, Pächter, Mieter, Verwahrer oder in einem ähnlichen Verhältnis überlassen hat, vermöge dessen der Andere auf Zeit zum Besitz berechtigt oder verpflichtet ist. Die Voraussetzungen des mittelbaren Besitzes lassen sich folglich dieser Vorschrift entnehmen.

a) Unmittelbarer Besitz des Besitzmittlers

Mittelbaren Besitz iSv § 868 BGB setzt zunächst voraus, dass jemand eine Sache „besitzt". Folglich übt eine andere Person die tatsächliche Gewalt über die Sache als unmittelbarer Besitzer iSv § 854 BGB aus. Der Besitzmittler ist somit not-

---

206 Mugdan III, S. 502 (Protokolle 3332); zusammenfassend *Wieling*, Der mittelbare Besitz, in: Studi in onore di Cesare Sanfilippo I (1982), 713 (726).

207 *Bömer*, Besitzmittlungswille und mittelbarer Besitz (2009), S. 180; MünchKommBGB/*Joost* (2017), § 868 Rn. 1.

208 Staudinger/*Gutzeit* (2012), § 868 Rn. 5.

209 *Lohsse*, Gutgläubiger Erwerb, mittelbarer Besitz und die Väter des BGB, in: AcP 206, 527 (531 f.); *Ernst*, Eigenbesitz und Mobiliarerwerb (1992), S. 266.

wendigerweise Fremdbesitzer.[210] Für die Ausübung der tatsächlichen Gewalt kann der unmittelbare Besitzer sich auch eines Besitzdieners nach § 855 BGB bedienen. Im Fall des mehrfach gestuften Besitzes kann auch der Besitzmittler selbst mittelbarer Besitzer sein.[211]

b) Das Besitzmittlungsverhältnis

Für den mittelbaren Besitz bedarf es des Weiteren einer Beziehung zwischen Besitzmittler und mittelbarem Besitzer, kraft derer der mittelbare Besitzer eine indirekte „vergeistigte“[212] Sachherrschaft auszuüben vermag.[213] Diese Beziehung kann entweder rechtsgeschäftlich oder kraft Gesetzes entstehen[214] und wird als „Besitzmittlungsverhältnis“ bezeichnet. Nach § 868 BGB muss das Besitzmittlungsverhältnis so beschaffen sein, dass sich aus ihm eine zeitlich begrenzte[215] Berechtigung oder Verpflichtung zum Besitz ergibt. Die von § 868 BGB aufgezählten Beispiele sind Nießbrauch, Pfandrechte, Pacht, Miete und Verwahrung. Aber die Aufzählung des § 868 BGB ist nicht abschließend; alle ähnlichen Verhältnisse, die mit den Genannten vergleichbar sind, reichen für ein Besitzmittlungsverhältnis aus. Heute geht man allgemein davon aus, dass bspw. auch die Sicherungsabrede bei einer Sicherungsübereignung ein konkretes Besitzmittlungsverhältnis darstellt.[216]

Ferner ist zu fragen, ob das Besitzmittlungsverhältnis wirksam zu sein hat. Heute wird fast einhellig vertreten, dass aus der Verwendung des Wortes „als“ darauf zu schließen ist,[217] dass dem mittelbaren Besitz kein wirksames Rechtsver-

---

210 BGHZ 85, 263, 265; *Wilhelm*, Sachenrecht (2016), Rn. 513, S. 249.

211 MünchKommBGB/*Joost* (2017), § 868 Rn. 9; *Westermann/Gursky/Eickmann*, Sachenrecht (2011), S. 126.

212 *Wilhelm*, Sachenrecht (2016), Rn. 490, S. 243.

213 Staudinger/*Gutzeit* (2012), § 868 Rn. 15.

214 MünchKommBGB/*Joost* (2017), § 868 Rn. 12.

215 BGH NJW 1953, 1506.

216 MünchKommBGB/*Oechsler* (2017), § 930 Rn. 14 f.; BGH NJW 1979, 2308 (2309) wies darauf hin, dass „keine allzu strengen Anforderungen an die Feststellung der Vereinbarung eines Besitzmittlungsverhältnisses zu stellen sind, daß es vielmehr darauf ankommt, ob vernünftigerweise und nach den Grundsätzen von Treu und Glauben aus dem Verhalten der Parteien die stillschweigende Begründung eines bestimmten Verpflichtungsgrundes als Vertragswille gefolgert werden kann.“

217 *Goldmann/Lilienthal*, Das Bürgerliches Gesetzbuch, systematisch dargestellt, Zweiter Band, Sachenrecht (1912), S. 13, Anm. 9; *Biermann*, Kommentar-BGB (1914), § 868 Anm. 7 b; RGZ 135, 78; BGH NJW 1955, 499; *Wieling*, Voraussetzungen, Übertragung und Schutz des mittelbaren Besitzes, in: AcP 184 (1984), 439 (440); *ders.*, Sachenrecht Band I (2006), S. 230; Staudinger/*Gutzeit* (2012), § 868 Rn. 16; Soergel/

hältnis zwischen unmittelbarem und mittelbarem Besitzer zugrunde liegen muss, sondern dass es nur darauf ankommt, ob der unmittelbare Besitzer sich subjektiv als Besitzmittler für den mittelbaren Besitzer betrachtet.[218]

Die Erforderlichkeit eines Besitzmittlungsverhältnisses ist für den Eigentumserwerb vom Nichtberechtigten von Bedeutung, nämlich insbesondere bei der Frage, ob es im „Fräsmaschinenfall" oder in den „Lagerfällen" möglich ist, dass der Besitzmittler zur gleichen Zeit für zwei „mittelbare Besitzer" dieselbe Sache besitzt. Mit anderen Worten ist dies die Frage danach, ob ein „Doppelspiel" überhaupt bestehen kann. Im Fräsmaschinenfall übereignet der Vorbehaltskäufer, der vor dieser Sicherungsübereignung dem Vorbehaltsverkäufer den Besitz mittelt, die Sache sicherungshalber durch Besitzkonstitut an den Sicherungsnehmer, um diesem fortan den Besitz zu mitteln. Fraglich ist jedoch, ob die Besitzmittlungsverhältnisse mit dem Vorbehaltsverkäufer einerseits und mit dem Sicherungsnehmer andererseits neben- oder nacheinander stehen. In den Lagerfällen, in denen der gutgläubige Erwerb durch die Abtretung des angeblichen Herausgabeanspruchs nach § 934 2. Alt. BGB an der fehlenden Besitzposition des Veräußerers scheitert, ist man mit demselben Problem konfrontiert, wenn der Lagerhalter auf Veranlassung ein neues Besitzmittlungsverhältnis trotz Bestehens des alten eingeht. Wenn das alte Besitzmittlungsverhältnis durch Eingehung eines neuen Besitzmittlungsverhältnisses beendet würde, wäre nur der später begründete Besitz wirksam. Ansonsten stünden beide Besitzmittlungsverhältnisse nebeneinander, sodass es für die Antwort auf die Frage, wer der mittelbare Besitzer sein soll, allein auf den inneren Willen des Besitzmittlers ankäme. (Eine ausführliche Auseinandersetzung mit dieser Problematik erfolgt im folgenden Teil B. II.)

Stadler (2002), § 868 Rn. 7; MünchKommBGB/*Joost* (2017), § 868 Rn. 15; BeckOGK/*Götz*, 1. 6. 2017, BGB § 868 Rn. 39 ff.; *Vieweg/Werner*, Sachenrecht (2015), S. 25.

218 Motive III, S. 99 ff.; Mugdan III, S. 516 f.; *Windscheid/Kipp*, Lehrbuch des Pandektenrechts I (1906), 9. Aufl., S. 797; *Baur/Stürner*, Sachenrecht (2009), § 7 Rn. 45; *Westermann/Gursky/Eickmann*, Sachenrecht (2011), S. 127; BGH NJW 55, 499; MünchKommBGB/*Joost* (2017), § 868 Rn. 15 f.; Staudinger/*Gutzeit* (2012), § 868 Rn. 16; Palandt/*Herrler* (2017), § 868 Rn. 6; *Ernst*, Eigenbesitz und Eigentumserwerb (1992), S. 124 f. Im älteren Schrifttum wurde die Identifizierung mit dem Besitzmittlungsverhältnis üblich vertreten: so etwa, *Bruns*, Besitzerwerb durch Interessenvertreter (1910), S. 157; *Kress*, Besitz und Recht (1909), S. 200. Die vor Jahrzehnten von *Boehmer* vertretene „Identitätstheorie" ist gewissermaßen eher die Fortführung der älteren, vgl. *Boehmer*, Grundlangen der bürgerlichen Rechtsordnungen (1952), II/2, S. 42 f.

c) *Herausgabeanspruch*

Nach § 868 BGB muss die Sache dem Besitzmittler „auf Zeit" überlassen worden sein, woraus die h. M. schließt, dass für den mittelbaren Besitz ein eng mit dem Besitzmittlungsverhältnis verbundener Herausgabeanspruch erforderlich ist.[219] Ohne Herausgabeanspruch wäre der Besitz des Besitzmittlers zeitlich unbegrenzt. Das Erfordernis eines Herausgabeanspruchs wird nach allen Ansichten zur Rechtsnatur des mittelbaren Besitzes geteilt, sowohl von denjenigen, die den mittelbaren Besitz als Rechtsverhältnis ansehen,[220] als auch von denjenigen, die den mittelbaren Besitz als gelockerte, fingierte oder vergeistigte Sachherrschaft[221] betrachten. Der nötige Herausgabeanspruch ergibt sich grundsätzlich aus dem in § 868 BGB erwähnten Besitzmittlungsverhältnis. Ist dieses unwirksam, reicht ein Anspruch aus §§ 812 ff., § 823, § 985 BGB oder aus GoA (§§ 677 ff. BGB) auch aus.[222] Entscheidend ist, dass wegen der potenziellen Geltendmachung des Herausgabeanspruchs der Besitzmittler nicht für ewig, sondern nur für bestimmten Zeitraum zum Besitz berechtigt ist. Sonst ginge die Voraussetzung „auf Zeit" ins Leere.

---

219 MünchKommBGB/*Joost* (2017), § 868 Rn. 16; Staudinger/*Gutzeit* (2012), § 868 Rn. 23. Nach einer von *Wieling* vertretenen Meinung ist die Voraussetzung „auf Zeit" nicht wörtlich zu verstehen, denn für die Frage des mittelbaren Besitzes sei es gleichgültig, ob der Besitzmittler überhaupt ein Recht zum Besitz habe. Die Annahme, „auf Zeit" ist aber für den mittelbaren Besitz erforderlich und führt dazu, dass ein Eigenbesitzer, der ein Grundstück zu unbefristetem Erbbaurecht übertragen bekommen habe, nicht mittelbarer Besitzer sei. Vgl. *Wieling*, Voraussetzungen, Übertragung und Schutz des mittelbaren Besitzes, in: AcP 184 (1984), 439 (453 f.), mwN. Im Gegensatz zu *Wieling* geht *Gutzeit* davon aus, dass der Zeitpunkt der Beendigung des Besitzmittlungsverhältnisses (einschließlich des Herausgabeanspruchs, Staudinger/*Gutzeit* (2012), § 868 Rn. 23) wie z. B. beim Erbbaurecht sehr weit fern liegen dürfe, Staudinger/*Gutzeit* (2012), § 868 Rn. 17. So auch BGH JZ 1970, 373: „Der Einwand der Revision, dass der Erbbauberechtigte nicht ‚auf Zeit' besitze, ist nicht stichhaltig; Erbbauberechtigte pflegen erfahrungsgemäß fast immer für eine bestimmte Anzahl von Jahren bestellt zu werden, mit deren Ablauf sie dann erlöschen".

220 MünchKommBGB/*Joost* (2017), § 868 Rn. 6; *Füller*, Eigenständiges Sachenrecht? (2006), S. 287; *Prütting*, Sachenrecht (2017), S. 31 f.

221 *Heck*, Grundriß des Sachenrechts (1960, Neudruck der Ausgabe 1930), S. 31; *Wolff/Raiser*, Sachenrecht (1957), S. 31 f.; *Westermann/Gursky/Eickmann*, Sachenrecht (2011), S. 128; Staudinger/*Gutzeit* (2012), § 868 Rn. 5; Soergel/*Stadler* (2002), § 868 Rn. 2 f.

222 MünchKommBGB/*Joost* (2017), § 868 Rn. 16; Soergel/*Stadler* (2002), § 868 Rn. 10; *Wilhelm*, Sachenrecht (2016), S. 244; *Vieweg/Werner*, Sachenrecht (2015), S. 26.

d) Der Besitzmittlungswille

Für Bestehen und Fortbestand des mittelbaren Besitzes wird ein Besitzmittlungswille gefordert.[223] Im Schrifttum wird der Besitzmittlungswille als der Wille beschrieben, mit dem der unmittelbare Besitzer die Sache für den mittelbaren Besitzer besitzt und den Herausgabeanspruch desselben anerkennt.[224]

Das Erfordernis eines Besitzmittlungswillens ist dem Wortlaut des § 868 BGB entnehmen.[225] Aus dem Wortlaut, dass „jemand eine Sache als Nießbraucher … oder in einem ähnlichen Verhältnis …“ besitzen muss, ist darauf zu schließen, dass ein dieser Stellung entsprechender Wille vorhanden sein muss, um von mittelbarem Besitz ausgehen zu können.[226]

Unter Heranziehung des § 872 BGB lässt sich auch darauf schließen, dass der Besitzmittlungswille für den mittelbaren Besitz nicht entbehrlich ist. Nach § 872 BGB ist Eigenbesitzer derjenige, der eine Sache als ihm gehörend besitzt. Diese Vorschrift wird überwiegend so verstanden, dass nur derjenige Eigenbesitzer sein kann, der den Willen hat, die Sache als Eigentümer zu besitzen.[227] Durch Umkehrschluss aus dieser Vorschrift ist konsequenterweise davon auszugehen, dass der Besitzmittler die Sache nicht mit der Willensrichtung des Eigentümers besitzt, sondern die tatsächliche Gewalt über die Sache nur mit Fremdbesitzwillen im Rahmen des Besitzmittlungsverhältnisses ausüben darf. Somit ist für mittelbaren Besitz stets ein entsprechender Besitzmittlungswille in Form von Fremdbesitzwillen erforderlich.

---

223 Mittelbarer Besitz kann durch Rechtsgeschäft oder kraft Gesetzes entstehen. Für die rechtsgeschäftliche Entstehung sei der Besitzmittlungswille übrig, weil er seinen Ausdruck in der Vereinbarung finde. Staudinger/*Gutzeit* (2012), § 868 Rn. 26. Für die Entstehung kraft Gesetzes ist der Besitzmittlungswille allgemein erfordert, vgl. Staudinger/*Gutzeit* (2012), § 868 Rn. 24; MünchKommBGB/*Joost* (2017), § 868 Rn. 17; Soergel/*Stadler* (2002), § 868 Rn. 4; *Westermann/Gursky/Eickmann*, Sachenrecht (2011), S. 135.

224 MünchKommBGB/*Joost* (2017), § 868 Rn. 21; Staudinger/*Gutzeit* (2012), § 868 Rn. 24; Soergel/*Stadler* (2002), § 868 Rn. 4.

225 MünchKommBGB/*Joost* (2017), § 868 Rn. 17; auch *Wieling*, Voraussetzungen, Übertragung und Schutz des mittelbaren Besitzes, in: AcP 184 (1984), 452 ff.

226 *Voigt*, Die Funktion des mittelbaren Besitzes im Mobiliarerwerb, S. 88.

227 *Baur/Stürner*, Sachenrecht (2009), S. 88; *Prütting*, Sachenrecht (2017), S. 25; *Ernst*, Eigenbesitz und Mobiliarerwerb (1992), S. 50; BGH NJW 1996, 1890 (1893): „Das Merkmal, das den Besitz zum Eigenbesitz macht, ist mithin der Wille, die Sache wie ein Eigentümer zu beherrschen.“ Dagegen, *Bömer*, Besitzmittlungswille und mittelbarer Besitz (2009), S. 252 ff.

Etwas anderes könnte sich jedoch aus § 870 BGB ergeben, der besagt, dass der mittelbare Besitz durch die Abtretung des Herausgabeanspruchs übertragen werden kann, wobei es keiner Änderung der Willensrichtung durch den Besitzmittler bedarf.[228] Also erhält der Abtretungsempfänger den mittelbaren Besitz ohne weiteres Zutun des Besitzmittlers. In diesem Vorgang spielt die Willensrichtung des Besitzmittlers keine Rolle. Dies ergibt sich ebenfalls aus einem Umkehrschluss des § 407 I BGB, nach dem der Neugläubiger nur dann die Leistungen des Schuldners an den Altgläubiger gegen sich gelten lassen muss, wenn der Schuldner von der Abtretung keine Kenntnis hatte. Diese Vorschrift ist nur in den Fällen sinnvoll, in denen die Abtretung ohne Mitteilung an den Schuldner wirksam ist, denn ansonsten hätte der Schuldner stets an den richtigen Gläubiger geleistet, wenn eine Abtretung ohne Schuldnerbenachrichtigung *per se* unwirksam wäre. Dies führt in der Konsequenz dazu, dass es für die Übertragung mittelbaren Besitzes durch Abtretung des Herausgabeanspruchs nicht darauf ankommen kann, dass der Besitzmittler seinen Besitzwillen nach dem Neugläubiger ausrichtet. Folglich geht eine Meinung davon aus, dass das Gesetz hinsichtlich des Fortbestands des mittelbaren Besitzes auf den Willen des Besitzmittlers verzichten wolle. Demnach stehe das Erfordernis einer bestimmten Willensrichtung für den mittelbaren Besitz mit dem Wortlaut des § 870 BGB nicht in Einklang.[229] Laut *Wieling* wäre dieser Widerspruch mit dem Grundprinzip des mittelbaren Besitzes leicht zu vermeiden gewesen: Man hätte das Ziel der Eigentumsübertragung ohne Zustimmung des Besitzers auch dann durch die Zession des Herausgabeanspruchs erreicht, wenn man nicht gleichzeitig den Übergang des mittelbaren Besitzes[230]

---

228 *Ernst*, Eigenbesitz und Mobiliarerwerb (1992), S. 278 ff.

229 *Wieling*, Voraussetzungen, Übertragung und Schutz des mittelbaren Besitzes, in: AcP 184 (1984), 439 (456 ff.); *ders.*, Sachenrecht Band I (2006), S. 243.

230 Nach der Meinung *Wielings* wäre der Erwerb des mittelbaren Besitzes in § 934 1. Alt. BGB erforderlich; allein die Abtretung eines tatsächlich bestehenden Herausgabeanspruchs wäre ausreichend für einen gutgläubigen Erwerb. In der Formulierung des § 931 BGB wird der Begriff „mittelbarer Besitz" nicht verwendet, vielmehr wird nur verlangt, „dass der Eigentümer dem Erwerber den Anspruch auf Herausgabe der Sache abtritt." Wenn der Veräußerer nur Inhaber des Herausgabeanspruchs würde, nicht aber gleichzeitig auch mittelbarer Besitzer, würde die Abtretung des Herausgabeanspruchs nicht zum Erwerb mittelbaren Besitzes führen. Im Vergleich dazu wird nach § 934 1. Alt. BGB der Erwerb mittelbaren Besitzes für den gutgläubigen Erwerb infolge der Abtretung des Herausgabeanspruchs ausdrücklich gefordert. Somit soll der gutgläubige Erwerb nach § 934 2. Alt. BGB erfolgen, wenn der sich nicht im mittelbaren Besitz befindliche Veräußerer seinen Herausgabeanspruch etwa aus Bereicherungsrecht abtritt. Vgl. etwa Staudinger/*Wiegand* (2017), § 934

angeordnet hätte.[231] In diesem Fall habe man es hinzunehmen, dass das Gesetz den Eigentumsübergang bei Abtretung des Herausgabeanspruchs gem. §§ 931, 870 BGB anordne. Diese vom Gesetz angeordnete Anomalie sei aber tatsächlich nur auf den Eigentumsübergang anzuwenden und solle die allgemeinen Grundsätze nicht berühren. Also mittele der Besitzmittler dem Zessionar den Besitz einerseits, solange er nichts von der Übertragung des mittelbaren Besitzes gem. § 870 BGB wisse; andererseits dürfe man davon ausgehen, dass der Besitzmittler dem Zessionar den Besitz mitteln wolle in dem Fall, in dem der Besitzmittler trotz Kenntnis der Abtretung nichts dagegen unternehme.[232] Für den Eigentumsübergang irrelevant ist, dass der Besitzmittler nach der erfolgreichen Abtretung des Herausgabeanspruchs dem neuen mittelbaren Besitzer bzw. Eigentümer keinen Besitz mitteln will.

Entgegen *Wieling* hält *Wolfgang Ernst* § 870 BGB aus historischen Gründen für mit dem Grundsatz des mittelbaren Besitzes übereinstimmend, sodass § 870 BGB dem Besitzmittlungswillen nicht entgegenstehe. Vielmehr entspreche die gesetzliche Regelung des § 870 BGB durchaus der Situation, dass „also durch die Zession des Herausgabeanspruchs mittelbarer Besitz jedenfalls im Grundsatz wirklich erworben werden" könne.[233] *Ernst* weist darauf hin, dass die Regelung des § 870 BGB weder im *ius commune* noch in den vorherigen Kodifikationen ein klares Vorbild habe. Auf die Anträge von *Gottlieb Planck* und *Alexander Achillis* hin sei diese Vorschrift von der zweiten Kommission in den zweiten Entwurf eingeführt worden, um die Vorschrift über die Übergabe durch Besitzanweisung (§ 804 E I) abzulösen. Zwar sei es in den Anträgen nicht erwähnt worden, aber dennoch lasse sich die Ansicht, dass mittelbarer Besitz durch die Zession des Herausgabeanspruchs zu übertragen sei, auf *Strohals* Lehre stützen.[234] Ausgangspunkt der Lehre *Strohals* ist die Tradition (Übergabe) im Handelsverkehr, die sich durch die sogenannten Traditionspapiere vollzog. *Strohal* sah darin das Vorbild

---

Rn. 10. Anderer Meinung zufolge ist § 934 1. Alt. BGB entgegen der überwiegenden Meinung auch auf den Fall anzuwenden, in dem der Veräußerer dem gutgläubigen Erwerber nur den Herausgabeanspruch durch Abtretung verschafft, ohne ihn zum mittelbaren Besitzer gemacht zu haben, s. *M. Bauer*, Zur Publizitätsfunktion des Besitzes bei Übereignung von Fahrnis, in: FS *Bosch* (1976), 1 (22 f.).

231 *Wieling*, Voraussetzungen, Übertragung und Schutz des mittelbaren Besitzes, in: AcP 184 (1984), 439 (457).

232 *Wieling*, Voraussetzungen, Übertragung und Schutz des mittelbaren Besitzes, in: AcP 184 (1984), 439 (457).

233 *Ernst*, Eigenbesitz und Mobiliarerwerb (1992), S. 277.

234 *Ernst*, Eigenbesitz und Mobiliarerwerb (1992), S. 278.

eines sofort vollziehbaren Besitzwechsels, für den die Verständigung des Inhabers nicht erforderlich war. *Strohal* übertrug diesen Gedanken auf andere Papiere. Da der Inhaber (Detentor) die Sache befreiend an denjenigen, der das Papier vorlege, herausgeben könne, deteniere der Inhaber für den, den es angehe. In dieser Konstellation hängt der Wechsel des Eigenbesitzes nicht davon ab, ob der Inhaber seine „Willensrichtung" ändert.[235] Infolge der Zession des Herausgabeanspruchs ist es dem bisherigen mittelbaren Besitzer nicht mehr möglich, seinen unmittelbaren Besitz wiederherzustellen und gleichzeitig kann der Zessionar[236] mithilfe des abgetretenen Herausgabeanspruchs die Herausgabe der Sache aus eigenem Recht verlangen, was der Grundgedanke für die Besitzübertragung im Wege des § 870 BGB ist. Dass der Zedent dadurch aus dem Besitzer-Inhaber-Verhältnis ausgetreten ist, ist der tragende Grund, warum der Übergabe des Papieres die Rechtswirkung der Tradition beizumessen ist.[237] Gerade diese Rechtswirkung soll § 870 BGB auch zukommen, denn auch durch die formlose Abtretung des Herausgabeanspruchs setzt sich der Veräußerer außerstande, weiterhin auf das Besitzverhältnis einzuwirken.[238] An die Stelle des Zedenten tritt der Zessionar, der aufgrund des durch die Abtretung erlangten Herausgabeanspruchs selbst gegen den unmittelbaren Besitzer vorgehen kann. Insofern ist davon auszugehen, dass die Abhängigkeit des mittelbaren Besitzes vom Besitzmittlungswillen durch § 870 BGB gelockert wird. In solchen Fällen ist jedenfalls ein hypothetischer Besitzmittlungswille des unmittelbaren Besitzers gegenüber dem Zessionar anzunehmen, weil der Besitzmittler, der einen anderen als Besitzherrn anerkennt, bei der Ausübung der tatsächlichen Gewalt über die Sache damit zu rechnen hat, dass der mittelbare Besitz (und in der Regel gleichzeitig das Eigentum) übertragen werden können.[239] Geschieht dies, wird der Besitzmittlungswille gegenüber dem neuen Besitzherrn unterstellt, es sei denn, dass der Besitzmittler etwa gemäß § 404 BGB Widerspruch erhebt.[240]

Eine andere Meinung geht hingegen von der Entbehrlichkeit des Besitzmittlungswillens aus. Zur Argumentation werden §§ 869 S. 2 und 871 BGB ins Feld geführt. *Bömer* meint, der Besitzmittlungswille sei gemäß § 869 S. 2 BGB deswegen entbehrlich, weil in dieser Konstellation dem „mittelbaren Besitzer" auch

235 *Ernst*, Eigenbesitz und Mobiliarerwerb (1992), S. 278.
236 *Ernst*, Eigenbesitz und Mobiliarerwerb (1992), S. 278. Im originalen Text steht es dort wegen Tippfehlers jedoch „Zedent", nicht „Zessionar".
237 *Ernst*, Eigenbesitz und Mobiliarerwerb (1992), S. 279.
238 *Ernst*, Eigenbesitz und Mobiliarerwerb (1992), S. 279.
239 *Westermann/Gursky/Eickmann*, Sachenrecht (2011), S. 140.
240 *Westermann/Gursky/Eickmann*, Sachenrecht (2011), S. 141.

Besitzschutz zu gewähren sei, obwohl der ehemalige unmittelbare Besitzer nach Besitzentziehung den Besitz nicht wieder übernehmen „wolle". In dem Fall, in dem dem Besitzmittler der Wille zur Übernahme der Sache fehlt, setzt er sich dadurch in Widerspruch zum zugrunde liegenden Besitzmittlungsverhältnis, wenn er aus diesem weiterhin zum Besitz verpflichtet ist, wie z. B. bei einer Verwahrung. Der fehlende Wille zur Übernahme der Sache enthalte ein starkes Indiz hinsichtlich eines aufgegebenen „Besitzmittlungswillens" in der von der herrschenden Ansicht vertretenen Ausprägung, nämlich die fehlende Konformität mit dem fortbestehenden Besitzmittlungsverhältnis.[241] Dass der Gesetzgeber in diesem Fall dem „mittelbaren Besitzer" auch Besitzschutz gewährt hat, ist wohl zum einen auf eine rechtspolitische Entscheidung zurückzuführen, weil ansonsten der „mittelbare Besitzer" in dieser Situation schutzlos[242] dastünde, und zum anderen mit der historischen Entwicklung des Besitzrechts zu begründen.[243]

Des Weiteren lässt sich nach *Bömer* aus § 871 BGB schließen, dass ein dem Besitzmittlungsverhältnis widersprechender Besitzwille des Besitzmittlers nicht ohne Weiteres zum Verlust der Rechte des mittelbaren Besitzers führen soll. Der Grund sei darin zu sehen, dass § 871 BGB alle Fälle erfasse, in denen sich der Besitzmittler durch Abschluss eines Besitzmittlungsverhältnisses mit einem Dritten selbst zum mittelbaren Besitzer mache, wie etwa in dem Fall, in dem der Mieter die Sache an einen Untermieter vermietet. Für die Anwendbarkeit des § 871 BGB auf solche Fälle sei es ohne Belang, ob der Besitzmittler dazu berechtigt gewesen sei oder er in Aneignungsabsicht gehandelt habe.[244] Dies vermag m. E. nicht zu überzeugen. Der mehrstufige mittelbare Besitz setzt logischerweise voraus, dass vor dessen Entstehung bereits ein einstufiger mittelbarer Besitz bestand. In dem Zeitpunkt, in dem der Besitzmittler ein neues Besitzmittlungsverhältnis eingeht, einem anderen den unmittelbaren Besitz verschafft und sich somit selbst zum mittelbaren Besitzer macht, macht er gleichzeitig deutlich, dass er als unmittelbarer Eigenbesitzer (§ 872 BGB) handelt. Je nachdem, welcher Ansicht man hinsichtlich der Frage folgt, ob der mittelbare Besitz einen andauernden Besitzmittlungswillen

241 *Bömer*, Besitzmittlungswille und mittelbarer Besitz (2009), S. 186 f.

242 Wenn der „mittelbare Besitzer" gleichzeitig Eigentümer der Sache ist, kann er gegebenenfalls die Ansprüche aus dem Eigentum gem. § 1004 Abs. 1 BGB geltend machen. Dies setzt aber voraus, dass das Eigentum in anderer Weise als durch Entziehung oder Vorenthaltung des Besitzes beeinträchtigt wird, wodurch die Ansprüche aus §§ 861 f. BGB ausgeschlossen sind.

243 *Wieling*, Der mittelbare Besitz, in: Studi in onore di Cesare Sanfilippo I (1982), 713 (736 ff.).

244 *Bömer*, Besitzmittlungswille und mittelbarer Besitz (2009), S. 197.

voraussetzt oder nicht, kommt man zu einem anderen Ergebnis bezüglich des Bestandes oder Untergangs des ursprünglichen ersten mittelbaren Besitzes. Hält man den Besitzmittlungswillen für erforderlich, wäre der erste mittelbare Besitz im oben genannten Fall erkennbar aufgehoben worden. Nach anderer Ansicht bestünde der erste mittelbare Besitz unabhängig vom ggf. geänderten Besitzwillen des Besitzmittlers fort und ein mehrstufiger mittelbarer Besitz wäre somit begründet. Also verdeutlicht § 871 BGB gerade nicht, ob ein Besitzmittlungswille für den mittelbaren Besitz erforderlich ist, sondern vielmehr wird lediglich ein bereits bestehender mittelbarer Besitz vorausgesetzt, für dessen Entstehung die Erforderlichkeit eines Besitzmittlungswillens ja gerade streitig ist.

Für die Frage, ob der Besitzmittlungswille für den mittelbaren Besitz erforderlich ist, kann den gesetzlichen Regelungen im BGB keine eindeutige Antwort entnommen werden. Richtigerweise ist in Bezug auf den Eigentumserwerb eine Zweckbetrachtung vorzunehmen, unter welchen Voraussetzungen dem Erwerber das Eigentum zuzuweisen ist, sodass zur Erreichung dieses Zwecks dem Erwerber die erforderliche Besitzposition (der mittelbare Besitz) zuzuerkennen ist.

2. *Entstehung und Untergang des mittelbaren Besitzes nach geltendem Recht und Einfluss auf die Behandlung des Fräsmaschinenfalls und der Lagerfälle*

Nach einer Meinung ist für den Eigentumserwerb von entscheidender Bedeutung, ob dem (Alt)Eigentümer noch Rechtsmittel zur Verfügung stehen, um die Sache zurückzufordern. Wenn der (Alt)Eigentümer die Sache noch rechtlich oder tatsächlich herausverlangen könne, sei dem Erwerber ein gutgläubiger Erwerb zu verwehren.[245] Solange dem Eigentümer ein Herausgabeanspruch aus dem Besitzmittlungsverhältnis noch zustehe, könne von einem neuen Eigentumserwerb keine Rede sein. Somit stellt sich die Frage, in welchem Zeitpunkt von der Beendigung eines Besitzmittlungsverhältnisses auszugehen ist. Nach der Nebenbesitzlehre ist der Besitzmittler nicht in der Lage, durch einseitiges Verhalten das alte Besitzmittlungsverhältnis aufzuheben, wonach sowohl das alte als auch das neu begründete nebeneinander weiter bestehen. Nach einer anderen Meinung wird zwar beim gutgläubigen Erwerb mit Recht auf die rechtlich und tatsächlich gesicherte Besitzlage des Erwerbers abgestellt, dabei wird jedoch nicht deutlich gemacht, ob das alte Besitzmittlungsverhältnis im Falle eines Doppelspiels des

245 Vgl. auch *Picker*, Mittelbarer Besitz, Nebenbesitz und Eigentumsvermutung in ihrer Bedeutung für den Gutglaubenserwerb, in: AcP 188 (1988), 511 (554).

Besitzmittlers erloschen ist.[246] Es kann jedoch auch vorkommen, dass der Besitzmittler durch sein Verhalten für den anderen objektiv erkennbar gemacht hat, dass er nicht mehr für den alten mittelbaren Besitzer den Besitz mitteln will. Nach dem klaren Wortlaut des § 934 BGB kommt es für den gutgläubigen Eigentumserwerb darauf an, ob der nichtberechtigte Veräußerer selbst tatsächlich mittelbarer Besitzer war und diesen mittels Abtretung des Herausgabeanspruchs übertragen konnte (Alt. 1) oder, wenn er keinen mittelbaren Besitz innehatte, der Erwerber den Besitz in sonstiger Weise tatsächlich erhalten haben muss (Alt. 2). Wenn der Vorbehaltskäufer im Fräsmaschinenfall die Maschine sicherungshalber durch Besitzkonstitut gem. § 933 BGB an die Bank übereignet hat, muss an dieser Stelle die Frage beantwortet werden, ob das alte Besitzmittlungsverhältnis mit dem (bisherigen) Eigentümer (=Vorbehaltsverkäufer) dadurch beendet worden ist: Denn wenn wegen des bestehen bleibenden alten Besitzmittlungsverhältnisses gar kein neues begründet werden konnte, hat die Bank infolgedessen keinen Herausgabeanspruch, den sie bei einer weiteren Übereignung abtreten könnte; wenn aber das neue und das alte Besitzmittlungsverhältnis nebeneinander bestehen bleiben, hat man sich unweigerlich mit der Lehre des Nebenbesitzes auseinanderzusetzen. Daher ist der gutgläubige Erwerb von der nichtberechtigt verfügenden Bank im Fräsmaschinenfall nur dann möglich, wenn der Vorbehaltskäufer durch Abschluss eines neuen Besitzmittlungsverhältnisses das alte erfolgreich beendet hat, sodass die Bank den aus dem neuen Besitzmittlungsverhältnis herrührenden Herausgabeanspruch zwecks Übereignung weiter abtreten kann. Erst in dieser Konstellation kann man sagen, dass der bisherige Eigentümer alle Möglichkeiten verloren hat, die Sache wiederzuerlangen. Wenn man einerseits für den gutgläubigen Erwerb den Verlust jeglichen Besitzrests durch den Alteigentümer fordert, es aber andererseits unterlässt, sich mit dem Schicksal des alten Besitzmittlungsverhältnisses auseinanderzusetzen, wird die sog. „faktisch verdichtete Lage", also der „Besitzverlust auf Seiten des Eigentumsprätendenten und des Veräußerers als Voraussetzung einer faktisch verdichteten Lage auf Seiten des Erwerbsprätendenten",[247] gerade nicht hinreichend begründet.

Die Antwort auf die Frage, ob man davon ausgehen kann, dass der Besitzmittler bei der Eingehung eines neuen Besitzmittlungsverhältnisses mindestens konkludent, wenn nicht ausdrücklich, das alte Besitzmittlungsverhältnis beenden will, ist für das „Doppelspiel" entscheidend. In der Praxis geschieht der Abschluss des neuen Besitzmittlungsverhältnisses durch den Besitzmittler regelmäßig heimlich,

246 *Stagl*, Gutgläubiger Fahrniserwerb als „sofortige Ersitzung", in: AcP 211 (2011), 531 (569).
247 *Stagl*, Gutgläubiger Fahrniserwerb als „sofortige Ersitzung", in: AcP 211 (2011), 531 (555).

damit der erste mittelbare Besitzer dagegen gerade nicht vorgehen und nichts unternehmen kann. Geht man davon aus, dass das alte Besitzmittlungsverhältnis trotz der Eingehung eines neuen weiter besteht, dann kann der Besitzmittler beiden „mittelbaren Besitzern" sagen, was sie hören wollen. Dies würde dazu führen, dass ein Doppelspiel in der Tat nicht vermieden und die Rechtsfigur des Nebenbesitzes nicht ohne Weiteres ausgeschlossen werden könnte. Die heutige herrschende Lehre lehnt den Nebenbesitz jedoch ab (ausführlich hierzu siehe unten: Zweiter Teil D.).[248] Aus den Vorschriften des BGB über den Besitz wird deutlich, dass mittelbarer Besitz hinsichtlich einer Sache auf derselben Stufe nur einmal bestehen kann, denn zwar ist Besitz aufspaltbar (Mitbesitz, § 866 BGB) oder mehrstufig (mehrstufiger mittelbarer Besitz, § 871 BGB) möglich, aber nicht aus dem Nichts zu verdoppeln auf zwei Personen (Nebenbesitz).[249] Sonst würden alle Rechte, die dem Besitz ohne Weiteres anhaften, damit gleichfalls verdoppelt, wie z.B. die Rechtsvermutung des § 1006 BGB oder die Möglichkeit der Ersitzung (§ 937 BGB).

Im Fräsmaschinenfall oder in den Lagerfällen konnte der Kreditgeber (also die Bank), der die Maschinen sicherungshalber vom Vorbehaltskäufer zu erwerben versuchte, aus dem Sicherungsvertrag darauf schließen, dass der Vorbehaltskäufer dem Kreditgeber fortan den Besitz mitteln wollte. Wenn man das vom Vorbehaltskäufer und der Bank abgeschlossene Rechtsgeschäft der Sicherungsübereignung als solches zur Übertragung des Anwartschaftsrechts nach § 140 BGB umdeuten wollte, wäre es unproblematisch, dass der Kreditgeber den mittelbaren Besitz erhalten hätte; in Bezug auf das Eigentum aber mangelt es an der Verfügungsmacht, sodass § 930 BGB allein nicht einschlägig ist. Dennoch wurde ein neues Besitzmittlungsverhältnis durch den Sicherungsvertrag begründet und dadurch der (neue) Besitzmittlungswille zumindest dem neuen mittelbaren Besitzer gegenüber erkennbar gemacht. Fraglich ist jedoch, wie das alte Besitzmittlungsverhältnis zu

---

248 RGZ 138, 267; BGHZ 28, 16 (27); BGHZ 50, 45 (50); MünchKommBGB/*Joost* (2017), § 868 Rn. 20; Palandt/*Herrler* (2017), § 868 Rn. 2; PWW/*Prütting* (2017), § 868 Rn. 5; *Prütting*, Sachenrecht (2017), S. 39 f.; *Westermann/Gursky/Eickmann*, Sachenrecht (2011), S. 138 f.; *Picker*, Mittelbarer Besitz, Nebenbesitz und Eigentumsvermutung in ihrer Bedeutung für den Gutglaubenserwerb, in: AcP 188 (1988), 511 (533 ff.); *Kindl*, Gutgläubiger Mobiliarerwerb und Erlangung mittelbaren Besitzes, in: AcP 201 (2011), 391 (405 ff.); *Ernst*, Eigenbesitz und Mobiliarerwerb (1992), S. 250 ff.; *Füller*, Eigenständiges Sachenrecht? (2006), S. 338 ff.

249 *Wilhelm*, Sachenrecht (2016), S. 248. An der Teilbarkeit des Willens des unmittelbaren Besitzers zweifelnd *Prütting*, Sachenrecht (2017), S. 188.

behandeln ist, denn der Vorbehaltsverkäufer hätte normalerweise in keinem Fall vom neuen Besitzmittlungsverhältnis erfahren können.

Es scheint so, als wolle der BGH das Schicksal des alten Besitzmittlungsverhältnisses an den subjektiven Willen des unmittelbar besitzenden Besitzmittlers knüpfen, indem er davon ausgeht, dass „es nur darauf" ankomme, „ob der Vorbehaltskäufer … dem Sicherungsgeber … den Besitz vermitteln wollte".[250] Dem BGH zufolge hängt der mittelbare Besitz nur von subjektiven Tatbestandsmerkmalen ab und damit auch das Erlöschen Besitzmittlungsverhältnisses, das von der bloßen Willensänderung beeinflusst wird. In der Konsequenz bedeutet diese Herangehensweise, dass das alte durch das neue Besitzmittlungsverhältnis zu Fall gebracht wird.

III. Ergebnis

Wenn man den mittelbaren Besitz und dessen Übertragung von rein subjektiven Momenten des Besitzmittlers abhängig macht, wäre in der Konstellation des Fräsmaschenfalls und der Lagerfälle ein Doppelspiel in der Tat kaum möglich, denn das alte Besitzmittlungsverhältnis würde in dem Augenblick, in dem das neue begründet wird, erlöschen. Die Möglichkeit der nachträglichen Abtretung des Herausgabeanspruchs zwecks Sicherungsübereignung wäre demnach unproblematisch gegeben.

B. Vertretene Meinungen in der Rechtsprechung

I. Die Meinung des BGH

Im Urteil[251] zum Fräsmaschinenfall sprach der BGH im Ergebnis dem zweiten Sicherungsnehmer (der Bank B) das Eigentum zu. Der BGH geht davon aus, der

250 BGHZ 50, 45 ff. = BGH NJW 1968, 1382 ff. In einem anderen Fall, bei dem es ausgerechnet um die Eigentumszuordnung der „Fräsen" ging, entschied der BGH anders und knüpfte den mittelbaren Besitz an ein objektives Moment: „Denn an diesem Tage schloß die Fa. H. (=Vorbehaltskäuferin) mit der Bekl. (=Kreditgerberin, an die die Fa. H. die Fräsen sicherungshalber übereignet hat) über die 18 Fräsen den Sicherungsübereignungsvertrag, in dem die Fa. H. ausdrücklich versicherte, daß die Maschinen ihr unbeschränktes Eigentum seien, und sie für die Bekl. In Verwahrung nahm. *Damit beendet die Fa. H. den mittelbaren Besitz der Kl., indem sie sich nach außen erkennbar einseitig von dem Besitzmittlungsverhältnis zur Kl. lossagte.*"; ebenso *Kress*, Besitz und Recht (1909), S. 215: „Der Satz, das der mittelbare Besitz durch bloße Willensänderung des unmittelbaren Besitzers beendet werden könne, ist für das Bürgerliche Gesetzbuch nicht anzuerkennen".

251 Volltext des Urteils, siehe BGH NJW 1968, 1832 ff.

Vorbehaltskäufer könne die Fräsmaschine nicht nach § 930 BGB an die Bank B übereignen, weil Eigentümer der Maschine noch nicht der Vorbehaltskäufer, sondern vor Bedingungseintritt immer noch der Vorbehaltsverkäufer sei. Obwohl B vom Eigentumsvorbehalt nichts wisse, trete ein gutgläubiger Erwerb der B dennoch nicht ein, denn dieser setze nach § 933 BGB voraus, dass dem Erwerber „die Sache von dem Veräußerer übergeben wird". Somit kann der erste Sicherungsnehmer gemäß §§ 930, 933 BGB nicht Eigentümer werden, „weil er zwar im Wege des Besitzkonstituts den mittelbaren Besitz erlangt hat, [aber] zu keinem Zeitpunkt unmittelbarer Besitzer geworden" sei.[252] Sodann hatte der BGH zu entscheiden, ob der erste Sicherungsnehmer trotz der fehlgeschlagenen Übereignung bereits mittelbaren Besitz erhalten hat. Diesbezüglich wies BGH im Anschluss an die Ansicht des Berufungsgerichts darauf hin, „es könne nicht davon ausgegangen werden, daß ein Sicherungsnehmer, der, wie hier … [die Bank B], mit einem Nichteigentümer ein Besitzmittlungsverhältnis eingehe, den mittelbaren Besitz deshalb nicht erlange, weil die Eigentumsübertragung fehlgeschlagen sei."[253] Dabei hatte der BGH über die im Schrifttum unter Berufung auf § 139 BGB vertretene Ansicht,[254] dass der gutgläubige Erwerber vom Nichteigentümer nicht nur kein Eigentum, sondern mangels Besitzkonstitut folglich auch keinen mittelbaren Besitz erlange, zu entscheiden, weil die Bank B nach dieser Ansicht nicht in der Lage war, mittelbaren Besitz auf den zweiten Sicherungsnehmer zu übertragen und ein gutgläubiger Eigentumserwerb desselben am Fehlen der Voraussetzung des § 934 1. Alt. BGB hätte scheitern müssen. Der BGH hielt mit der kurzen, aber auch streitigen Begründung fest, dass es beim Fehlschlagen des Erwerbs vom Nichteigentümer durch Besitzkonstitut jedenfalls dem Interesse und Willen beider Parteien entspreche, dass der erste Sicherungsnehmer im Wege der Umdeutung nach § 140 BGB[255] das Anwartschaftsrecht erhalten solle. Gegen die Begründung eines Besitzmittlungsverhältnisses durch die Übertragung des Anwartschaftsrechts sah BGH keinerlei Anhaltspunkte. Es ist folglich die Auffassung des BGH, dass der Vorbehaltskäufer zwar vorher stets Besitzmittler des Vorbehaltsverkäufers war, jedoch auch dazu in der Lage ist, sich als unmittelbarer Besitzer zum Besitzmittler der B zu machen. Für den Erwerb mittelbaren Besitzes der Bank B kommt es, so der BGH, ausschließlich darauf an, „ob der Vorbehaltskäufer dem [zweiten] Sicherungsgeber [hier, der Bank B]

---

252 BGH NJW 1968, 1382 (1383).

253 BGH NJW 1968, 1382 (1383).

254 *Wolff/Raiser*, Sachenrecht (1957), S. 255, Fn. 18.

255 Dazu zustimmend, *Tiedtke*, Erwerb beweglicher und unbeweglicher Sachen kraft guten Glaubens, in: Jura 1983, 460 (466).

den Besitz vermitteln wollte."[256] Auf den ersten Blick scheint es, dass BGH dabei das Schicksal des mittelbaren Besitzes des Vorbehaltsverkäufers offengelassen hat. Bliebe dieser weiterhin bestehen, käme es zum „Nebenbesitz". Andernfalls müsste die Willensumstellung des Besitzmittlers das Ende des zuvor begründeten mittelbaren Besitzes herbeiführen. Im Urteil fehlt es zwar an einer ausführlichen Auseinandersetzung mit diesem Problem, aber ein Teil der Literatur[257] hielt es für naheliegend, dass der Vorbehaltskäufer im Wege der Vereinbarung eines neuen Besitzmittlungsverhältnisses mit der Bank B den mittelbaren Besitz des Vorbehaltsverkäufers beendet habe. Dadurch, dass dem BGH zum Zeitpunkt der Entscheidung die schon zu Zeiten des RG[258] aufgekommene Nebenbesitzlehre *Martin Wolffs* bekannt war und eine Auseinandersetzung mit derselben fehlte, unterstreicht dieses Ergebnis. Folgt man dieser Ansicht des BGH, liegt es dementsprechend nahe, dass der frühere mittelbare Besitz endet, sobald der Besitzmittler einen neuen Besitzmittlungswillen zum Ausdruck bringt. Als Zwischenergebnis konnte der BGH somit festhalten, dass der erste Sicherungsnehmer mittelbaren Besitz erlangt habe, den er bspw. sicherungshalber weiter abtreten konnte. Der eingangs erwähnte Wertungswiderspruch taucht exakt an dieser Stelle auf: Wenn die weitere Abtretung des aus dem neuen Besitzmittlungsverhältnis fließenden Herausgabeanspruchs zur Sicherung möglich ist, sind die Voraussetzungen des § 934 Alt. 1 BGB gegeben; der erste Sicherungsnehmer, der den mittelbaren Besitz durch Besitzkonstitut erlangt hat, erlangt wegen § 933 BGB jedoch kein Eigentum, dieses erlangt hingegen der zweite Sicherungsnehmer, der durch die Abtretung des Herausgabeanspruchs zwar den mittelbaren Besitz erlangt, aber sich noch weiter von der Sache weg befindet als der erste. Nicht nur die vielen Kritiker erachten diese Entscheidung als unbillig, sondern selbst der BGH räumte ein, dass es in der Tat auffallend sei, „daß wirtschaftlich gleichliegende Sachverhalte verschieden beurteilt werden müssen, je nach dem, ob die eine oder die andere Bestimmung (§ 933 oder § 934 Halbsatz 1 BGB) zur Anwendung kommt, daß also die Anwendung des geltenden Rechts zu unterschiedlichen Ergebnissen führt, deren Berechtigung nicht ohne weiteres einsichtig ist. In einem Falle wie dem vorliegenden fällt dies besonders auf, weil hier der zweite Sicherungsnehmer, dem

256 BGH NJW 1968, 1382 (1383).

257 Z. B. unter Verweisung auf dieses Urteil: Palandt/*Herrler* (2017), § 868 Rn. 4; Jauernig/*Berger* (2016), § 868 Rn. 12; Soergel/*Stadler* (2002), § 868 Rn. 22; Erman/*A. Lorenz* (2014), § 868 Rn. 42; *Herm. Lange*, Eigentumserwerb im Falle des § 934 Halbs. 1 BGB – BGHZ 50, 45, in: JuS 1969, 162 ff.; *Ernst*, Eigenbesitz und Mobiliarerwerb (1992), S. 260.

258 RGZ 135, 75.

die Bestimmung des § 934 Halbsatz 1 BGB zugute kommt, der Vorbehaltssache fernergerückt war als der erste, der gemäß § 933 BGB kein Eigentum erwerben konnte."[259]

Als Rechtfertigung für diese sog. Wertungsinkongruenz führte der BGH an, dass der Gesetzgeber die *Schaffung* des mittelbaren Besitzes für den gutgläubigen Erwerb nicht ausreichen lassen wolle (§ 933 BGB), wohl aber die *Übertragung* desselben (§ 934 1. Alt. BGB).[260] Der gesetzgeberische Grund für die Abweichung des § 934 1. Alt. BGB von dem im § 933 BGB festgelegten Sichtbarkeitsprinzip liege darin, dass der veräußernde Nichteigentümer im Falle der §§ 931, 934 1. Alt. BGB auf jegliche Formen des Besitzes bei sich selbst verzichte, im Falle der §§ 930, 933 BGB hingegen der Besitz noch beim Veräußerer belassen werde.[261] Außerdem wies der BGH darauf hin, dass rechtspolitische Erwägungen den Richter nicht von seiner Verpflichtung, das geltende Recht anzuwenden, befreien können.[262] Im Fräsmaschinenfall habe sich der erste Sicherungsnehmer durch die weitere Übereignung bereits vollständig seines Besitzes entledigt, sodass es dem Willen des Gesetzgebers entspreche, wenn man, das Vorliegen sonstiger Voraussetzungen vorausgesetzt, das Eigentum dem zweiten Sicherungsnehmer zuordne.[263]

Der Grundgedanke dieser Entscheidung fand bei einigen Autoren wie z. B. *Lutz Michalski* auch Befürwortung. Entgegen *Wolff/Raiser*[264] stellt *Michalski* fest, dass § 139 BGB bei einer fehlgeschlagenen Eigentumsübertragung nach §§ 930, 933 BGB nicht eingreife, weil diese ganz offensichtlich nicht „unwirksam", sondern lediglich noch nicht erfolgt sei.[265] Nach der von *Michalski* vertretenen Meinung ist § 139 BGB zwar auf rechtsgeschäftsähnliche Handlungen anwendbar, findet aber keine entsprechende Anwendung auf Realakte, wie z. B. die Übergabe.[266] Somit erhält der erste Kreditgeber im Fräsmaschinenfall zweifellos den mittelbaren Besitz, dessen weitere Übertragung nach §§ 931, 934 1. Alt. BGB demnach auch tauglich zum gutgläubigen Eigentumserwerb sei.[267] Grundsätzlich schließt sich *Michalski* der Meinung des BGH an, der den gutgläubigen Erwerb im Fräs-

259 BGH NJW 1968, 1382 (1384).
260 BGH NJW 1968, 1382 (1383).
261 BGH NJW 1968, 1382 (1383).
262 BGH NJW 1968, 1382 (1384).
263 BGH NJW 1968, 1382 (1384).
264 *Wolff/Raiser*, Sachenrecht (1957), S. 255, Fn. 18.
265 *Michalski*, Versuch einer Korrektur der Inkongruenz von § 933 und § 934 BGB, AcP 181 (1981), 384 (388).
266 *Michalski*, aaO., 384 (394 u. 396).
267 *Michalski*, aaO., 384 (417); Erman/*Michalski* (2011), § 933 Rn. 4 und § 934 Rn. 2.

maschinenfall derart rechtfertigte, dass der Veräußerer schon jeglichen Rest an Besitz verloren[268] und der gutgläubige Erwerber auf Veranlassung des Veräußerers den Besitz erhalten habe.[269] Daher sei der im Verhältnis zwischen § 933 BGB und § 934 1. Alt. BGB auftretende Wertungswiderspruch aufgrund eines den Gutglaubensvorschriften immanenten Prinzips gerechtfertigt.

II. Die Meinung des RG

Bei den Lagerfällen handelt es sich im Wesentlichen um folgenden vereinfachten Sachverhalt:[270]

> Der Eigentümer (E) lagert seine Ware (in RGZ 135, 75: Zucker) bei dem Lagerhalter (L) ein und wird aufgrund des Lagervertrags mittelbarer Besitzer der Ware. Ein Dritter (D), der hinsichtlich der eingelagerten Ware zum unmittelbar besitzenden L in keiner besitzrechtlichen Beziehung steht, übereignet die Ware, z. B. sicherungshalber, im Wege der Abtretung des angeblichen Herausgabeanspruchs gegenüber L auf den gutgläubigen Erwerber (G), woraufhin L auf Anweisung des D mit dem gutgläubigen Erwerber G ein neues Besitzmittlungsverhältnis – trotz des bestehenden Lagervertrags mit E – eingeht. Zum Zeitpunkt des Abschlusses des neuen Besitzmittlungsverhältnisses treibt also L (eventuell) ein Doppelspiel. Fraglich ist, ob G das Eigentum an der Ware nach § 934 2. Alt. gutgläubig erwerben kann.

Bei diesem Fall handelt es sich um einen gutgläubigen Erwerb des G nach § 934 2. Alt. BGB, denn der veräußernde D hatte keinen Herausgabeanspruch aus mittelbarem Besitz (§ 934 2. Alt. BGB) inne, sondern hat vielmehr nur einen vermeintlichen Herausgabeanspruch an G abgetreten.[271] Da der gutgläubige G durch die Abtretung des nicht bestehenden Herausgabeanspruchs – also mangels tatsächlich abgeleiteten Besitzerwerbs – keinen Besitz erlangen konnte, wäre nur die Neubegründung eines Besitzmittlungsverhältnisses denkbar. Diese könnte möglicherweise die Voraussetzung des § 934 2. Alt. BGB – „den Besitz der Sache von dem Dritten erlangt" – erfüllen, was jedoch davon abhängen würde, wie sich das bereits bestehende Besitzmittlungsverhältnis auf den Versuch, ein neues zu begründen, auswirkt: Wenn die Neubegründung scheitert, scheitert ebenso der gutgläubige Erwerb nach § 934 2. Alt. BGB; wenn die Neugründung mit der Wirkung, dass das alte Besitzmittlungsverhältnis beendet wird, erfolgt, wäre der gutgläubige Erwerb nach § 934 2. Alt. BGB unproblematisch. Heikel wäre es

268 *Michalski*, aaO., 384 (418 f.).

269 *Michalski*, aaO., 384 (419 f.).

270 Bereits in der Einleitung der vorliegenden Arbeit wurde der Sachverhalt kurz erläutert.

271 Dies ist allgemein anerkannt, vgl. etwa MünchKommBGB/*Oechsler* (2017), § 934 Rn. 10; Soergel/*Henssler* (2002), § 934 Rn. 14.

jedoch, wenn das alte und das neu begründete Besitzmittlungsverhältnis nebeneinander bestehen blieben, da dann eine unvermeidbare Auseinandersetzung mit der Lehre vom Nebenbesitz anstünde. Das Berufungsgericht und auch das RG haben zu diesem Gedankengang interessante Ausführungen gemacht.

Das Reichsgericht wies darauf hin, dass sich das OLG Hamburg schon in der Berufungsinstanz damit auseinandergesetzt habe, ob mittelbarer Besitz auch für den gutgläubigen Erwerb nach § 934 2. Alt. BGB ausreichend sei und dies mit Recht bejaht habe.[272] In Bezug auf die besitzrechtlichen Beziehungen an der betretreffenden Ware ging das OLG Hamburg davon aus, man könne „mehrfachen gleichstufigen mittelbaren Besitz" („Nebenbesitz"), welcher für gutgläubigen Erwerb nach § 934 2. Alt. BGB ausreichend sei, nicht ausschließen.[273] Im Ergebnis ist das Reichsgericht dem OLG Hamburg gefolgt.[274] Das RG hatte sich wie das OLG Hamburg unvermeidbar damit auseinandergesetzt, ob der Erwerb mittelbaren Besitz für den gutgläubigen Erwerb nach § 934 2. Alt. BGB ausreichend ist. Dies wurde vom RG grundsätzlich bejaht.[275] Im Gegensatz zum OLG Hamburg verneinte das RG jedoch den Nebenbesitz, wobei es darauf hinwies, „[ü]berall wo im Bürgerlichen Gesetzbuch, namentlich im 1. Anschnitt und im 3. Titel des 3. Abschnitts des Sachenrechts, vom Besitz die Rede ist, wird mit bestimmtem Artikel von ‚dem Besitz' gesprochen, nicht etwa von ‚einem Besitzverhältnis'. Schon dadurch wird deutlich bezeugt, daß sich das Gesetz den Besitz als eine ausschließliche Gewalt über die Sache vorstellt, nicht anders als es beim Eigenthum der Fall ist (§ 903 BGB)".[276] Somit lasse sich der mehrfache gleichstufige mittelbare Nebenbesitz *de lege lata* nicht begründen.[277] Aufgrund dieser Erkenntnis ging das RG davon aus, dass die Begründung eines neuen Besitzmittlungsverhältnisses durch den unmittelbar besitzenden Besitzmittler das bereits bestehende alte Besitzmittlungsverhältnis zu Fall bringen müsse.[278] Der Erwerber, der gerade durch die Neubegründung eines Besitzmittlungsverhältnisses den mittelbaren Besitz von einem Dritten im Sinne des § 934 2. Alt. BGB erlangt habe, könne somit das Eigentum an der Ware im Wege von § 934 2. Alt. BGB gutgläubig erwerben.[279]

272 RGZ 138, 75 (76 f.).
273 RGZ 138, 75 (77).
274 RGZ 138, 75 (76).
275 RGZ 138, 75 (77).
276 RGZ 138, 75 (80).
277 RGZ 138, 75 (81).
278 RGZ 138, 75 (83).
279 RGZ 138, 75 (85).

III. Zusammenfassung

Eine v. a. in Kommentaren[280] verbreitete Meinung behauptet, es bestehe kein Wertungswiderspruch zwischen § 933 BGB und § 934 1. Alt. BGB. Diese Meinung stützt sich fast ausschließlich auf die Begründung des BGH im Fräsmaschinenfall:[281] Die unterschiedlichen Voraussetzungen von § 933 BGB und § 934 BGB seien dadurch zu rechtfertigen, dass der Veräußerer bei § 934 1. Alt. BGB jeglichen Besitzrest aufgegeben und bei § 934 2. Alt. BGB zum Zeitpunkt der Abtretung des angeblichen Herausgabeanspruchs in gar keiner besitzrechtlichen Beziehung zur veräußerten Sache gestanden habe. Bei § 933 BGB bleibe der Veräußerer hingegen bis zur Vollendung der Übergabe im Sinne von § 929 S. 1 BGB immer noch im unmittelbaren Besitz der Sache. Daneben erheben diese Autoren keinerlei neue Argumente, bringen jedoch gleichsam vorsichtig ihre eigenen Zweifel an der Richtigkeit der dogmatischen Konstruktion zum Ausdruck: „[d]as[282] mag man bedauern, weginterpretieren kann man das nicht";[283] „verbleibende rechtspolitische Bedenken müssen daher *de lege lata* zurücktreten";[284] „Versuche, die gesetzgeberische Wertung durch Restriktionen bei § 934 […] oder Lockerungen bei § 933 […] zu unterlaufen, sind *de lege lata* untauglich".[285] Dadurch kommt jedenfalls zu Ausdruck, dass auch sie *de lege ferenda* einen anderen Weg zu beschreiten wünschen. Darüber hinaus wurde in dieser Lösung das früher bestehende Besitzmittlungsverhältnis beim Doppelspiel des Besitzmittlers im Fräsmaschinenfall und den Lagerfällen, wie oben dargelegt, nicht hinreichend ernst genommen und betrachtet.

Das Urteil des RG zum Lagerfall wurde ebenfalls aus mehreren Perspektiven kritisiert, vor allem deswegen, weil es das Problem des Doppelspiels nicht befriedigend behandelt habe.[286] Daneben scheint es, dass die Wertung des § 934 2. Alt. BGB, der den gutgläubigen Erwerb bei Übertragung mittelbaren Besitzes

---

280 Staudinger/*Wiegand* (2017), § 934 Rn. 2; MünchKommBGB/*Oechsler* (2017), § 934 Rn. 2; Soergel/*Henssler* (2002), § 934 Rn. 3; Erman/*Bayer* (2014), § 934 Rn. 1.

281 BGH NJW 1968, 1382 (1384).

282 Also die Wertungsinkongruenz von § 933 BGB und § 934 BGB.

283 Staudinger/*Wiegand* (2017), § 934 Rn. 3.

284 Soergel/*Henssler* (2002), § 934 Rn. 3.

285 Erman/*Bayer* (2014), § 934 Rn. 1.

286 *Medicus*, Gedanken zum Nebenbesitz, in: FS Hübner (1984), 611 ff.; *Medicus/Petersen*, Bürgerliches Recht (2015), S. 281; *Wolff/Raiser*, Sachenrecht (1957), S. 256 f.; *Boehmer*, Grundlangen der bürgerlichen Rechtsordnungen (1952), II/2, S. 36 f.

eintreten lässt, mit § 933 BGB, der den gutgläubigen Erwerb bei Schaffung mittelbaren Besitzes hingegen scheitern lässt, nicht in Einklang steht.[287]

C. Die Sperrwirkung des vorher begründeten Besitzmittlungsverhältnisses

I. Keine mögliche Neubegründung mittelbaren Besitzes bei bestehendem früheren Besitzmittlungsverhältnis

Gustav Boehmer hält § 934 BGB für korrekturbedürftig. Die Problematik des zwar erst später vom BGH entschiedenen Fräsmaschinenfalls war *Boehmer* bereits zuvor aufgefallen: „Der Praktische Hauptfall, den der Gesetzgeber offenbar in erster Linie vor Augen hatte, ist der allgemein bekannte Interessenkonflikt zwischen dem Warenlieferanten, der zur Sicherung seiner Preisforderung sich das Eigentum vorbehalten hat, und dem Geldkreditgeber, dem der Käufer die noch nicht voll bezahlte Ware im Wege der Besitzauftragung zur Sicherung übereignet."[288] Dieser 1952 von *Boehmer* geschilderte Sachverhalt findet sich fast unverändert im Fräsmaschinenfall (1968) wieder. Somit lohnt es sich, einen Blick darauf zu werfen, wie die Rechtslehre sich bereits vor dem Fräsmaschinenfall mit dem Wertungswiderspruch zwischen § 933 BGB und § 934 BGB befasste. *Boehmer* erläuterte die Wertungsinkongruenz zwischen § 933 BGB und § 934 1. Alt. BGB noch an zwei weiteren Beispielen. Dabei handelte es sich um „Besitzverschiebungen" wie im Fräsmaschinenfall. Den Grund für diese auffallende Wertungsinkongruenz, die intuitiv in den Beispielen zu erkennen ist, sieht *Boehmer* „offenbar nur in der Gedankenwelt einer doktrinären Konstruktionsjurisprudenz".[289] Die Regelung des § 934 1. Alt. BGB, dessen Wertung dem § 933 BGB widerspreche, sei „ein Ausfluß jener überspannt abstrahierenden und generalisierenden Denkmethode".[290] Nicht völlig mit Recht wies *Boehmer* darauf hin, dass sich dies daraus ergeben habe, dass die zweite Kommission den mittelbaren Besitz eingeführt und diesem auch die Rechtsfolgen des unmittelbaren Besitzes, etwa Besitzschutz- und Übertragungswirkung, zugeschrieben habe, ohne sich mit etwaigen „Nebenwirkungen" hinreichend auseinandergesetzt zu haben.[291] Nach *Boehmer* sei es teleologisch ver-

287 *Wacke*, Das Besitzkonstitut als Übergabesurrogat in Rechtsgeschichte und Rechtsdogmatik (1974), S. 52 f.; *Bömer*, Besitzmittlungswille und mittelbarer Besitz (2009), S. 219 ff.

288 *Boehmer*, Grundlangen der bürgerlichen Rechtsordnungen (1952), II/2, S. 30.

289 *Boehmer*, aaO., S. 37.

290 *Boehmer*, aaO., S. 37.

291 *Boehmer*, aaO., S. 37 f.

fehlt, dass in § 934 BGB dem mittelbaren Besitz, der eigentlich nur eine gelockerte, um nicht zu sagen erdachte, Besitzposition sei, auch die Rechtsscheinwirkung der Eigentumslegitimation eingeräumt werde, bevor der Erwerber den unmittelbaren Besitz erlangt habe.[292] Somit sei § 933 BGB die einzig richtige Wertung zu entnehmen, d. h., ohne effektive Gewaltausübung über die Sache durch den Erwerber sei der Eigentumsentzug beim „echten Eigentümer" nicht gerechtfertigt. Durch die Gleichstellung des mittelbaren mit dem unmittelbaren Besitz sei nicht unterbunden worden, dass der Nichtberechtigte durch eine Umgehung des § 933 BGB über § 934 1. Alt. BGB die „heimlichen Machenschaften, Schwindeleien und Schiebereien" treiben könne.[293] Somit erschien es unglaublich, dass derselbe Gesetzgeber im darauffolgenden Paragrafen plötzlich von diesem Weg abweiche und in § 934 BGB eine leichtfertige Umgehung des Schutzgedankens des § 933 BGB schaffe.[294] Aufgrund dieser als unerträglich empfundenen Rechtsfolge, die sich später in der Rechtsprechung zum Fräsmaschinenfall verwirklichte, stritt *Boehmer* für eine teleologische Reduktion des § 934 BGB.[295] Davon unberührt bleiben sollte jedoch der „verdient[e] Schutz der anständigen Leute, die sich der Rechtsform des § 934 Fall 1 zu einwandfreien Zwecken bedienen".[296] Diese Annahme *Boehmers* stimmt allerdings mit der Entstehungsgeschichte des § 934 BGB nicht überein, denn die zweite Kommission hatte die Gefahr der Umgehung des § 933 BGB sehr wohl bemerkt, unterließ jedoch eine Auseinandersetzung mit dieser Problematik.[297] Unabhängig von der Frage, ob dies schon über die Zulässigkeit der Gesetzesauslegung hinausgeht, lässt sich *Boehmers* Lösung allein deswegen schon kaum durchsetzen, weil das von ihm erhobene Kriterium zu vage ist.

Ein weiterer Vorschlag *Boehmers*, der eigentlich zur Lösung des Lagerfalls[298] in Bezug auf § 934 2. Alt. BGB eingebracht wurde, ist jedoch auch ohne Weiteres auf den Fräsmaschinenfall anwendbar.

In jenen Fällen, in denen der Nichtberechtigte die eingelagerten Waren durch Abtretung des angeblichen Herausgabeanspruchs gegen den Lagerhalter übereignet und dieser daraufhin trotz des bestehenden Besitzmittlungsverhältnisses ein neues mit dem Erwerber eingeht, soll der gutgläubige Eigentumserwerb am fehlenden Besitzerwerb vom Veräußerer scheitern, weil „in allen Fällen, in de-

292 *Boehmer*, aaO., S. 38.
293 *Boehmer*, aaO., S. 38.
294 *Boehmer*, aaO., S. 38.
295 *Boehmer*, aaO., S. 38.
296 *Boehmer*, aaO., S. 40.
297 *Boehmer*, aaO., S. 40.
298 RGZ 135, 79.

nen zur Zeit des Übereignungsaktes bereits ein mittelbarer Besitz eines Anderen bestand, […], die Verschaffung mittelbaren Besitzes an den Erwerber solange rechtlich unmöglich ist, als das den mittelbaren Besitz des Anderen tragende Rechtsverhältnis zwischen diesem und dem Drittbesitzer fortbesteht".[299] Mit anderen Worten soll also die Begründung eines neuen Besitzmittlungsverhältnisses durch das bestehende alte gesperrt sein und infolgedessen der Erwerber keinen mittelbaren Besitz erlangen können, womit der Eigentumserwerb nach § 934 1. Alt. BGB ausgeschlossen ist. Vor dem Erhalt des unmittelbaren Besitzes von einem Dritten scheidet ein gutgläubiger Erwerb wegen § 934 2. Alt. BGB aus. Als Grund für eine solche Einschränkung des Normgehalts verwies *Boehmer* auf die „überpositive Pflicht des Richters" jeden Rechtsmissbrauch zu verhindern, wenn die zu weit gefassten positiven Rechtsnormen eine Ausnutzung zu unlauteren Zwecken ermöglichen.[300] Die Annahme *Boehmers*, der Richter unterliege einer solchen aus dem Naturrecht abgeleiteten überpositiven Pflicht,[301] ist von der damals herrschenden Wertungsjurisprudenz geprägt.[302] Aus heutiger Sicht ist solche methodische Einstellung kaum noch vertretbar.[303]

Überträgt man die Konstellation des § 934 2. Alt. BGB auf den Fräsmaschinenfall, fragt man sich, ob diese „Sperrwirkung" des bestehenden Besitzmittlungsverhältnisses auch im Fräsmaschinenfall gelten soll, denn dort versucht der Vorbehaltskäufer genau wie der Lagerhalter im Lagerfall, ein neues Besitzmittlungsverhältnis mit dem Sicherungsnehmer trotz eines Bestehenden einzugehen. Diese „Sperrwirkung", die sich gänzlich über den Besitzwillen des unmittelbaren Besitzers hinwegsetzt, wäre nur dann denkbar, wenn das Besitzmittlungsverhältnis objektiviert zu verstehen wäre.[304] Dabei wird aber gerade verkannt, dass der mittelbare Besitz zwar auch Sachherrschaft, aber nur eine „vergeistigte" mittelbare

---

299 *Boehmer*, Grundlangen der bürgerlichen Rechtsordnungen (1952), II/2, S. 41, Hervorhebung durch *Boehmer*.

300 *Boehmer*, aaO., S. 40.

301 *Boehmer*, Grundlangen der bürgerlichen Rechtsordnungen (1951), II/1, S. 230.

302 Weitere Nachweise zum methodischen Standpunkt: *Boehmer*, Grundlangen der bürgerlichen Rechtsordnungen (1951), II/1, S. 190 ff., 219 ff. Zu *Boehmers* Methodik *Joerges*, Die Wissenschaft vom Privatrecht und der Nationalstaat, in: *Simon* (Hrsg.), Rechtswissenschaft in der Bonner Republik (1994), S. 322 ff.

303 Dazu, dass die Wertungsjurisprudenz obsolet ist, vgl. *Haferkamp*, Gesetz und juristische Methode in der Wertungsjurisprudenz, in: ZfPW (2016), 319 (334).

304 Eine derartige Objektivierung des mittelbaren Besitzes stellt eine Fortsetzung der alten Lehre (*Windscheid/Kipp*, Pandekten Band I (1906), 9. Aufl., S. 809; *Bruns*, Besitzerwerb durch Interessenvertreter (1910), S. 156 ff.) dar, ausführlich dazu *Ernst*, Eigenbesitz und Mobiliarerwerb (1992), S. 231.

Form innehat, deren Verwirklichung vom Verhalten des Besitzmittlers abhängt. Allein das Besitzmittlungsverhältnis könne die Rechtsposition des mittelbaren Besitzes nicht sicherstellen.[305] Abgesehen von den methodischen Bedenken kann diese Objektivierung des mittelbaren Besitzes im Besitzrecht kaum Zustimmung finden.[306] In seinem Urteil zum Fräsmaschinenfall verschloss sich der BGH zwar dem generellen Wertungswiderspruch nicht und zog die Erwägungen *Boehmers* auch heran, lehnte diese jedoch schließlich mit der Begründung ab, dass die rechtspolitischen Ansätze den Richter nicht von seiner Pflicht zur Anwendung des geltenden Rechts befreien könnten.[307]

II. Die Objektivierung des mittelbaren Besitzes als Lösung

Nicht weit vom Vorschlag *Gustav Boehmers* entfernt liegt der Lösungsansatz *Guido Bömers*. In seiner Dissertation setzt sich *Bömer* damit auseinander, welche Rolle der Besitzmittlungswille beim mittelbaren Besitz im Gemeinen Recht[308] und im Verlaufe der BGB-Gesetzgebung[309] gespielt hat sowie nach heute geltendem Recht spielt oder spielen soll. Nach ausführlichen Auseinandersetzungen mit diesem „wissenschaftlich noch nicht ausgeschöpft[en]“[310] Thema kommt *Bömer* u. a. zu folgenden Ergebnissen:

> „1. Ein ‚Besitzmittlungswille‘, der sich über das notwendigerweise bestehende Besitzmittlungsverhältnis hinwegzusetzen vermag, ist keine Voraussetzung mittelbaren Besitzes.
> 2. Mittelbarer Besitz kann durch einen untreuen Besitzmittler, der im Besitz der Sache bleibt, nicht einseitig zu Fall gebracht werden.
> 3. …
> …
> 6. Wie vor allem § 930 BGB zeigt, stellt ein Rechtsverhältnis i. S. d. § 868 BGB die maßgebliche besitzrechtliche Beziehung zwischen den beiden Partnern des Rechtsverhältnisses her, aufgrund derer der eine als Besitzmittler Besitzer bleibt und der andere trotz fehlender eigener Sachgewalt oder Sachherrschaft mittelbarer Besitzer wird. Dieses Rechtsverhältnis muss konkret vereinbart sein; eine abstrakte Erklärung oder Vereinbarung, dass der eine nunmehr den Besitz für den anderen ausübe, ist nicht ausreichend.“[311]

---

305 *Gursky*, Klausurenkurs im Sachenrecht (2008), S. 89.
306 Auf die Objektivierung des mittelbaren Besitzes wird im folgenden Teil anhand der Lehre von *Guido Bömer* nochmals eingegangen werden.
307 BGH NJW 1968, 1382 (1384).
308 *Bömer*, Besitzmittlungswille und mittelbarer Besitz (2009), S. 70 ff.
309 *Bömer*, aaO., S. 116 ff.
310 *Bömer*, aaO., Vorwort.
311 *Bömer*, aaO., S. 189.

Dabei stellte *Bömer* fest, dass der mittelbare Besitz nichts anderes als eine juristische Fiktion darstelle, die allein der Zurechnung von Rechtsfolgen diene.[312] Somit sei mittelbarer Besitz kein Besitz im Sinne der körperlichen Sachherrschaft und bedürfe auch nicht des Willens des Besitzmittlers.[313] Im BGB ist die Eigentumsübertragung beweglicher Sachen eng mit dem Besitzwechsel verbunden. Die Neubestimmung und tatbestandliche Neugestaltung des mittelbaren Besitzes wirkt sich ohne Weiteres auf die Lösung des Wertungswiderspruchs zwischen § 933 BGB und § 934 1 Alt. BGB aus.[314] *Bömer* behauptet, dass mit seiner „besitzrechtlichen Lösung“[315] der angebliche Wertungswiderspruch „von vorneherein aufgelöst“[316] werde. Im Urteil zum Fräsmaschinenfall entschied der BGH zugunsten des ersten Sicherungsnehmers dahin gehend, dass dieser umdeutungsweise das Anwartschaftsrecht und somit den mittelbaren Besitz, den er weiter abtreten dürfe, erwarb. Somit erkennt der BGH an, dass der Besitzmittler durch die rein subjektive Umstellung des Besitzmittlungswillens zugunsten des ersten Sicherungsnehmers dem Vorbehaltsverkäufer den mittelbaren Besitz entziehen könne. Dies wäre nach *Bömers* Lösung nicht möglich, da die Entstehung und der Fortbestand des mittelbaren Besitzes vom Besitzmittlungswillen unabhängig sind. Das einzige bedeutende Element sieht *Bömer* im Besitzmittlungsverhältnis. Solange das objektive Besitzmittlungsverhältnis noch bestehe, werde von demselben die Begründung eines neuen Besitzmittlungsverhältnisses mit einem Dritten „gesperrt“. Die darauffolgende Abtretung zugunsten des gutgläubigen Erwerbers müsse logischerweise ins Leere laufen.[317] Daraus lässt sich der wichtigste Befund *Bömers* ableiten, nämlich dass mittelbarer Besitz reiner objektiver Natur ist.

Auf den ersten Blick scheint es, dass sich also der Wertungswiderspruch automatisch auflöst, wenn man das Verständnis des mittelbaren Besitzes derart umgestaltet. Doch fehlt an dieser Stelle noch die Antwort auf die Frage, wie das zweite Rechtsverhältnis, ob man es nun als „Besitzmittlungsverhältnis“ bezeichnet oder nicht, behandelt wird, insbesondere, wenn andere Gründe, die das Wirksamwerden des Rechtsgeschäfts verhindern, nicht ersichtlich sind. Allein das vorher begründete Besitzmittlungsverhältnis reicht nicht aus, um die Wirksamkeit des späteren Rechtsverhältnisses zu negieren. Vielmehr stehen beide nebeneinander. Noch komplizierter wird es, wenn man bedenkt, dass sich der Besitzmittler

312 *Bömer*, aaO., S. 144 ff.
313 *Bömer*, aaO., S. 225.
314 *Bömer*, aaO., S. 203 ff.
315 *Bömer*, aaO., S. 199, 222.
316 *Bömer*, aaO., S. 217.
317 *Bömer*, aaO., S. 227 ff.

grundsätzlich gegenüber unbestimmt vielen Personen verpflichten darf. Im Rahmen von *Bömers* Ansicht lässt sich diese Frage nicht befriedigend beantworten. Ein Versuch dessen ist in seiner Abhandlung auch nicht ersichtlich.

III. Sperrung des Eigentumserwerbs durch Abtretung des Herausgabeanspruchs wegen des zuerst begründeten Besitzmittlungsverhältnisses

1. Ausgangspunkt: verwirklichte Besitzverschaffungsmacht als Rechtsscheinträger

Die traditionelle Sicht, der Besitz des Verfügenden sei Rechtsscheinträger, ist der Meinung *Hagers* zufolge nicht überzeugend.[318] Die Gründe dafür sind darin zu sehen, dass der Gleichlauf zwischen Eigentum und unmittelbarem Besitz wegen Eigentumsvorbehalts, Sicherungsübereignung, Leasings usw. schon seit dem Inkrafttreten des BGB keinesfalls unantastbar ist.[319] Noch schwächer sei die Eigentumsindizwirkung des mittelbaren Besitzes.[320] Entgegen der h. M., dass § 1006 BGB durch die Vermutung Eigentum und Besitz untrennbar verflechte, wies *Hager* darauf hin, dass diese Vorschrift rein prozessrechtlicher Natur sei und nur der Verteilung der Behauptungs- und Beweislast diene. Ihr komme Bedeutung erst dann zu, wenn sich die Zuordnung des Eigentums trotz aller Versuche nicht aufklären lasse.[321] Durch diese prozessuale Regel werde also ausschließlich festgelegt, zu wessen Ungunsten das Urteil zu fällen sei, wenn sich die Eigentumsverhältnisse nicht aufklären ließen.[322] Wenn der branchenübliche Eigentumsvorbehalt berücksichtigt werde, träte noch deutlicher hervor, in welchem Maße dem Besitz Aussagekraft hinsichtlich der Eigentumszuordnung ermangele.[323] Somit könne die sich daraus ergebende Eigentumsvermutung auf Basis des unmittelbaren (§ 1006 Abs. 1 S. 1 BGB) oder mittelbaren (§ 1006 Abs. 3 BGB) Besitzes keinesfalls als hinreichende Grundlage des Rechtsscheines, der den gutgläubigen Erwerb tragen solle, gelten.[324] Die Bemühungen, den Rechtsschein durch „stärkere Anscheinsmerkmale" (z. B. die Vorlage des Kfz-Briefes) zu intensivieren, müssten auch scheitern, weil die Konturen des Rechtsscheins trotz der „stärkeren Anscheins-

318 *Hager*, Verkehrsschutz durch redlichen Erwerb (1990), S. 239.
319 *Hager*, aaO., S. 240.
320 *Hager*, aaO., S. 241.
321 *Hager*, aaO., S. 242.
322 *Hager*, aaO., S. 242.
323 *Hager*, aaO., S. 242 f.
324 *Hager*, aaO., S. 243.

merkmale" nicht klarer werden würden. Solche Anforderungen seien auch nichts anderes als die Vorverschiebung der Prüfungsreihenfolge der Redlichkeit.[325] Anstelle des Besitzes als Rechtsscheinträgers werde vorgeschlagen, die Dispositionsmöglichkeit über den Besitz als Rechtsscheinträger anzusehen. Für § 934 1. Alt. BGB sei die Anknüpfung des Rechtsscheines an die Abtretung eines tatsächlich bestehenden Herausgabeanspruchs unproblematisch. Aber im Falle des § 934 2. Alt. BGB stehe dem Veräußernden gar kein Herausgabeanspruch zu, sodass von dessen Abtretung von vorneherein schon keine Rede sein könne. Vielmehr übernehme der tatsächliche Besitzerwerb beim Erwerber im Falle § 934 2. Alt. BGB die Rolle der Abtretung im ersten Fall des § 934 BGB. Somit ist die Ansicht, die Disposition über Besitz könne Rechtsscheinträger sein,[326] dahin zu modifizieren, dass die Besitzverschaffungsmacht in den Kreis der Rechtsscheinträger einbezogen werden soll.[327] Dies entspricht auch weitestgehend der Meinung des historischen Gesetzgebers.[328] Noch einen Schritt weiter als der Gesetzgeber ging *Hager* durch die Verallgemeinerung der letzten These, indem er darauf hinwies, dass nicht der Besitz des Veräußerers den gutgläubigen Erwerb legitimiere, sondern das Ergebnis der Verfügung, also der Besitzerwerb seitens des Erwerbers, der das Recht des bisherigen Eigentümers überlagere.[329]

2. *Sperrwirkung*

Dementsprechend legt *Hager* seinen Schwerpunkt für die Korrektur des Wertungswiderspruchs zwischen § 933 BGB und § 934 BGB nicht auf den Besitz des Verfügenden, sondern darauf, ob der Erwerber bereits eine hinreichend gesicherte Rechtsposition erlangt hat, sodass dem (bisherigen) Eigentümer alle Rechtsmittel entzogen würden, mit denen er Zugriff auf die Sache erhalten könnte.[330] *Hager* stellt seine Auffassung in zwei Schritten dar: Das vorher begründete Besitzmittlungsverhältnis kann es einerseits nicht verhindern, dass der unmittelbar besitzende Vor-

---

325 *Hager*, aaO., S. 243 f.
326 *Hager*, aaO., S. 244.
327 *Hager*, aaO., S. 245 ff.
328 Protokolle der Kommission für die zweite Lesung des Entwurfs des Bürgerlichen Gesetzbuches, Bd. III (1899), S. 210: „In diesem Falle erlange der Erwerber durch die Abtretung des Herausgabeanspruchs eine wirkliche Herrschaft über die Sache und die Fähigkeit des Veräußerers, ihm diese Herrschaft zu verschaffen, biete eine ebenso berechtigte Grundlage für das Vertrauen des Erwerbers auf das Eigenthum des Veräußerers wie der eigene Besitz des letzteren."
329 *Hager*, Verkehrsschutz durch redlichen Erwerb (1990), S. 248 f.
330 *Hager*, aaO., S. 338 u. 342

behaltskäufer zwecks Übereignung ein neues Besitzmittlungsverhältnis mit einem Dritten eingeht (§ 933 BGB) oder dass der unmittelbar besitzende Lagerhalter aufgrund der Abtretung des behaupteten Herausgabeanspruchs desjenigen, der weder unmittelbare noch mittelbare tatsächliche Gewalt über die Sache ausübt, mit dem Erwerber ein Besitzmittlungsverhältnis eingeht; andererseits ist das später begründete Besitzmittlungsverhältnis nicht ausreichend für den gutgläubigen Eigentumserwerb, weil der Eigentümer mithilfe seines schuldrechtlichen Herausgabeanspruchs noch auf die Sache zugreifen könne (§ 934 2. Alt. BGB).[331]

a) § 933 BGB

Im Fall des § 933 BGB ringen der Eigentümer und der gutgläubige Erwerber um das Eigentum. Ohne Übergabe iSv § 929 S. 1 BGB verliert der Eigentümer jedenfalls bei § 933 BGB sein Eigentum nicht an den Erwerber. Den Grund für diese Privilegierung des Eigentümers sieht die h. M. in der Anknüpfung an die Wertung des Traditionsprinzips; der Rechtsfolgenwille des Veräußerers zeige sich erst dann, wenn er sich des Besitzes vollständig und endgültig entledigt habe.[332] Ein weiterer Aspekt sei das Vertrauen, das eben nicht nur der Erwerber durch Abschluss des Besitzkonstituts in den Veräußerer und unmittelbaren Besitzer gesetzt habe, sondern auch der Eigentümer.[333] In dieser Konstellation ist dann der Erwerber der Sache eben nicht nähergekommen als der Eigentümer, dessen schuldrechtlicher Herausgabeanspruch sich nach wie vor noch immer durchsetzen lasse.[334] Insofern ist nicht nur die schwache Position des Erwerbers, der zwar bereits den Herausgabeanspruch und den mittelbaren Besitz erhalten hat, ausschlaggebende Rechtfertigung für die Konstellation des § 933 BGB,[335] sondern vielmehr muss auch die noch bestehende Stellung des Eigentümers herangezogen werden. Denn dessen Zugriffsmöglichkeit bleibt im Fall der Verfügung nach §§ 930, 933 BGB immer noch unverändert. Das soll nach *Hager* dazu führen, dass der Erwerber nicht schutzwürdig ist. Erst mit dem Untergang der Zugriffsmöglichkeit, also mit

---

331 *Hager*, aaO., S. 342.

332 MünchKommBGB/*Oechsler* (2017), § 933 Rn. 2 u. 4; Staudinger/*Wiegand* (2017), § 933 Rn. 17 ff.

333 *Jakobs/Schubert* (Hrsg.), Die Beratung des Bürgerlichen Gesetzbuchs, Sachenrecht, Band I, §§ 854–1017 (1985), S. 602 f.; *Wolff/Raiser*, Sachenrecht (1957), S. 255; *Boehmer*, Grundlangen der bürgerlichen Rechtsordnung (1952), II/2, S. 30; *Wacke*, Das Besitzkonstitut als Übergabesurrogat in Rechtsgeschichte und Rechtsdogmatik (1974), S. 48 f.

334 *Hager*, Verkehrsschutz durch redlichen Erwerb (1990), S. 343.

335 *Hager*, aaO., S. 343.

der körperlichen Übergabe iSv § 929 S. 1 BGB, verliert der (bisherige) Eigentümer sein Recht.[336] § 933 BGB sei durch den (noch bestehenden) mittelbaren Besitz und den schuldrechtlichen Herausgabeanspruch des Eigentümers zu rechtfertigen.

b) § 934 1. Alt. BGB

Wenn der Erwerber seinen Herausgabeanspruch aus dem mittelbaren Besitz, der sich aus dem wegen § 933 BGB gescheiterten gutgläubigen Erwerb ergibt, weiter zediert (§ 934 1. Alt. BGB, § 870 BGB), tritt der zweite Erwerber an die Stelle des ersten. Da der zweite Erwerber seine besitzrechtliche Stellung von dem ersten übernimmt, wird die Sachherrschaft des Besitzmittlers und somit der Herausgabeanspruch des Eigentümers dadurch nicht berührt. Aus den oben genannten Gründen sei der zweite gutgläubige Erwerb auch durch den Herausgabeanspruch des Eigentümers blockiert. Die Situation sei nichts anders als die des § 933 BGB.[337]

c) § 934 2. Alt. BGB

Wenn der Veräußerer zum Zeitpunkt der Übertragung seinen mittelbaren Besitz bereits verloren hat oder er von vornherein einen solchen nie gehabt hat, sei es, dass er als ehemaliger Berechtigter schon über die Sache nach § 931 BGB verfügt hat, sei es, dass er nie mittelbaren Besitz gehabt hat, und es ihm dennoch gelingt, den unmittelbar besitzenden Besitzmittler zum Abschluss eines Besitzmittlungsverhältnisses mit einem Dritten zu veranlassen, taucht folgende Frage auf: Ist dies für den gutgläubigen Erwerb gem. § 934 2. Alt. BGB ausreichend?

Hager wirft der zuvor geführten Diskussion vor, sich zu Unrecht auf die besitzrechtliche Stellung des Eigentümers konzentriert zu haben. Aus der Sicht *Hagers* gestehe die Lehre des Nebenbesitzes zwar zu, dass der mittelbare Besitz des Eigentümers nicht durch das neu verabredete Besitzmittlungsverhältnis nicht erlischt, stelle diesen aber mit dem des gutgläubigen Erwerbers auf eine gleichrangige Besitzstufe (Nebenbesitz). Die Erlangung des sog. Nebenbesitzes sei allerdings nicht ausreichend für einen gutgläubigen Erwerb. Die h. M. entscheide abweichend von der Lehre des Nebenbesitzes dahin gehend, dass die erfolgreiche Verabredung eines neuen Besitzmittlungsverhältnisses das alte zum Fall bringe, womit der Weg zum gutgläubigen Erwerb geebnet werde. Dabei erkennt die h. M. an, dass der Besitzmittler ein neues Besitzmittlungsverhältnis begründen kann, indem er sich durch eine nach außen tretende Handlung zum Eigenbesitzer aufschwingt und sich somit des alten mittelbaren Besitzers entledigt.[338]

---

336 *Hager*, aaO., S. 343 f.

337 *Hager*, aaO., S. 346 f.

338 *Hager*, aaO., S. 350.

Hager meint, die h. M. habe die Auseinandersetzung mit den besitzrechtlichen Problemen ungeeignet akzentuiert und den Wortlaut des § 870 BGB begriffsjuristisch ausgelegt; somit schlage die h. M. fehl.[339] Die h. M. sei zwar geeignet, die aus dem Nebenbesitz resultierende Rechtsunsicherheit bei der Eigentumsvermutung gem. § 1006 BGB zu vermeiden, würde aber dennoch ähnliche Kritik nach sich ziehen, da sie dem Willen des Besitzmittlers zu entscheidende Bedeutung beimesse. Die schlichte Umstellung des Besitzmittlungswillens zugunsten des Sicherungsnehmers durch den Nichtberechtigten könne nach §§ 930, 933 BGB wegen fehlender Übergabe iSv § 929 S. 1 BGB nicht zum gutgläubigen Erwerb führen. Bei einer weiteren Übertragung des aus dem gescheiterten gutgläubigen Erwerb entstandenen Herausgabeanspruchs an den zweiten Sicherungsnehmer lasse die h. M. einen gutgläubigen Erwerb zu. Aufgrund der Akzentuierung des Besitzmittlungswillens sei der Besitzmittler nach dem erfolgreichen gutgläubigen Erwerb des zweiten Sicherungsnehmers immer imstande, trotz dieses Eigentumserwerbs den Besitzwillen wieder auf den bisherigen Eigentümer zurück umzustellen. Dem bereits stattgefundenen gutgläubigen Eigentumserwerb schade die „Zurücksetzung" des Besitzmittlungswillens auf den bisherigen Eigentümer zwar nicht, diesem werde aber dadurch wieder eine Übertragung ermöglicht. Die sich hieraus ergebende Verworrenheit sei nicht weniger zu kritisieren als die sich aus dem Nebenbesitz ergebenden Konsequenzen. Solange man die Prämisse der h. M. akzeptiere, lasse sich eine solche Verwirrung ohne Weiteres auf den Fall des § 934 2. Alt. BGB übertragen.[340]

Um Derartiges bei § 934 2. Alt. BGB zu vermeiden, schlägt *Hager* vor, sich an die vom ihm zu § 933 BGB entwickelte These zu halten: Solange der Eigentümer mittels eines schuldrechtlichen Herausgabeanspruchs auf die Sache zugreifen könne, müsste der gutgläubige Erwerb nach § 934 2. Alt. BGB scheitern.[341]

In dieser Weise löse sich nicht nur der Wertungswiderspruch zwischen § 933 BGB und § 934 BGB automatisch auf, sondern vielmehr sei beiden Vorschriften derselbe Gedanke zugrunde zu legen.[342]

3. *Stellungnahme*

Die Terminologie „Besitzverschaffungsmacht" wurde zwar nicht erstmals von *Hager* verwendet,[343] um in ihrer modifizierten Form, also „realisierter Besitzver-

339 *Hager*, aaO., S. 347 f.

340 *Hager*, aaO., S. 348 f.

341 *Hager*, aaO., S. 362 ff.

342 *Hager*, aaO., S. 363.

343 *Hager*, aaO., S. 245, mwN., insb. Fn. 109.

schaffungsmacht", den gutgläubigen Erwerb nach §§ 932 ff. BGB theoretisch zu legitimieren,[344] ist jedoch *Hagers* Verdienst zu verdanken. Heutzutage ist es in der Literatur nicht mehr vermeidbar, sich bei der Befassung mit § 934 2. Alt. BGB und gutgläubigem Erwerb unter Einschaltung einer Geheißperson im Streckengeschäft mit der „realisierten Besitzverschaffungsmacht" auseinanderzusetzen.[345]

Nach dem Konzept *Hagers* ist für den gutgläubigen Erwerb von entscheidender Bedeutung, ob dem Eigentümer der (schuldrechtliche) Herausgabeanspruch noch zusteht. Für diesen schuldrechtlichen Herausgabeanspruch kommt es jedoch weder auf den Willen des unmittelbaren Besitzers noch auf dessen Willensänderung an.[346] Daher ist der mittelbare Besitz nach *Hagers* Konzept rein objektiv zu betrachten. Insofern kann *Hagers* Auffassung gleichwohl als eine Spielart der Objektivierung des mittelbaren Besitzes bezeichnet werden. Zudem ist auch nicht unproblematisch, ob der bestehende schuldrechtliche Herausgabeanspruch des Eigentümers den gutgläubigen Erwerb überhaupt verhindern kann. Der schärfste Interessenkonflikt zwischen dem gutgläubigen Erwerber und dem (bisherigen) Eigentümer zeigt sich darin, dass eine klare Entscheidung zugunsten von einem der beiden getroffen werden muss: Entweder erlangt der gutgläubige Erwerber das Eigentum an der beweglichen Sache und infolgedessen müssen alle Rechte des bisherigen Eigentümers (natürlich inklusive seines schuldrechtlichen Herausgabeanspruchs) daran im Maßstab des § 936 BGB erlöschen; oder der gutgläubige Erwerb scheitert, womit alle Rechte des Eigentümers unverändert bleiben, auch sein schuldrechtlicher Herausgabeanspruch. Diese beiden Möglichkeiten sind klar voneinander abgegrenzt, sodass kaum ein Element (also bspw. der schuldrechtliche Herausgabeanspruch) aus letzterer Situation isoliert herausgetrennt und in die erste eingefügt werden kann. Dann würde man sich vielmehr in einen Zirkelschluss verwickeln.

D. Nebenbesitz: das Nebeneinander des vorher und des neu begründeten Besitzmittlungsverhältnisses als Hindernis

I. Die Entstehungsgeschichte des Nebenbesitzes

Seit ihrer Entstehung hat die Nebenbesitzlehre keine andere Aufgabe als eine Grenze für gutgläubigen Erwerb in Konstellationen wie den Lagerfällen oder dem Fräs-

---

344 *Hager*, aaO., S. 239 ff.

345 Z. B., Staudinger/*Wiegand* (2017), vor § 932 Rn. 18; MünchKommBGB/*Oechsler* (2017), § 932 Rn. 32 ff.; Erman/*Bayer* (2014), Vorbem. zu §§ 932–936 Rn. 1.

346 *Hager*, Verkehrsschutz durch redlichen Erwerb (1990), S. 343.

maschinenfall zu setzen.[347] Um die Entstehungsgeschichte dieses Begriffes näher zu beleuchten, ist auf den vom RG entschiedenen Lagerfall (also RGZ 135, 75) zurückzugreifen. Das Reichsgericht bejahte den gutgläubigen Erwerb des K gem. §§ 931, 934 Alt. 2 BGB. In der Entscheidung ging das RG davon aus, dass unabhängig von dem bereits bestehenden Besitzmittlungsverhältnis „kraft der allgemein anzuerkennenden Vertragsfreiheit für den Besitzmittler stets die rechtliche Möglichkeit" bestehe, „ein neues Besitzmittlungsverhältnis mit einem anderen einzugehen".[348] Des Weiteren wies das RG unter Verweis auf *Brodmann*[349] darauf hin, dass sich ein subjektives Erfordernis aus dem Wortlaut des § 868 BGB ablesen lasse und es lediglich vom Willen des unmittelbaren Besitzers abhänge, ob und wie lange dieser diesem Erfordernis genügen wolle.[350] Mit dieser Erkenntnis legte das RG schlüssig dar, dass die Begründung neuen mittelbaren Besitzes stets den bisherigen auf gleicher Stufe zu Fall bringen müsse. Somit war der Weg für den Besitzerwerb des K geebnet; die Voraussetzungen des § 934 2. Alt. BGB waren darüber hinaus auch deswegen erfüllt.[351] Aber zuvor war noch eine Antwort auf die Frage zu finden, ob bei Zweifeln über den Fortstand des mittelbaren Besitzes des V ein von *Martin Wolff* in seinem Gutachten hergeleiteter „gleichstufiger" mittelbarer Besitz auch des K anzunehmen sei, und bejahendenfalls solcher Besitz die Voraussetzung des § 934 2. Alt. BGB erfüllen könne.[352] Diesbezüglich knüpfte das RG an ein früheres Urteil[353] an, dem wiederum die Meinung des damaligen RGRK[354] zugrunde lag: Für die Erlangung des mittelbaren Besitzes einer Sache ist die Begründung eines Rechtsverhältnisses iSv § 868 BGB vonnöten; der bisherige mittelbare Besitz ist dadurch beseitigt worden, dass der Besitzmittler mit einem Dritten ein neues Besitzmittlungsverhältnis abschloss in der Absicht, fortan für diesen den Besitz auszuüben. Ob der Besitzmittler dazu berechtigt war oder nicht, spielte für den tatsächlichen Besitzerwerb des Dritten keine Rolle.[355] In der Folge lehnte das RG beide Vorschläge *Wolffs* ab.

---

347 Am Anfang seines für Nebenbesitz plädierenden Aufsatzes machte *Medicus* dies bereits klar, *Medicus*, Gedanken zum Nebenbesitz, in: FS *Hübner* (1984), 611 (612 f.). Daneben, S. 615: „Vielmehr soll [d]er [Nebenbesitz] ja primär bloß den gutgläubigen Erwerb nach § 934 einschränken."

348 RGZ 135, 71 (78).

349 *Plancks* Kommentar zum Bürgerlichen Gesetzbuch (1933), 5. Aufl., Anm. 4 g ß zu § 868, Bd. 3, S. 93.

350 RGZ 135, 71 (78).

351 RGZ 135, 71 (79).

352 RGZ 135, 71 (79).

353 RGZ 119, 153 (153 f.).

354 Also, RGRK-BGB/*Schack* (1928), Anm. 6 zu § 868.

355 RGZ 135, 71 (79).

Das vom RG hierbei ausgewertete *Wolff*'sche Gutachten ist heute nicht mehr verfügbar. Aus den Ausführungen[356] des RG im Urteil lässt sich aber ohne Weiteres erkennen, dass *M. Wolff* seine in seinem Lehrbuch hierzu vertretenen Auffassungen im Gutachten fortsetzte. Das Problem, dass ein Besitzmittler verschiedenen Personen aus verschiedenen Rechtsverhältnissen zugleich Besitz mitteln wolle, brachte *M. Wolff* im Jahr 1927 zum ersten Mal zur Sprache.[357] *Dölle* schloss sich dem in einer Anmerkung zu einer RG-Entscheidung 1928 an und entwickelte seine Ideen weiter. Nach Ansicht *Dölles* verliert der ursprüngliche mittelbare Besitzer nicht deswegen seine Besitzposition, weil der Besitzmittler mit einem Dritten ein neues Besitzmittlungsverhältnis eingeht. Vielmehr bleibe der Besitzmittler trotz des letzteren Rechtsverhältnisses dem ursprünglichen mittelbaren Besitzer gegenüber zur Herausgabe verpflichtet. Diese Mehrheit von Besitzpositionen bezeichnete *Manigk* als „Besitzspaltung".[358] Im Ergebnis stimmte *Dölle* der Entscheidung des RG zwar zu,[359] widersprach jedoch dessen Argumentationen, insbesondere hinsichtlich der Besitzlage des K.[360] *Dölle* schloss sich der Meinung von *M. Wolff* und *Manigk* in seiner Besprechung zum oben genannten Zuckerfall an und hielt den Nebenbesitz in der Praxis für möglich.[361] Die von *Dölle* in der Anmerkung verwendete Bezeichnung „Nebenbesitz"[362] setzte sich später anstatt der eigentlich genaueren Bezeichnung „Besitzspaltung" von *Manigk*[363] in der Literatur durch.[364]

II. Die Weiterentwicklung der Lehre des Nebenbesitzes

Um den Wertungswiderspruch zwischen § 933 BGB und § 934 1. Alt BGB aufzulösen, wurde die Lehre vom Nebenbesitz auf den Fräsmaschinenfall übertragen, da die Besitzlage mit der in den Lagerfällen weitestgehend vergleichbar ist. Der BGH setzte sich in seinem Urteil zum Fräsmaschinenfall auch mit der Lehre vom

---

356 RGZ 135, 71 (77, 82 u. 84).
357 *Martin Wolff*, Sachenrecht (1927), S. 26.
358 *Manigk*, JW (1928), S. 398 f., Anm. zu Fall 3.
359 *Dölle*, JW (1932), S. 1212, Anm. zu Fall 13.
360 *Dölle*, JW (1932), S. 1212, Anm. zu Fall 13.
361 *Dölle*, JW (1932), S. 1212, Anm. zu Fall 13.
362 *Dölle*, JW (1932), S. 1212, Anm. zu Fall 13, und, S. 3763, Anm. zu Fall 4.
363 *Lasch*, Stufung und Spaltung des mittelbaren Besitzes (1934), S. 37; *König*, Der Nebenbesitz (1939), S. 3.
364 *Weise*, Zur Dogmatik des Nebenbesitzes (1969), S. 1.

Nebenbesitz auseinander und hielt diese in Übereinstimmung mit dem RG für von vornherein unbegründet.[365]

Auch in der Literatur stößt die Lehre vom Nebenbesitz auf die Kritiken vieler Autoren v. a. *Klaus Tiedtke*. *Tiedtke* behauptet in verschiedenen Aufsätzen[366] oder Büchern[367] hartnäckig: „Es gibt keinen Nebenbesitz".[368] Als wichtigste Argumentation führt *Tiedtke* aus, das BGB sehe den Nebenbesitz nicht vor und die Regelungen des BGB über Besitz seien insofern abschließend; eine Ergänzung des BGB durch die Rechtsfigur des Nebenbesitzes sei somit überflüssig.[369] Daneben stelle der Nebenbesitz einen Widerspruch in sich dar, weil der unmittelbare Besitzer nicht in der Lage sei, zwei Personen auf derselben Stufe gleichzeitig den mittelbaren Besitz zu vermitteln, wenn diese nicht durch das Band des Mitbesitzes (§ 866 BGB) miteinander verbunden seien.[370] Der Besitzmittlungswille bestehe in der Bereitschaft des unmittelbaren Besitzers, die Sache dem mittelbaren Besitzer zu gegebener Zeit herauszugeben. Es sei in der Tat nicht möglich, dass der Besitzmittler sowohl dem einen als auch dem anderen die Sache herausgeben könne, wenn jeder der beiden den Alleinbesitz für sich beansprucht. Ein entsprechender Besitzmittlungswille sei demnach kaum denkbar.[371] Vielmehr werde der bisherige mittelbare Besitzer zu Fall gebracht, wenn der Besitzmittler mit einem Dritten

---

365 BGH NJW 1968, 1382 (1383). Hierfür zitierte der BGH nur die Ausführung von *W. Müller*, Heimlicher Gutglaubenserwerb, in: AcP 137 (1933), 86 (88), die wiederum auf *M. Wolff* zurückgeht.

366 *Tiedtke*, Erwerb und Verlust des Sicherungseigentums an eingelagerter Ware, in: WM 1978, 446 (451 ff.); *ders.*, Erwerb beweglicher und unbeweglicher Sachen kraft guten Glaubens, in Jura 1983, 460 (465 ff.).

367 *Tiedtke*, Gutgläubiger Erwerb (1985), S. 17; *Reinicke/Tiedtke*, Kreditsicherung (2006), S. 304 ff.

368 *Tiedtke*, Erwerb und Verlust des Sicherungseigentums an eingelagerter Ware, in: WM 1978, 446 (451). Dieselbe Passage *Tiedtkes* findet sich in: *Reinicke/Tiedtke*, Kreditsicherung (2006), S. 304 und *Tiedtke*, Erwerb beweglicher und unbeweglicher Sachen kraft guten Glaubens, in: Jura 1983, 460 (465).

369 *Tiedtke*, Erwerb und Verlust des Sicherungseigentums an eingelagerter Ware, in: WM 1978, 446 (451); *ders.*, Erwerb beweglicher und unbeweglicher Sachen kraft guten Glaubens, in: Jura 1983, 460 (465).

370 *Tiedtke*, Gutgläubiger Erwerb (1985), S. 18; *ders.*, Erwerb beweglicher und unbeweglicher Sachen kraft guten Glaubens, in: Jura 1983, 460 (465).

371 *Tiedtke*, Erwerb beweglicher und unbeweglicher Sachen kraft guten Glaubens, in: Jura 1983, 460 (465); *Reinicke/Tiedtke*, Kreditversicherung (2006), S. 304; ähnlich, *Michalski*, Versuch einer Korrektur der Inkongruenz von § 933 und § 934 BGB, in: AcP 181 (1981), 384 (413).

ein neues Besitzmittlungsverhältnis begründet. Also sei der mittelbare Besitz auf den guten Willen des Besitzmittlers angewiesen.[372]

Trotz der Ablehnung durch die ständige Rechtsprechung und Großteil der Literatur hat die Lehre vom Nebenbesitz immer noch einige Vertreter v. a. *Medicus* und seine Anhänger.[373] Nach *Medicus'* Konzept ist der Nebenbesitz im BGB nicht nur möglich, sondern auch erforderlich.[374] Zu Recht wies *Medicus* darauf hin, dass der mittelbare Besitz erst durch die zweite Kommission eingeführt wurde und die §§ 868–871 BGB nicht hinreichend klar formuliert seien. Außerdem setze § 870 BGB nur den Herausgabeanspruch als deutliche Voraussetzung für mittelbaren Besitz voraus; ob der Besitzmittlungswille als Voraussetzung anzunehmen sei, sei hingegen ganz unbestimmt. Aus diesen Gründen lasse sich darauf schließen, dass es Raum für Interpretation geben solle. Man möge der Folge derartiger Interpretationen widersprechen, aber der Interpretationsraum an sich könne keinesfalls in Abrede gestellt werden.[375] Die unbequemen Konsequenzen, die der Nebenbesitz schaffe, wie Rechtsunsicherheit hinsichtlich Eigentumsvermutung gem. § 1006 BGB und bei der Ersitzung gem. § 937 BGB, könnten in technischer Weise überwunden werden, indem der Nebenbesitz, so *Medicus*, „bloß negativ" verstanden werde:

„Aber der bloß negativ verstandene Nebenbesitz nötigt keinesfalls zu solchen Konsequenzen. Vielmehr soll er ja primär bloß den gutgläubigen Erwerb nach § 934 BGB einschränken. Daraus darf man folgern, dann seien entsprechende Einschränkungen auch bei der Eigentumsvermutung und der Ersitzung zu machen. Folglich wäre der Nebenbesitzer nicht als Eigentümer zu vermuten und von der Ersitzung ausgeschlossen."[376]

Medicus fügt dem derart definierten Nebenbesitz neue Elemente hinzu, mit denen sich *M. Wolff* nicht auseinandersetzte. Nach dem Konzept *Wolffs* solle der gutgläubige Erwerb ausgeschlossen sein, solange der gutgläubige Erwerber

---

372 *Tiedtke*, Erwerb und Verlust des Sicherungseigentums an eingelagerter Ware, in: WM 1978, 446 (450).

373 Seit der ersten Auflage seines renommierten „Bürgerlichen Rechts" (1968, § 22 IV, S. 218 ff.) ist *Medicus* Anhänger der Lehre vom Nebenbesitz. Für eine umfassende Darstellung vgl. *Medicus*, Gedanken zum Nebenbesitz, in: FS *Hübner* (1984), 611 ff.; *Petersen*, Von der Interessenjurisprudenz zur Wertungsjurisprudenz (2001), S. 77 ff.; *Wacke*, Das Besitzkonstitut als Übergabesurrogat in Rechtsgeschichte und Rechtsdogmatik (1974), S. 54 ff.

374 *Medicus*, Gedanken zum Nebenbesitz, in: FS *Hübner* (1984), 611 (614 ff.).

375 *Medicus*, aaO., 611 (614).

376 *Medicus*, aaO., 611 (615).

und der Eigentümer als gleichstufige mittelbare Nebenbesitzer existierten.[377] Mit dem möglichen „Nebeneigentum", auf das der Nebenbesitz wegen Eigentumsvermutung gem. § 1006 Abs. 3 BGB oder wegen Ersitzung des Besitzers gem. § 937 BGB konsequenterweise hinauslaufen könnte, setzte sich *Wolff* gar nicht auseinander. Der Versuch von *Medicus*, diese unerwünschten Rechtsfolgen zu vermeiden, beschränkte sich auf den Hinweis darauf, dass der „negativ verstandene Nebenbesitz"[378] den gutgläubigen Erwerb nach § 934 BGB einschränken solle und der Ausschluss der Eigentumsvermutung und der Ersitzung eine schlichte Folgerung aus dieser Einschränkung des § 934 BGB sei. Worauf aber soll sich der „negativ verstandene Nebenbesitz" *de lege lata* stützen? Wieso soll solch ein Nebenbesitz die Eigentumsvermutung und die Ersitzung verhindern? Bei *Medicus* ist auf diese Fragen keine Antwort zu finden.

Wacke sieht den Grundgedanken des Nebenbesitzes bereits durch römische Quellen als belegt an,[379] was jedoch wegen mehrerer Aspekte nicht zu überzeugen vermag.[380] Darüber hinaus stellt der Versuch *Wackes*, die Einschränkung des gutgläubigen Erwerbs nach § 934 BGB durch ein Erhaltungsinteresse des Eigentümers zu rechtfertigen,[381] nichts anderes als eine Umkehrung von Ursache und Wirkung dar: Der Nebenbesitz verhindert den Eigentumsübergang und somit wird das Interesse des Eigentümers geschützt; nicht umgekehrt.

Im Anschluss an *Harry Westermann*[382] liest *Jens Petersen* aus §§ 932 ff. BGB auch das sich gegenüberstehende Bestandsinteresse des Eigentümers und das Erwerberinteresse des Gutgläubigen heraus.[383] Bei den hier genannten Interessen geht es jedoch „letztlich um Wertungen".[384] „Auf einer normativen Grundlage" zu entscheiden sei, wessen Interesse den Vorrang verdiene.[385] Nach einer Auseinandersetzung mit dem Zuckerfall des RG und dem Fräsmaschinenfall

---

377 *Wolff/Raiser*, Sachenrecht (1957), S. 35 u. 256, Fn. 22.

378 *Medicus*, Gedanken zum Nebenbesitz, in: FS *Hübner* (1984), 611 (615).

379 Vor allem, D. 41, 2, 32, 1, vgl. *Wacke*, Das Besitzkonstitut als Übergabesurrogat in Rechtsgeschichte und Rechtsdogmatik (1974), S. 56 f.; der gleichen Meinung ist auch *Wieling*, Sachenrecht Band I (2006), S. 246 ff.

380 *Brandsma*, Zucker und Fräsmaschinen oder Gab es Nebenbesitz im römischen Recht? in: TRG (2010), 209 (212).

381 *Wacke*, Das Besitzkonstitut als Übergabesurrogat in Rechtsgeschichte und Rechtsdogmatik (1974), S. 43.

382 *Harry Westermann*, Wesen und Grenzen richterlicher Streitentscheidung im Zivilrecht (1955), S. 14 f.

383 *Petersen*, Von der Interessenjurisprudenz zur Wertungsjurisprudenz (2001), S. 76.

384 *Petersen*, aaO., S. 77.

385 *Petersen*, aaO., S. 77.

des BGH erblickt *Petersen* die einheitliche Tendenz in der Rechtsprechung, dass diese dem Erwerberinteresse den Vorzug vor den Interessen des Eigentümers geben wolle.[386] *Petersen* kann dem nicht zustimmen und bezichtigt die Urteile des RG und BGH des Fehlens „einer wertungsmäßigen Absicherung". Richtigerweise hätten die beiden Gerichte das Bestands- und Erwerbsinteresse in eine Abwägung stellen müssen, denn „da […] die Betonung des Erwerbsinteresses zu einem Rechtsverlust des früheren Eigentümers führt, kann es nicht ausreichen, daß der Erwerber qualitativ nur gleich nah an die Sache herankommt."[387] Folglich nimmt *Petersen* zwecks Rechtfertigung des Nebenbesitzes an, dass der erste mittelbare Besitz nicht untergeht, sondern vielmehr neben dem neu begründeten steht. Dieses Ergebnis liegt nicht weit entfernt von *Wackes* Umkehrung von Ursache und Wirkung.

III. Stellungnahme

Abgesehen von der zutreffenden Kritik, *de lege lata* finde sich keine Stütze für die Rechtsfigur des Nebenbesitzes,[388] bringen die wichtigsten Anhänger der Lehre vom Nebenbesitz die vorweggenommene Stellung in die Rechtfertigung desselben ein. Bei *Medicus* werden dem Nebenbesitz seine wichtigen Funktionen, also die Eigentumsvermutung sowie die Ersitzung, entzogen, um die daraus resultierende Rechtsunsicherheit zu vermeiden; der in dieser Weise beschnittene Nebenbesitz klingt nicht anders als „Nebenbesitz ist kein Besitz". Bei *Wacke* wird der Nebenbesitz zuerst auf die römische Quelle zurückgeführt und dann das Erhaltungsinteresse des Eigentümers ohne sachgerechte Begründung zur Untermauerung angenommen. Bei *Petersen* wird der Versuch der Rechtfertigung scheinbar in ein methodisches Gewand gekleidet. Den drei Autoren ist gemein, dass sie bei der Rechtfertigung des Nebensitzes die vom Nebenbesitz bezweckten Erwerbsinteressen als Rechtfertigungsgrund benennen. Die Ansicht, die durch die Lehre vom Nebenbesitz den gutgläubigen Erwerb in einer technischen Weise zu verhindern gedenkt, ist zu ablehnen.

---

386 *Petersen*, aaO., S. 78.

387 *Petersen*, aaO., S. 79.

388 *Voigt*, Die Funktion mittelbaren Besitzes beim Mobiliarerwerb (2012), S. 58; *Szerkus*, Die Lehre vom Nebenbesitz und gutgläubiger Erwerb nach § 934 Alt. 1 BGB, in: ZJS 5/2016, 592 (595); *Prütting*, Sachenrecht (2017), S. 188, Rn. 431; s. auch *Tiedtkes* nachdrückliche Ablehnung an den oben angeführten Orten.

E. Andere Lösungsansätze

I. *Musielak/Kindl*: Erkennbarkeit der Besitzänderung als Voraussetzung des gutgläubigen Erwerbs

Nach *Musielak* zieht die freiwillige Weggabe der Sache durch den Eigentümer zweierlei Wirkungen nach sich: Einerseits ist sie Ausdruck des vom Eigentümer an den Besitzmittler eingeräumten Vertrauens; andererseits wird der Rechtsschein gerade durch die Einräumung des Vertrauens vom Eigentümer selbst herbeigeführt – daher sei es sachgerecht, dass dem Eigentümer, dessen Handlung den Rechtsschein erzeugt habe, beim Vertrauensmissbrauch des Besitzmittlers das Eigentum entzogen werde.[389] Um die Billigkeit des Eigentumsentzugs zu untermauern, weist *Musielak* zu Recht auf die Gesetzgebungsmaterialien hin:[390] „An dem Irrthume des Erwerbers über das Eigentum des Veräußerers trägt deshalb in der Regel der Eigenthümer in höherem Grade Schuld als der Erwerber; deshalb ist es der Billigkeit mehr entsprechend, den Nachteil vom Ersten tragen zu lassen."[391] Unmittelbar daran anschließend stellt *Musielak* eine weitere Voraussetzung, die sich aus dem Zitat jedoch nicht ableiten lässt, für gutgläubigen Erwerb auf: Für den gutgläubigen Erwerb sei erforderlich, „daß eine Änderung der Besitzlage eintritt".[392] Somit sei das Vertrauen des Erwerbers nach *Musielak* dadurch zu rechtfertigen, dass der Veräußerer in der Lage ist, die Änderung der Besitzlage herbeizuführen.[393] Die Änderung der Besitzlage werde in der Regel durch die Übergabe vollendet. Probleme ergeben sich jedoch aus den Ersatzformen der Übergabe, bei denen die Sache als übergeben gilt, obwohl sie sich nach wie vor im Einflussbereich des unmittelbaren Besitzers befindet. Bei § 933 BGB ist dies unproblematisch, weil ein gutgläubiger Erwerb durch bloßes Besitzkonstitut ausdrücklich ausgeschlossen ist. Bei der Abtretung des Herausgabeanspruchs nach § 934 1. Alt. BGB bleibe die Sache ebenfalls weiter im Einflussbereich des Besitzmittlers als Vertrauensperson des Eigentümers. Somit stimme § 934 1. Alt. BGB mit den sonstigen Vorschriften über den gutgläubigen Erwerb nicht überein. Nach *Musielak* ist dieser Widerspruch dadurch zu beheben, dass der gutgläubige Erwerb auszuschließen ist, solange sich die Sache noch im Besitz

389 *Musielak*, Eigentumserwerb an beweglichen Sachen nach §§ 932 ff. BGB, in: JuS 1992, 713 (721).

390 *Musielak*, aaO., 713 (721).

391 Motive III, S. 344. Falsche Seitenangabe bei *Musielak*, Eigentumserwerb an beweglichen Sachen nach §§ 932 ff. BGB, in: JuS 1992, 713 (721), Fn. 115.

392 *Musielak*, aaO., 713 (721).

393 *Musielak*, aaO., 713 (721).

desjenigen befindet, der die Sache vom Eigentümer erhalten hat.[394] Ohne von außen erkennbaren Ortswechsel der Sache solle kein gutgläubiger Erwerb stattfinden. Die gleiche Meinung vertritt auch *Kindl*.[395] Wendet man die §§ 932 ff. BGB derart interpretiert an, wird die Dogmatik abweichend vom Wortlaut des Gesetzes nahezu neu gestaltet. Für den Fräsmaschinenfall würde das bedeuten, dass ein gutgläubiger Erwerb entgegen dem Urteil des BGH ausgeschlossen wäre, da die Sache trotz mehrmaliger Übereignung zur Sicherheit immer im Einflussbereich des Vorbehaltskäufers geblieben ist.

II. Picker

Picker sieht den Schlüssel zur Beseitigung der Wertungsinkongruenz zwischen § 933 BGB und § 934 BGB in § 1006 BGB. Für den Vorrang der Schutzwürdigkeit des Eigentümers oder des Erwerbers komme es darauf an, ob der Erwerber in eine solche Stellung gelangt sei, dass er nach § 1006 BGB als Eigentümer vermutet werden könne. Auf den ersten Blick scheint es, dass § 934 Alt. 1 BGB mit § 1006 Abs. 3 BGB in Einklang steht: Wer den mittelbaren Eigenbesitz erwirbt, der wird als Eigentümer vermutet – so lautet bis heute die überwiegende Meinung.[396] Aber nach *Picker* ist es fragwürdig, ob es für die gesetzliche Vermutung auf den Willen des unmittelbaren Besitzers ankommt, weil diese nicht durch schlichte Willensänderung beeinträchtigt werden können soll. Als Lösung für dieses Problem schlägt *Picker* vor, § 1006 Abs. 3 BGB seinem Wortlaut entgegen dahin gehend auszulegen, dass die Eigentumsvermutung des mittelbaren Besitzers nicht an den mittelbaren Besitz anzuknüpfen sei, sondern an den diesem zugrunde liegenden schuldrechtlichen Rückgewähranspruch.[397] In dem Fall, in dem der Besitzmittler ein Doppelspiel treibe, komme die Eigentumsvermutung dem Eigentümer zugute, da diesem der ursprüngliche Rückgewähranspruch immer noch zustehe. Solange der Herausgabeanspruch des Eigentümers noch bestehe, könnte der zeitlich jüngere Rückgewähranspruch (und somit auch der neue mittelbare Besitz) seine Rechtswirkung nicht entfalten. Ohne dass der Weg des Eigentümers, durch seinen Rückgewähranspruch auf die Sache zuzugreifen,

394 *Musielak*, aaO., 713 (722).

395 *Kindl*, Gutgläubiger Mobiliarerwerb und Erlangung mittelbaren Besitzes, in: AcP 201 (2011), 391 (410); *ders.*, Rechtsscheintatbestände und ihre rückwirkende Beseitigung (1999), S. 332.

396 Z. B. Staudinger/*Gursky* (2012), § 1006 Rn. 26; MünchKommBGB/*Baldus* (2017), § 1006 Rn. 45.

397 *Picker*, Mittelbarer Besitz, Nebenbesitz und Eigentumsvermutung in ihrer Bedeutung für den Gutglaubenserwerb, in: AcP 188 (1988), 511 (562 ff.).

durch den Besitzmittler abgeschnitten wird, wäre die Verschaffung eines neuen mittelbaren Besitzes nicht möglich. Demnach werde der gutgläubige Erwerb beim Doppelspiel ausgeschlossen.[398]

III. Gutgläubiger Erwerb als „sofortige Ersitzung“

Neuerdings versucht *Stagl* dieses Problem zu lösen, wobei großes Gewicht auf den historischen Zusammenhang zwischen gutgläubigem Erwerb und der römisch-rechtlichen Ersitzung gelegt wird. Also soll die Lösung dieses Problems in der historischen Kontinuität des Rechtsinstituts gefunden werden. Anders als die wohl herrschende Lehre, die meint, dass der gutgläubige Erwerb dem germanisch-rechtlichen Grundsatz „Hand wahre Hand“ entstammt, geht *Stagl* davon aus, dass gutgläubiger Erwerb eine „sofortige Ersitzung“ sei, wobei es für den gutgläubigen Erwerb ausschließlich auf die „faktisch verdichtete Lage“ ankomme. Demnach müssen der Alteigentümer und der veräußernde Nichteigentümer beide jegliche Besitzpositionen verloren haben. Dadurch erst bekomme der gutgläubige Erwerber eine „gesicherte Besitzposition“. Der römisch-rechtlichen Ersitzung entsprechend sei beim Eintritt der „faktisch verdichteten Lage“[399] dem gutgläubigen Erwerber das Eigentum zuzuerkennen. In dieser Weise wird die Rechtsnatur der Vorschriften der §§ 932 ff. BGB als Fortentwickelung des römischen Rechts neu bestimmt. Sollte unklar sein, für wen der Besitzmittler die Sache besitzt, also wenn der Besitzmittler ein „Doppelspiel“ treibt, ist ein gutgläubiger Erwerb unmöglich, weil die sog. „faktisch verdichtete Lage“ nicht eingetreten und demzufolge die Besitzposition des Erwerbers nicht gesichert ist. Nach diesem Kriterium widersprächen die beiden Vorschriften der § 933 BGB und § 934 BGB einander nicht, sondern brächten vielmehr denselben Inhalt zu Ausdruck.[400] *Stagl* hat zwar für den gutgläubigen Erwerb mit Recht auf die rechtlich und tatsächlich gesicherte Besitzlage des Erwerbers abgestellt, hat dabei jedoch nicht deutlich gemacht, ob das alte Besitzmittlungsverhältnis in dem Fall, in dem der Besitzmittler ein Doppelspiel treibt, bereits erloschen ist.[401] Somit kann hierbei nicht ausgeschlossen werden, dass der Besitzmittler durch erkennbares Verhalten objektiv zeigt, dass er den Besitz nicht mehr dem ersten mittelbaren Besitzer mitteln will. Nach dem

---

398 *Picker*, Mittelbarer Besitz, Nebenbesitz und Eigentumsvermutung in ihrer Bedeutung für den Gutglaubenserwerb, in: AcP 188 (1988), 511 (567 ff.).

399 Also, Besitzverlust des Alteigentümers und des Veräußerers, vgl. *Stagl*, Gutgläubiger Fahrniserwerb als „sofortige Ersitzung“, in: AcP 211 (2011), 531 (555).

400 *Stagl*, Gutgläubiger Fahrniserwerb als „sofortige Ersitzung“, in: AcP 211 (2011), 531 (580).

401 *Stagl*, aaO., 531 (569).

Wortlaut des § 934 BGB kommt es für den Eigentumserwerb auf den Erwerb eines Besitzmittlungsverhältnisses durch Abtretung (1. Alt.) oder durch Neubegründung (2. Alt.) an. Wenn der Vorbehaltskäufer im Fräsmaschinenfall sicherungshalber durch Besitzkonstitut gem. § 933 BGB die Maschinen an die Bank übereignet, ist die Frage zu klären, ob das alte Besitzmittlungsverhältnis dadurch beendet worden ist. Sonst wäre die Abtretung des Herausgabeanspruchs gem. § 934 1. Alt. BGB fragwürdig. Nach *Stagl* ist einerseits für den gutgläubigen Erwerb erforderlich, dass der Alteigentümer jeglichen Besitzrest verlieren muss, und dass andererseits eine Auseinandersetzung mit der Beendigung des alten Besitzmittlungsverhältnisses entbehrlich ist. Diese Ansicht gerät somit in Widerspruch mit sich selbst. Außerdem soll es sich hier nicht um das Wesen des gutgläubigen Erwerbs handeln, sondern um das Kriterium, nach welchem das Eigentum neu zuzuordnen ist. Diese Ansicht *Stagls* liegt in der Tat nicht weit weg von jener *Hagers*, wenn der Eigentumsverlust mit dem Vorhandensein des Herausgabeanspruchs des (Alt-)Eigentümers verbunden ist.[402]

F. Eigene Meinung

Solange man sich nicht über den in der Literatur bis heute noch gegenwärtigen Streit um die Wertungsinkongruenz zwischen § 933 BGB und § 934 BGB hinwegsetzen und sich nicht mit der fehlenden Auseinandersetzung durch das RG und den BGH begnügen will, muss eine Lösung für dieses Problem gefunden werden, sei es die einschränkende Auslegung des § 934 BGB oder sei es die Objektivierung des mittelbaren Besitzes. Allen bisherigen Versuchen zur Korrektur der Wertungsinkongruenz zwischen § 933 BGB und § 934 BGB liegt die gleiche Grundidee zugrunde, nämlich dass beim Doppelspiel des Besitzmittlers der gutgläubige Erwerb desjenigen, der seinen mittelbaren Besitz durch Abschluss eines neuen Besitzmittlungsverhältnisses trotz des bestehenden alten erlangt habe, scheitern müsse. Aufgrund der von *Lohsse*[403] belegten Unbedachtheit der zweiten Kommission bei der Aufnahme des mittelbaren Besitzes ins Bürgerliche Gesetzbuch war die Mangelhaftigkeit der §§ 933 und 934 BGB bereits „von Geburt an" vorhanden. Diese lässt sich durch Legitimationsversuche *ex post* zwar in gewissem Maße mildern, aber keinesfalls total beseitigen. Dass manche Autoren eine Korrektur des Wertungswiderspruchs zwischen § 933 BGB und § 934 BGB

402 Dies würde *Stagl* selber wohl auch nicht verneinen, vgl. *Stagl*, aaO., 531 (543 f. u. 551).

403 *Lohsse* teilt grundsätzlich die Meinung des BGH und hält §§ 933 und 934 BGB somit für nichtkorrekturbedürftig, vgl. *Lohsse*, Gutgläubiger Erwerb, mittelbarer Besitz und die Väter des BGB, in: AcP 206 (2006), 527 (553 f.).

für irrelevant halten, bedeutet nicht, dass der Widerspruch nicht besteht; vielmehr wird dadurch lediglich die Ratlosigkeit der Autoren angesichts der normativen Formulierung der §§ 933 f. BGB erkennbar (s. o. Zweiter Teil B. III), wie dies bspw. schon *Wiegands* zum Ausdruck gebracht hat: „Das mag man bedauern, weginterpretieren kann man das nicht."[404] Daneben haben sich verschiedene Autoren die Gesetzgebungsmaterialien für ihre eigenen Bedürfnisse zurechtgelegt und daraus unterschiedliche Schlüsse zugunsten eigener Thesen gezogen. Daher sind die verschiedenen Versuche zur Korrektur nur schwer miteinander in Einklang zu bringen. Ein Beispiel für dieses Dilemma: Die einen schließen aus § 933 BGB das allgemeine Dogma, ohne körperliche Sachgewalt und eine Ortsveränderung der veräußerten Sache könne das Eigentum nicht gutgläubig erworben werden;[405] die anderen stützen sich jedoch auf die Ausführungen des Gesetzgebers, dass „im Falle des § 847 Abs. 2 [= § 934 BGB] das ausschlagende Gewicht auf die Verkehrserleichterung zu legen"[406] sei und gehen folglich davon aus, dass es einer Korrektur der Tatbestände nicht bedürfe. Diese Meinungsvielfalt zeigt einerseits, dass die Versuche, eine Lösung im Rahmen des BGB *de lege lata* zu finden, nur schwer zu einem Ausweg aus dem Dilemma führen werden. Andererseits steht hinter jedem Versuch jedoch der rationale Gesichtspunkt, dass man beim Doppelspiel des Besitzmittlers den gutgläubigen Erwerb verhindern möchte, problematisch und umstritten ist nur das „wie". Sicherlich kann es nicht überzeugen, wenn man mit vorweggenommener Stellungnahme nach Argumenten für das bereits feststehende Ergebnis im BGB sucht, wie die Anhänger der Lehre vom Nebenbesitz es gemacht haben. Hingegen kann man jedoch vieles abschneiden, wenn man über den Rahmen der *lex lata* hinauszuschauen und einen Blick in eine mögliche *lex ferenda* wirft.

Hierfür käme zunächst der während der Gesetzgebung von *Sohm* gemachte Vorschlag in Betracht. Dieser knüpft an die vom Gesetzgeber außer Acht gelassene Frage an, ob dem Detentor die Rechtsposition zustehen soll, einem Dritten durch bloßes Besitzkonstitut mittelbaren Besitz zu verschaffen. Die zweite Kommission ließ § 933 BGB bei der Schaffung des § 934 BGB unverändert, sodass die neue Regelung im BGB nicht mit der des § 306 ADHGB, nach dem das Besitzkonstitut im Rahmen des gutgläubigen Erwerbs keine Übergabewirkung hatte, in Einklang

404 Staudinger/*Wiegand* (2017), § 934 Rn. 3.

405 Z. B., *Wilhelm*, Sachenrecht (2016), S. 484; *Musielak*, Eigentumserwerb an beweglichen Sachen nach §§ 932 ff. BGB, in: JuS 1992,713 (722).

406 Protokolle der Kommission für die zweite Lesung des Entwurfs des Bürgerlichen Gesetzbuches Bd. VI. (1899), S. 263 f. Hier zitiert nach *Lohsse*, Gutgläubiger Erwerb, mittelbarer Besitz und die Väter des BGB, in: AcP 206 (2006), 527 (550).

gebracht wurde.[407] Dies führte dazu, dass der bloße Detentor im ersten Entwurf (im BGB also: Besitzmittler in Sinne von § 868 BGB) wegen der pauschalen Verweisung auf die allgemeinen Vorschriften des Besitzes bzw. dessen Übertragung auch dem Dritten Besitz verschaffen konnte. Dass die zweite Kommission den Antrag *Sohms* aufgrund des Arguments der Verkehrserleichterung abgelehnt und sich nicht mit der von *Sohm* warnend aufgezeigten Rechtsfolge auseinandergesetzt hat, ist ein guter Ansatz dafür, sich mit den betreffenden Vorschriften des BGB *de lege ferenda* zu beschäftigen. Daher könnte man, um die unerwünschten Rechtsfolgen nach *Sohm* zu verhindern, der Meinung *Ernsts* folgen und die §§ 933 und 934 BGB dahin gehend teleologisch einschränken (bzw. *lex ferenda*: abändern), dass der Fremdbesitzer dem Dritten keinen mittelbaren Besitz verschaffen kann, es sei denn, dass er sich durch eigenes Verhalten zum Eigenbesitz aufgeschwungen und sich den dadurch erlangten Eigenbesitz endgültig und dauerhaft angeeignet hat. Allein dadurch hätte er sich schon einer Haftung unterzogen, aber die bloße Willensänderung des Besitzmittlers kann jedenfalls nicht die Änderung der Besitzlage hervorrufen.[408] Durch eine derartige teleologische Einschränkung oder Abänderung der §§ 933, 934 BGB wäre der Besitzmittler im Fräsmaschinenfall oder in den Lagerfällen grundsätzlich nicht mehr in der Lage, einen Dritten zum mittelbaren Besitzer zu machen; wenn er sich im Sinne von *Ernst* den Eigenbesitz verschafft hätte, hätte der Eigentümer der Sache es bemerken und gegen den Besitzmittler vorgehen können – ein Doppelspiel des Besitzmittlers wäre somit ausgeschlossen.

Andere Lösungsansätze scheinen sich *de lege ferenda* in Deutschland nicht so leicht durchzusetzen und wären rechtspolitisch auch nicht unumstritten. Da die Fälle, in denen der Besitzmittler ein Doppelspiel betreibt, am engsten mit der fehlenden Publizität der Kreditsicherung an beweglichen Sachen im deutschen Recht, also Eigentumsvorbehalt und Sicherungsübereignung, verbunden sind,[409] drängt sich die Idee auf, Publizitätsvorschriften[410] oder ein Register („*notice filing*“[411]) für die Sicherungsübereignung an beweglichen Sachen einzuführen. Auf-

---

407 *Lohsse*, Gutgläubiger Erwerb, mittelbarer Besitz und die Väter des BGB, in: AcP 206 (2006), 527 (547).

408 *Ernst*, Eigenbesitz und Mobiliarerwerb (1992), S. 235 ff., 239. Dies steht auch mit der Rechtslehre und -praxis in Österreich und der Schweiz in Einklang, ausführlich hierzu *ders.*, Eigenbesitz und Mobiliarerwerb (1992), S. 261 ff.

409 *Kindl*, Rechtsscheintatbestände und ihre rückwirkende Beseitigung (1999), S. 308.

410 Z. B. *Prütting*, Sachenrecht (2017), S. 176.

411 Grundlegend, *Brinkmann*, Kreditsicherheiten an beweglichen Sachen und Forderungen (2011), S. 378 ff., insb. S. 387 ff.; *Sigman*, Perfection and Priority of Security

grund der Publizitätsfunktion von *notice filing* wird neuerdings v. a. von *Moritz Brinkmann* nachdrücklich argumentiert, dass ein ähnliches Registersystem ins deutsche Recht eingeführt werden sollte. Das Registersystem dient zunächst dazu, dass sich der Sicherungsnehmer direkt durch Einsicht in das Register über etwaige Belastungen an den Vermögensgegenständen zugunsten anderer Gläubiger informieren könnte. Somit würde die Rechtssicherheit dadurch gesteigert, dass der Sicherungsnehmer sowohl die Angaben des Sicherungsgebers auswerten als auch sich an das Register für weitere Auskünfte über die zu belastende Sache wenden könne. Dadurch würde der Gefahr eines betrügerischen Doppelspiels des Sicherungsgebers vorgebeugt.[412] Die Einführung eines solchen Registers für Mobiliarsicherheiten entspricht daneben auch der heutigen rechtspolitischen Forderung in Europa.[413]

Rights, in: *Eidenmüller/Kieninger* (Hrsg.), The Future of Secured Credit in Europe (2008), S. 143 ff., einschließlich der ablehnenden Kommentierung von *Rolf Stürner*, S. 166 ff.; *Lwowski*, "Quiet" Creation of Security Interests or Filing, in: *Eidenmüller/Kieninger* (Hrsg.), The Future of Secured Credit in Europe (2008), S. 174 ff.

412 *Brinkmann*, Kreditsicherheiten an beweglichen Sachen und Forderungen (2008), S. 388.

413 Z. B. *Stadler*, Die Vorschläge des Gemeinsamen Referenzrahmens für ein europäisches Sachenrecht – Grundprinzipien und Eigentumserwerb, in: JZ 2010, 380 (382); *Kieninger*, Die Zukunft des deutschen und europäischen Mobiliarkreditsicherungsrechts, in: AcP 208 (2008), 182 (210 ff.), mwN.; *Krimphove*, Das Europäische Sachenrecht (2006), S. 361 f.; *Bülow*, Recht der Kreditsicherheiten (2012), S. 389.

Dritter Teil: Die Funktionen des Besitzes beim gutgläubigen Mobiliarerwerb im chinesischen Recht

A. Zur Vorgeschichte: Die Rezeption des kontinentaleuropäischen Zivilrechtssystems in China seit der späten Qing-Dynastie

I. Die Rechtsreform in der späten Qing-Dynastie

Die Modernisierung des chinesischen Rechts anhand einer Rezeption des kontinentaleuropäischen Rechts nahm in der späten Qing-Dynastie ihren Anfang (1644–1912). Ansatz für die Rechtsmodernisierung war die tief gehende Sozial- und Politikkrise nach dem ersten Opiumkrieg zwischen dem Kaiserreich China während der Qing-Dynastie und Großbritannien (1840–1842). Als Folge des Opiumkrieges wurde eine Reihe von ungleichen Verträgen abgeschlossen, durch welche Großbritannien Extraterritorialität im Kaiserreich der Qing-Dynastie genoss.[414] Nach dem zweiten Opiumkrieg (1856–1860) wurden die Rechte Großbritanniens in China durch weitere Nachkriegsverträge ausgeweitet. Ähnliche Machtpositionen wurden den USA und Frankreich eingeräumt. Auch weitere westliche Staaten verlangten unter Hinweis auf das sog. „Meistbegünstigungsprinzip" vergleichbare Rechte und Einfluss im chinesischen Kaiserreich.[415] Dies führte dazu, dass die Botschafter und Konsuln der von den extraterritorialen Vorteilen betroffenen Länder, deren Bürger im Kaiserreich der Qing-Dynastie von Rechtsstreitigkeiten betroffen waren, diese Rechtssachen übernahmen und rechtsgültige Entscheidungen fällen durften, was die Justizhoheit des Kaiserreiches schmälerte. Um dieser Entwicklung entgegenzuwirken, wurde die Modernisierung des chinesischen Rechts vorgeschlagen.[416] *Kang Youwei*, einer der berühmtesten Reformer der späten Qing-Dynastie, begründete die Erforderlichkeit der Rechtsmodernisierung wie folgt: „Unser Rechtssystem unterscheidet sich von dem aller westlicher Nationen; dies ist der Grund dafür, dass die Extraterritorialität nicht zurückgezogen werden kann. Im alten Recht unserer Nation ist zwischen dem Zivil- und Strafrecht nicht unterschieden

414 *Shao*, Die Rezeption des deutschen Zivilrechts im alten China, in: JZ 1999, 80 (80).
415 *Heuser*, Grundriss der Geschichte und Modernisierung des chinesischen Rechts (2013), S. 129 ff.
416 *Heuser*, Grundriss der Geschichte und Modernisierung des chinesischen Rechts (2013), S. 161.

worden und das Handels- und das Seehandelsrecht sind nicht hinreichend entwickelt worden. Solche Rechte sind nicht tauglich für den Verkehr mit westlichen Nationen gewesen. Da in China das Parlament noch nicht errichtet worden ist, empfiehlt es sich, möglichst früh Beamten und Fachleute mit den Kodifikationen zu beauftragen."[417] Die Bestätigung dessen fand sich 1902 in Art. 12 des chinesisch-britischen Vertrages zur Fortsetzung des Handels- und Schiffsverkehrs: „Da China den dringenden Wunsch ausgedrückt hat, sein Rechtssystem zu verbessern und in Einklang mit dem westlicher Nationen zu bringen, wird Großbritannien jede Unterstützung für diese Verbesserung gewähren; Großbritannien wird ebenfalls bereit sein, auf seine extraterritorialen Rechte zu verzichten, wenn sichergestellt ist, dass der Zustand der chinesischen Gesetze, die Vorbereitung für ihre Anwendung und andere Erwägungen den Verzicht auf die extraterritorialen Rechte zulassen können".[418] Anschließend wurden ähnliche Verträge mit den USA, Japan und Portugal geschlossen. Daraufhin kündigte der chinesische Kaiser 1902 nach dem sog. Boxeraufstand eiligst die geplante Rechtsreform an. 1904 wurde das „Amt für die Zusammenstellung der Gesetze" (ab 1907 „Amt für die Revision und Festlegung von Gesetzen") gegründet.[419] Zur Vorbereitung der Kodifikationen wurden japanische Juristen angestellt, da Japan schon seit der Meiji-Restauration (ca. von den 1860er bis in die 1880er Jahre) mit der Rezeption des europäischen Rechts begonnen und im Jahre 1898 ein modernes Zivilgesetzbuch verabschiedet hatte.[420] Aufgrund der bestehenden Ähnlichkeit zwischen der chinesischen und japanischen Kultur dienten die japanischen Erfahrungen China als Vorbild,[421] sodass sich das Einschalten der Japaner als rationaler Schritt darstellte.[422] Für die Kodifikation des Zivilrechts wurde dem chinesischen Kaiser ursprünglich vorgeschlagen, den renommierten japanischen Zivilrechtswissenschaftler *Ume Kenjiro*[423] zu beauftragen. Da *Ume Kenjiro* als wichtiger Berater der japanischen Regierung jedoch

---

417 Hier zitiere nach *Yu*, Die Analyse des Entwurfs zum Zivilgesetzbuch der Qing-Dynastie, in: Nanjing University Law Review 1998 (Spring), 146 (147).

418 Zitiert nach *Shao*, Die Rezeption des deutschen Zivilrechts im alten China, in: JZ 1999, 80 (80).

419 *Heuser*, Rechtsreform unter der Späten Qing-Dynastie, in: ZChinR 2008, 192 (197).

420 *Wendehorst*, Rezeption deutschen Zivilrechts, in: Rezeption und Reform im japanischen und deutschen Recht (2008), S. 21.

421 *Yu*, Die Analyse des Entwurfs zum Zivilgesetzbuch der Qing-Dynastie, in: Nanjing University Law Review 1998 (Spring), 146 (152).

422 *Heuser*, Grundriss der Geschichte und Modernisierung des chinesischen Rechts (2013), S. 135 f.

423 *Ume Kenjiro* (1860–1910), promovierte in Frankreich, studierte danach auch in Deutschland und war Mitverfasser des japanischen Zivilgesetzbuchs von 1898.

nicht abkömmlich war, wurde auf *Matsuoka Yoshimasa*,[424] der sich bereits in China aufhielt, diese Aufgabe übertragen.[425] Doch auch chinesische Juristen waren an der Kodifikation beteiligt: *Zhang Zongyuan*, der in den USA studierte; *Zhu Xianwen*, der an der juristischen Fakultät in Tokio studierte; *Gao Zhong*, der gleichfalls in Japan studierte sowie *Chen Lu*, der in Paris studierte.[426] Eine Mitwirkung unter deutschem Einfluss war nicht geplant. Die Kommission hatte landesweit die verbreiteten Sitten, Gebräuche, Gewohnheiten und Gepflogenheiten im Zivilrechtsverkehr zusammengetragen und aufgearbeitet sowie ausländische Gesetzbücher v. a. das japanische ZGB, das deutsche BGB, den französischen Code Civil, das österreichische ABGB und das schweizerische ZGB, ins Chinesische übersetzt.[427] Unter Berücksichtigung der chinesischen Gebräuche und Erfahrungen anderer Länder wurde im Jahre 1911 der erste Entwurf eines Zivilgesetzbuchs unter der Qing-Dynastie fertiggestellt. Der Entwurf gliederte sich, der Pandektensystematik folgend,[428] in fünf Bücher und enthielt insgesamt 1569 Paragrafen. Deutsche Juristen waren an diesem Entwurf wie gesagt nicht beteiligt, doch die Einflüsse des deutschen BGB waren dennoch weit verbreitet: Zum einen wurden Aufbau und Begriffe des BGB in den ersten Entwurf des Zivilgesetzbuches der Qing-Dynastie übernommen; zum anderen entpuppten sich viele Paragrafen als schlichte chinesische Übersetzung der entsprechenden Paragrafen im deutschen BGB, wie z. B. §§ 1031 und 1032 des chinesischen Entwurfs, die eine fast wortwörtliche Übersetzung der höchst umstrittenen §§ 963 und 964 BGB (Bienenschwarmrecht) darstellten. Daraus lässt sich schließen, dass der chinesische Entwurf zwar den neusten Entwickelungen des Zivilrechts gefolgt ist, jedoch deren Fehler, resultierend aus Unüberlegtheit und Raschheit, gleichzeitig mit übernahm. Mit dem Untergang der Qing-Dynastie und der anschließenden Abdankung des Kaisers (am. 12. Februar 1912) wurde jener erste Entwurf des chinesischen Zivilgesetzbuchs dann schließlich auch gar nicht in Kraft gesetzt.[429]

424 *Matsuoka Yoshimasa* (1870–1939), japanischer Zivilprozessrechtler, Richter.

425 *Zhang*, Studien zur Kodifizierung chinesischen Zivilrechts in der Neuzeit (2004), S. 62, 84.

426 *Zhang*, Studien zur Kodifizierung chinesischen Zivilrechts in der Neuzeit (2004), S. 85 f.

427 *Zhang*, Studien zur Kodifizierung chinesischen Zivilrechts in der Neuzeit (2004), S. 73.

428 Gründe dafür nennt *Heuser*, Grundriss der Geschichte und Modernisierung des chinesischen Rechts (2013), S. 149 ff.

429 Deutsche Übersetzung der ersten drei Bücher des Entwurfs (Allgemeiner Teil, Schuldrecht, Sachenrecht), siehe *Qiang Wang*, Beiträge der späten Qing-Zeit zu Chinas moderner vermögensrechtlicher Terminologie (2012), S. 454 ff.

II. Die zivilrechtliche Gesetzgebung in der Republik China (1912–1949)

Nach dem Untergang der Qing-Dynastie wurde die Republik China gegründet, zu deren Anfang ein Vakuum hinsichtlich des anwendbaren Rechts bestand. Als vorläufige Lösung wurde der erste Entwurf des Zivilgesetzbuchs der untergegangenen Qing-Dynastie teilweise herangezogen.[430] Doch schon kurz nach der Gründung der Republik China wurde eine Kommission für Kodifizierungen eingesetzt, die die Gesetzgebungsbestrebungen, v. a. die Kodifikation des Zivil-, Handels- und Strafgesetzbuches, fortführen sollte.[431] Diese Kommission wurde zwei Mal, jeweils im Jahre 1914 und 1916, umbenannt.[432] Die damaligen besten chinesischen Juristen wurden dieses Mal in die Kommission berufen,[433] wie z. B. *Wang Chung-hui*[434]. Die Kommission arbeitete einen zweiten Entwurf auf Grundlage des ersten aus, wobei der allgemeine Teil und das Sachenrecht nur wenig verändert wurden und ansonsten das schweizerische Obligationenrecht herangezogen wurde.[435] Dieser zweite Entwurf trat jedoch aufgrund von Putschen und der damit einhergehenden Abschaffung des Parlaments nie in Kraft.[436] 1927 wurde wiederum eine neue dritte Kommission zur Kodifizierung des Zivilrechts eingerichtet, welche einen weiteren Entwurf bis 1929 erarbeitete. Am 20. 2. 1929 wurde der Allgemeine Teil dieses dritten Entwurfs vom (wieder eingerichteten) Parlament angenommen und am 10. 10. 1929 in Kraft gesetzt. Weitere Bücher des Zivilgesetzbuchs der Republik China (im Folgenden: CZGB) wurden danach sukzessiv verkündet und traten 1930 in Kraft.[437]

---

430 *Zhang*, Studien zur Kodifizierung chinesischen Zivilrechts in der Neuzeit (2004), S. 117.

431 *Xie* (Hrsg.), Gesetzgebungsgeschichte der Republik China (2000), S. 747.

432 *Xie* (Hrsg.), Gesetzgebungsgeschichte der Republik China (2000), S. 747.

433 *Xie* (Hrsg.), Gesetzgebungsgeschichte der Republik China (2000), S. 747.

434 *Wang Chung-Hui* (1881–1958) war der erste Übersetzer des deutschen BGB in die englische Sprache, vgl. *Wang Chung-Hui*, The German Civil Code, translated and annotated with a historical introduction and appendices, London (1907); *Dittmann*, Das Bürgerliche Gesetzbuch aus Sicht des Common Law (2001), S. 190 ff. Da *Wang Chung-Hui* im Jahre 1907 das BGB nur ins Englische übersetzte, ist die diesbezügliche Angabe über *Wang Chung-Hui* falsch bei *Miaofen Chen*, Die Bedeutung von Savignys Rechtslehre für die moderne Rechtsreform im chinesischen Sprachraum, in: *Rückert/Duve* (Hrsg.), Savigny International (2015), S. 431.

435 *Xie* (Hrsg.), Gesetzgebungsgeschichte der Republik China (2000), S. 748.

436 *Xie* (Hrsg.), Gesetzgebungsgeschichte der Republik China (2000), S. 748.

437 Ausführlich, *Heuser*, Grundriss der Geschichte und Modernisierung des chinesischen Rechts (2013), S. 166.

Nach dem Bürgerkrieg in China (1945–1949) wurde das CZGB gemeinsam mit fünf anderen Gesetzen durch die Kommunistische Partei Chinas außer Kraft gesetzt. Dennoch gilt das ZBG noch heute in der sogenannten Republik China auf Taiwan.

III. Die Regelung des Eigentumserwerbs vom Nichtberechtigten im chinesischen Recht vor 1949

Die Regeln über die rechtsgeschäftliche Eigentumsübertragung beweglicher Sachen folgten im Entwurf der Qing-Dynastie in großem Maße dem deutschen BGB. Beinah sämtliche Vorschriften des Qing-Entwurfs über Besitz, Übergabe und Eigentumsübertragung fanden ein entsprechendes Vorbild im deutschen BGB. Da dem Qing-Entwurf (wie dem BGB) nicht direkt entnommen werden kann, ob das Trennungs- und Abstraktionsprinzip herrscht, und die betreffenden Gesetzgebungsmaterialien dazu gleichfalls keine Stellung bezogen, lässt sich nicht sagen, ob der Qing-Entwurf auch dieses rezipiert hat. Allerdings wurde der Qing-Entwurf nach dem Untergang der Qing-Dynastie in der Anfangsphase der Republik China vorläufig angewendet, aus welcher Zeit Gerichtsentscheidungen stammen, die das Trennungs- und Abstraktionsprinzip ausdrücklich anerkannten und anwendeten.[438] Folglich soll das Eigentum an beweglichen Sachen nach § 980 Abs. 1 des Qing-Entwurfs durch Einigung und Übergabe übergehen. In den Absätzen 2 und 3 des § 980 des Qing-Entwurfs wurden das Besitzkonstitut (gesondert in § 1271 des Qing-Entwurfs geregelt) und die Abtretung des Herausgabeanspruchs (in § 1272 geregelt) als Übergabesurrogate anerkannt. Aber anders als im deutschen BGB wurde der gutgläubige Eigentumserwerb im Qing-Entwurf mit dem Besitzschutz verbunden.[439] Danach erwarb der Erwerber einer beweglichen Sache, dem der Besitzschutz nach §§ 1278 und 1279 zustand, das Eigentum auch dann, wenn der Veräußerer zur Übereignung nicht berechtigt war (§ 1027). Die Voraussetzungen des in § 1027 verankerten Besitzschutzes wurden durch § 1207 Abs. 1 konkretisiert: Besaß jemand bereits unangefochten und öffentlich eine bewegliche Sache, erlangte er sofort das Recht, das er an der beweglichen Sache ausübte, soweit er dabei gutgläubig war und ihn kein Verschulden traf. Davon ausgenommen waren abhandengekommene Sachen, § 1208 des Qing-Entwurfs.

438 *Sun*, Allgemeiner Teil des chinesischen Sachenrechts (2014), S. 486.

439 Hier ist der Einfluss des schweizerischen ZGB zu sehen, Art. 714 Abs. 2 ZGB: „Wer in gutem Glauben eine bewegliche Sache zu Eigentum übertragen erhält, wird, auch wenn der Veräusserer zur Eigentumsübertragung nicht befugt ist, deren Eigentümer, sobald er nach den Besitzesregeln im Besitze der Sache geschützt ist."

Da eine Vorschrift wie § 933 BGB, die den gutgläubigen Erwerb durch bloßes Besitzkonstitut ausschließt, im Entwurf fehlte, ist davon auszugehen, dass ein gutgläubiger Erwerb in dieser Form möglich war. Wäre der Entwurf unverändert in Kraft getreten, wären wohl zahlreiche Probleme in Bezug auf tauglichen Besitzerwerb für den gutgläubigen Eigentumserwerb aufgetreten.

Das CZGB, das auf dem Qing-Entwurf basiert, ist auch dessen Grundkonzept für den gutgläubigen Erwerb gefolgt. Generell wurden die Vorschriften über die Eigentumsübertragung beweglicher Sachen des Qing-Entwurfs mit nur leichten Abänderungen ins CZGB 1930 übernommen. Nach dem Inkrafttreten war man sich in Literatur und Praxis darüber einig, dass das CZGB 1930 das Trennungs- und Abstraktionsprinzip völlig rezipiert hatte.[440] Somit sollte das Eigentum an beweglichen Sachen grundsätzlich dadurch auf den Erwerber übertragen werden, dass sich der berechtigte Veräußerer und der Erwerber über den Eigentumsübergang einig sind (dingliche Einigung) und die bewegliche Sache übergeben wird (§ 761 Abs. 1 CZGB). In den folgenden zwei Absätzen desselben Paragrafen wurden sowohl das Besitzkonstitut als auch die Abtretung des Herausgabeanspruchs als qualifizierte Ersatzformen der Übergabe anerkannt. An die Stelle der fehlenden Verfügungsbefugnis des Nichtberechtigten tritt der gute Glaube des Erwerbers. Da das CZGB 1930 auf dem Qing-Entwurf basiert, fehlt es im CZGB 1930 ebenfalls an einer § 933 BGB entsprechenden Vorschrift, sodass seit der Geltung des CZGB auf dem chinesischen Festland (vom 10. 10. 1929 bis 30. 9. 1949) bzw. auch mit seiner Fortgeltung auf Taiwan nach dem Zweiten Weltkrieg (vom 15. 8. 1945 bis heute) hinsichtlich der Ersatzformen der Übergabe beim gutgläubigen Erwerb umstritten ist, ob ein bloßes Besitzkonstitut zum gutgläubigen Erwerb führen kann. Anlässlich der Gesetzesänderung am 5. 1. 2010 wurde jedoch ein Absatz 2 in § 948 CZGB, der § 933 BGB nachgebildet ist, eingeführt, wonach der gutgläubige Erwerb vom Nichtberechtigten durch Besitzkonstitut die tatsächliche Übergabe erfordert.[441] Mit dieser Angleichung an das deutsche Recht wurden somit alle Probleme des gutgläubigen Erwerbs, die sich im deutschen Recht ergeben, in das Recht Taiwans transferiert, was bis heute jedoch dort kaum thematisiert wurde.[442] Daneben fehlt es allerdings trotz der Gesetzesänderung im Jahre 2010 an einer Vorschrift darüber, ob ein gutgläubiger Erwerb durch Abtretung eines angeblichen, in der Tat aber nicht bestehenden, Herausgabeanspruchs ohne tatsächlichen Besitzerwerb möglich ist.[443]

440 *Wang Tze-Chien*, Sachenrecht des bürgerlichen Rechts (2010), S. 74 ff.

441 *Wang Tze-Chien*, Sachenrecht des bürgerlichen Rechts (2010), S. 613 f.; ausführlich dazu *Chen Tien-Huei*, Ist das Besitzkonstitut tauglich für den gutgläubigen Erwerb des Eigentums an beweglichen Sachen? in: The Law Monthly 2007, S. 35 ff.

442 Hierzu nur, *Hsieh Tsay-Chuan*, Sachenrecht des bürgerlichen Rechts (2011), S. 279

443 *Wang Tze-Chien*, Sachenrecht des bürgerlichen Rechts (2010), S. 613 f.

IV. Die Entwürfe des Zivilgesetzbuches der Volksrepublik China aus den Jahren 1956, 1964 und 1982

Nach der Gründung der Volksrepublik China am 1. 10. 1949 wurden sämtliche Gesetze der Republik China außer Kraft gesetzt. Mithin galt das CZGB 1930 auf dem chinesischen Festland nicht mehr. Das neue kommunistische Regime bemühte sich nunmehr um ein eigenes neues „sozialistisches Zivilgesetzbuch", welchem das sowjetische Zivilgesetzbuch von 1922 als Vorbild diente. Die Rezeption des kontinentaleuropäischen „kapitalistischen" Zivilrechts war in dieser Phase aus politischen Gründen undenkbar. Der erste Referenzentwurf des Zivilgesetzbuches der Volksrepublik wurde im Jahre 1956 ausgearbeitet. Dieser gliederte sich in vier Bücher, einen allgemeinen Teil, das Schuldrecht, das Sachenrecht und das Erbrecht, mit einer Gesamtzahl von 525 Paragrafen. 1964 setzte der ständige Ausschuss des Volkskongresses eine Gruppe zur Gesetzgebung ein, die im Juli 1964 den zweiten Referenzentwurf vorlegte, der drei Bücher, einen allgemeinen Teil, Eigentum sowie Eigentumsübertragung, umfasste. 1966 brach sodann die sogenannte Kulturrevolution aus, die zu einem Niedergang der bisherigen Sozial- und Rechtsordnung führte, woraufhin die Fortsetzung der Gesetzgebung unterbrochen wurde. Mit dem Ende der Kulturrevolution im Jahre 1976 wurde die Arbeitsgruppe zur Gesetzgebung wieder eingesetzt, die 1982 einen dritten Referenzentwurf des Zivilgesetzbuchs präsentierte, der wie seine beiden Vorgängerentwürfe stark von sowjetischem und ungarischem Recht geprägt war.[444]

Aus heutiger Sicht sind alle drei Referenzentwürfe als gänzlich überholt zu charakterisieren. Abgesehen davon, dass die Entwürfe stark von der Doktrin des Maoismus und des Marxismus-Leninismus geprägt waren,[445] versteht es sich von selbst, dass ein Zivilrecht im westlichen Sinn, das den Rechtsverkehr bei freier Marktwirtschaft regelt,[446] nicht mit den Prämissen strenger Planwirtschaft zu vereinbaren war.[447] Der gutgläubige Erwerb, der dem Verkehrsschutz bei freier Marktwirtschaft zu dienen bestimmt ist, verlor wegen der besonderen Wirt-

---

444 *Sun*, Die Rezeption der westlichen Zivilrechtswissenschaft und ihre Auswirkung im modernen China, in: RabelsZ 71 (2007), 644 (648 ff.); *Baumann*, Das neue chinesische Sachenrecht (2005), S. 40 f.

445 Z. B. in § 1 des zweiten Referenzentwurfs wird der Maoismus als Leitsatz des Zivilrechts bezeichnet, vgl. *He/Li/Chen* (Hrsg.), Überblick der Entwürfe des Zivilgesetzbuchs vom neuen China (2002), Band II, S. 162.

446 *Prütting*, Sachenrecht (2017), S. 7.

447 *Wilhelm*, Sachenrecht (2016), S. 186; *Sun*, Die Rezeption der westlichen Zivilrechtswissenschaft und ihre Auswirkung im modernen China, in: RabelsZ 71 (2007), 644 (648 ff.).

schaftsumstände in China zwischen 1949 bis 1978 immer weiter an Bedeutung.[448] Dies spiegelte sich in der Gesetzgebungsdiskussion wider, da im ersten Referenzentwurf der gutgläubige Erwerb vom Nichtberechtigten noch in § 28 geregelt war, während sich in den darauffolgenden beiden Referenzentwürfen keine Regelung diesbezüglich mehr fand.

V. Die Entwürfe des Sachenrechtsgesetzes der Volksrepublik China

1. Die Entstehung der Entwürfe

Da sich die Gesellschaft und die Wirtschaft Chinas mit der Durchsetzung der Reform- und Öffnungspolitik seit 1978 rasch entwickelten, beschloss der Gesetzgeber, anstatt eines systematisch vollständigen Zivilgesetzbuches zunächst Einzelgesetze, wie ein Vertragsgesetz, Sachenrechtsgesetz usw., je nach den wirtschaftlichen Bedürfnissen zu verabschieden.[449] Die Folge dieser Gesetzgebungspolitik waren zahllose Gesetze zivilrechtlicher Natur.[450] In der Zwischenzeit wurde zwar die reine Planwirtschaft in China abgeschafft und als Ersatz die sog. sozialistische Marktwirtschaft im Jahre 1992 eingeführt, die auf der von der marxistischen Ideologie geprägten Trennung von staatlichem, gemeinschaftlichem und privatem Eigentum beruht (Art. 12 und 13 des chinesischen Verfassungsgesetzes), jedoch gleichzeitig die Grundsätze einer liberalen Marktwirtschaft respektiert. Wegen dieser wirtschaftlichen Entwicklung verfügten sowohl Privatpersonen als auch Unternehmen über stets anwachsendes Vermögen, dessen gesetzlichen Schutz von diesen sodann eingefordert wurde. Daneben war es für die Weiterentwicklung der Wirtschaft auch dringend erforderlich, die Beziehung der drei Arten des Eigentums zueinander gesetzlich klar festzulegen.[451]

---

448 Dies kann auch durch das ZGB der „sozialistischen" DDR belegt werden. Im ZGB der DDR von 1975 wurde der gutgläubige Erwerb vom Nichtberechtigten für den Regelfall abgeschafft (§ 27 ZGB der DDR), nur ausnahmsweise konnte das Eigentum an im Einzelhandel verkauften Sachen, an Geld oder Inhaberpapieren gutgläubig erworben werden (§ 28 ZGB der DDR), ausführlich dazu *Freudenberg*, Die Entwicklung des rechtsgeschäftlichen Eigentumserwerbs in der DDR (1997), S. 143 ff.; *Jochen Schröder*, Kauf und Übereignung im Zivilgesetzbuch der DDR, in: FS *Bosch* (1976), 875 (884 f.); eine Gesamtbetrachtung der Eigentumsübertragung nach dem Zivilgesetzbuch der DDR findet sich bei *Wilhelm*, Sachenrecht (2016), S. 186.

449 *Sun*, Die Kodifikation eines Zivilgesetzbuches in China: Einige Probleme mit Blick auf die Systematisierung und Verwissenschaftlichung der Gesetzgebung, in: ZChinR 2017, 86 (88).

450 *Sun*, Die Rezeption der westlichen Zivilrechtswissenschaft und ihre Auswirkung im modernen China, in: RabelsZ 71 (2007), 644 (655 ff.).

451 *Wang Liming*, Studien zum Sachenrecht (2016), Band I, S. 99.

Insofern war es bereits Anfang der 1990er Jahre ein zentrales Anliegen des ständigen Ausschusses des Nationalen Volkskongresses (NVK), ein neues Sachenrechtsgesetz im Rahmen der Kodifikation des Zivilgesetzbuches zu entwerfen. Dafür wurde 1998 eine Kodifikationskommission eingesetzt, die die Leitsätze für den Entwurf des Sachenrechtsgesetzes und andere Teile des Zivilgesetzbuchs erarbeitete. Danach beauftragte die Kodifikationskommission zwei Teams damit, jeweils einen Vorschlagsentwurf für ein Sachenrechtsgesetz auszuarbeiten. Das eine Team bestand aus Rechtswissenschaftlern v. a. von der Chinesischen Akademie für Sozialwissenschaften unter der Führung von *Liang Huixing* (der Entwurf aus dem Liang-Team wird im Folgenden bezeichnet als: Liang-Entwurf[452]). Das andere Team bestand aus Rechtswissenschaftlern verschiedener rechtswissenschaftlicher Fakultäten unter der Führung von *Wang Liming* von der Volksuniversität China (im Folgenden: Wang-Entwurf[453]). Die Kodifikationskommission arbeitete 2001 auf Grundlage der beiden Entwürfe, sich aber vor allem am Wang-Entwurf orientierend, einen eigenen Entwurf zum Sachenrechtsgesetz aus (NVK-Entwurf). Nach Einholung eines Stimmungsbildes durch verschiedene Juristen, Richter und andere juristische Praktiker erfuhr der NVK-Entwurf noch mehrmalige Änderungen. 2002 wurde der NVK-Entwurf dann dem ständigen Ausschuss des NVK zur ersten Lesung eingereicht. Die zweite und die dritte Lesung fanden jeweils im Juli 2004 und im Juli 2005 statt. Es wurde beschlossen, den NVK-Entwurf dem NVK im März 2006 zur Abstimmung vorzulegen. Allerdings brach im Herbst 2005 ein weitreichender ideologischer Streit um die etwaige Verfassungswidrigkeit des NVK-Entwurfs aus, der von *Gong Xiantian* an der Universität Peking, ein im Jahre 1987 an der Universität Sarajevo im damaligen Jugoslawien promovierter und somit das „orthodoxe sozialistische Recht" kennender Jurist, losgetreten wurde. *Gong* veröffentlichte am 12. 08. 2005 einen offenen Appellbrief an den Sprecher des NVK, wobei er dem NVK-Entwurf vorwarf, von den Grundprinzipien des Sozialismus abgewichen zu sein und somit versucht zu haben,

---

452 Der Liang-Entwurf wurde im Jahre 1999 veröffentlicht und enthielt 435 Paragrafen. Nähere Informationen zu diesem Entwurf in deutscher Sprache bei *Baumann*, Das neue chinesische Sachenrecht (2005), S. 49 f.; *Zinser*, Die Entstehung des chinesischen Sachenrechtsgesetzes (2012), S. 79.

453 Der Wang-Entwurf wurde im Jahre 2000 veröffentlicht und enthielt insgesamt 575 Paragrafen. Nähere Informationen dazu, *Baumann*, Das neue chinesische Sachenrecht (2005), S. 50 ff.; *Zinser*, Die Entstehung des chinesischen Sachenrechtsgesetzes (2012), S. 79.

„das Rad der Geschichte zurückzudrehen".[454] *Gong* fasste dies in vier Punkten zusammen: Erstens wende sich der Entwurf von der sowjetischen Rechtstradition in der Weise ab, dass dieser „das Zivilrecht des [westlichen] Bürgertums sklavisch abgeschrieben" habe; zweitens sei im Entwurf eine Abkehr von der Tradition der Chinesischen Kommunistischen Partei zu erblicken, da er keinen wesentlichen Unterschied zum alten CZGB 1930 darstelle; drittens weiche der Entwurf von den Grundprinzipien des Sozialismus ab und versuche vielmehr der Globalisierung der Wirtschaft sowie dem Wirtschaftsneoliberalismus zu gefallen; schließlich seien die marxistischen und sozialistischen Gesetzgebungsgrundsätze zugunsten jener des Kapitalismus aufgegeben worden.[455] Da sich *Gongs* Meinung auf die klassische Rechtsanschauung des Marxismus-Leninismus stützte und somit von der Chinesischen Kommunistischen Partei mit ihrer orthodoxen Ideologie nicht ohne weiteres in Abrede gestellt werden konnte, wurde *Gong* vom Sprecher des NVK zu einem „80-minutigen Gespräch"[456] einbestellt.

Alle namhaften chinesischen Zivil- und Verfassungsrechtler waren in den Streit verstrickt,[457] der schließlich dazu führte, dass einerseits mehrere deklaratorische sozialistisch-doktrinäre Elemente, die uns ohne weiteres an *Gierkes* renommiertes Zitat „ein Tropfen sozialistisches Öl durchsickern"[458] erinnern und die in der Tat jedoch anders als jenes von *Gierke* gemeint sind, in den Entwurf eingefügt wurden und anderseits die Abstimmung des NKV über den Entwurf um ein Jahr auf März 2007 verschoben wurde.

2. *Der gutgläubige Eigentumserwerb nach den jeweiligen Entwürfen*

a) *Der Liang-Entwurf*

Der bis heute noch gegenwärtige Streit über die Rezeption des Trennungs- und Abstraktionsprinzips wurde zwischen *Liang Huixing* und seinem Kollegen *Sun Xianzhong* ausgetragen, die beide Mitautoren des Liang-Entwurfs waren. Nach den Autorenangaben des Entwurfs war *Sun* der Verfasser der Regel über die rechtsgeschäftliche Eigentumsübertragung, deren Begründung jedoch von *Liang* verfasst wurde. *Liang* ist der berühmteste die Aufnahme des Trennungs-

454 Hier zitiert nach *Liu/Zhang* (Hrsg.), Die von *Gong Xiantian* ausgelöste Sensation (2006), S. 25.

455 *Liu/Zhang* (Hrsg.), Die von *Gong Xiantian* ausgelöste Sensation (2006), S. 29.

456 *Liu/Zhang* (Hrsg.), Die von *Gong Xiantian* ausgelöste Sensation (2006), S. 248.

457 Alle wichtigen Aufsätze zum Streit wurden nachträglich aufgenommen in einen Sammelband, also, *Liu/Zhang* (Hrsg.), Die von *Gong Xiantian* ausgelöste Sensation (2006).

458 *Gierke*, Die soziale Aufgabe des Privatrechts (1889), S. 13.

und Abstraktionsprinzips ablehnende Rechtswissenschaftler in China,[459] wohingegen *Sun* aufgrund seiner dahin gehend positiven Einstellung bekannt ist.[460] Im Liang-Entwurf konnten sich *Liang* und *Sun* offenbar nicht auf eine Variante einigen, denn § 41 hätte jedenfalls zugunsten des Trennungs- und Abstraktionsprinzips ausgelegt werden können,[461] während in *Liangs* Erläuterung zur rechtsgeschäftlichen Eigentumsübertragung das Trennungs- und Abstraktionsprinzip nachdrücklich ausgeschlossen wurde.[462] Mithin erfolgte der rechtsgeschäftliche Eigentumserwerb beweglicher Sachen vom Berechtigten im Liang-Entwurf durch Grundgeschäft und Übergabe (§ 41). Zudem werden die Übergabe kurzer Hand (§ 42) sowie Übergabesurrogate, also die Abtretung des Herausgabeanspruchs (§ 43) und die Vereinbarung eines Besitzkonstituts (§ 44), als weitere Möglichkeiten der rechtsgeschäftlichen Eigentumsübertragung genannt. Fehlt dem Veräußerer die Verfügungsbefugnis, kommt ein gutgläubiger Erwerb nach § 145 in Betracht. Danach erlangt derjenige das Eigentum an der beweglichen Sache, der den Besitz vom Nichtberechtigten gutgläubig und entgeltlich erwirbt. Somit ist der gutgläubige Erwerb einerseits auf den Grundtatbestand des Mobiliarerwerbs vom Berechtigten und andererseits auf die allgemeinen Vorschriften des Besitzes zurückzuführen. Der Entwurf verzichtete jedoch mit Absicht auf eine ausführliche Regelung des mittelbaren Besitzes mit der Begründung, dass im Kapitel der Eigentumsübertragung beweglicher Sachen das Besitzkonstitut, das im Ergebnis zum mittelbaren Besitz führe, und die Abtretung des Herausgabeanspruchs, die einen bestehenden mittelbaren Besitz voraussetze, dahin gehend ausreichend sei-

---

459 Auch in der deutschen Literatur ist dies wahrnehmbar, z. B. bei *Bu*, Einführung in das Recht Chinas (2009), S. 135, Fn. 52.

460 *Sun*, Die Rezeption der westlichen Zivilrechtswissenschaft und ihre Auswirkung im modernen China, in: RabelsZ 71 (2007) 644 (659).

461 § 41 S. 1: „Der rechtsgeschäftliche Erwerb des Eigentums an beweglichen Sachen wird wirksam mit der Übergabe." Hier könnte sich der Ausdruck „rechtsgeschäftlich" sowohl auf ein dingliches als auch auf ein schuldrechtliches Rechtsgeschäft beziehen. Da der Verfasser des § 41, *Sun Xianzhong*, hartnäckig auf der Übernahme der Lehre des dinglichen Rechtsgeschäfts beharrte, liegt seine Meinung hierzu nahe. Nach dem Inkrafttreten des Sachenrechtsgesetzes 2007 wies *Sun Xianzhong* entgegen der Intention des Gesetzgebers nach, dass den Vorschriften über die Eigentumsübertragung eigentlich der Grundgedanke des vom Grundgeschäft getrennten dinglichen Rechtsgeschäfts zugrunde liege, vgl. *Sun*, Die Kommentierung zu den Regeln über die Übertragung dinglicher Rechte im Sachenrechtsgesetz der VR China, in: Chinese Journal of Law 2008 (3), S. 50.

462 *Liang* (Hrsg.), Der Vorschlagsentwurf des chinesischen Sachenrechtsgesetzes nebst den Begründungen (Nachdruck 2007), S. 86.

en. Zudem könnten die Regeln des Besitzes dadurch auch vereinfacht werden.[463] Folglich können die Regeln über Eigentumserwerb vom Berechtigten dann auf den Erwerb vom Nichtberechtigten anzuwenden, wenn die fehlende Verfügungsbefugnis durch den guten Glauben des Erwerbers (§ 145 Abs. 2) ersetzt werden kann und die Sache dem echten Eigentümer nicht abhandengekommen ist (§ 146 Abs. 1). Wie in der alten Fassung des CZBG von 1930 fehlte es dem Liang-Entwurf gleichfalls an einer Vorschrift, die wie § 933 BGB den gutgläubigen Erwerb durch bloßes Besitzkonstitut ausschließt. Somit ist der Liang-Entwurf hinsichtlich der Übergabe bzw. des Besitzerwerbs aus mehreren Perspektiven korrekturbedürftig, ansonsten wäre man ohne Weiteres mit der Aufgabe konfrontiert, sich mit der Besitzlage beim gutgläubigen Erwerb auseinanderzusetzen. Aber im Vergleich zum deutschen Recht ist der Interessenkonflikt im Fall des Doppelspiels beim gutgläubigen Erwerb im Liang-Entwurf stark abgeschwächt, weil die Sicherungsübereignung beweglicher Sachen nach § 411 durch „*notice filing*"[464] perfektioniert wurde.[465] Demnach sind derartige Interessenkonflikte wie im deutschen Recht, die durch die mangelnde Publizität bei der Sicherungsübereignung entstanden sind,[466] im Konzept des Liang-Entwurfs vermieden worden.[467]

b) Der Wang-Entwurf

Der Wang-Entwurf teilt die ablehnende Meinung des Liang-Entwurfs hinsichtlich des Trennungs- und Abstraktionsprinzips.[468] Somit richtet sich der rechtsgeschäftliche Eigentumserwerb an beweglichen Sachen ebenfalls nach dem

---

463 *Liang* (Hrsg.), Der Vorschlagsentwurf des chinesischen Sachenrechtsgesetzes nebst den Begründungen (Nachdruck 2007), S. 684 f.

464 Zum amerikanisch-rechtlichen „*notice filing*", vgl. *Brinkmann*, Kreditsicherheiten an beweglichen Sachen und Forderungen (2011), S. 378; *Lwowski*: "Quiet" Creation of Security Interests or Filing, in: *Eidenmüller/Kieninger* (Hrsg.), The Future of Secured Credit in Europe (2008), S. 174 ff.

465 Nach § 411 des Liang-Entwurfs ist Sicherungsübereignung bei unbeweglichen Sachen auch möglich, wobei der schuldrechtliche Sicherungsvertrag zur Sicherungsübereignung ins Grundbuch eingetragen werden muss. *Liang* (Hrsg.), Der Vorschlagsentwurf des chinesischen Sachenrechtsgesetzes nebst den Begründungen (Nachdruck 2007), S. 678.

466 *Zhuang*, Interessenkonflikte wegen des Mangels an Publizität bei der Sicherungsübereignung (2012), S. 51 ff.

467 *Liang* (Hrsg.), Der Vorschlagsentwurf des chinesischen Sachenrechtsgesetzes nebst den Begründungen (Nachdruck 2007), S. 678.

468 *Wang Liming* (Hrsg.), Der Vorschlagsentwurf des chinesischen Sachenrechtsgesetzes nebst den Begründungen (2001), S. 164 f.

schuldrechtlichen Grundgeschäft und einer nichtrechtsgeschäftlichen Übergabe der Sache, § 36. Die Übergabe ist legal definiert als Besitzwechsel vom Veräußerer auf den Erwerber, § 37. Die Übergabe iSv § 36 lässt sich aber durch die Abtretung des Herausgabeanspruchs oder ein Besitzkonstitut ersetzen. Wird eine bewegliche Sache vom Nichtberechtigten veräußert, ist der Erwerber auf den gutgläubigen Erwerb nach § 74 des Wang-Entwurfs angewiesen. Anders als im Liang-Entwurf ist der gutgläubige Erwerb durch bloßes Besitzkonstitut oder Abtretung des Herausgabeanspruchs nach § 76 des Wang-Entwurfs ausgeschlossen. Der erste Grund liegt darin, dass der gutgläubige Erwerb der Verkehrssicherheit und der Stabilisierung des Besitzverhältnisses dienen soll, dieses Ziel aber durch gutgläubigen Eigentumserwerb mittels bloßen Besitzkonstituts oder Abtretung des Herausgabeanspruchs, also ohne äußere Erkennbarkeit, unterlaufen würde; der zweite Grund besteht darin, dass es beim bloßen Besitzkonstitut und der Abtretung des Herausgabeanspruchs keinen erkennbaren Standortwechsel der Sache gibt, es also an der Publizität fehlt und daher der in dieser Weise vollendete Eigentumsübergang einem Dritten nicht entgegenhalten werden kann. Im Ergebnis schade der Ausschluss des gutgläubigen Erwerbs bei bloßem Besitzkonstitut oder der Abtretung des Herausgabeanspruchs der Verkehrssicherheit nicht.[469] Zudem wird das Konzept der Sicherungsübereignung vom Wang-Entwurf wegen mangelnder Publizität gänzlich abgelehnt.[470] Aufgrund des *Numerus clausus* bzw. des Typenzwangs (§ 3) wäre es im Rahmen des Wang-Entwurfs schwierig, die Sicherungsübereignung rechtsfortbildend zu entwickeln. Diesbezüglich lässt sich zudem ins Feld führen, dass nach Inkrafttreten des Sachenrechtsgesetzes (2007), das die Sicherungsübereignung ebenfalls nicht kennt, die chinesische konservative Rechtspraxis dieses Rechtsinstitut auch heute noch einstimmig ablehnt. Der Ausschluss des gutgläubigen Erwerbs bei bloßem Besitzkonstitut und bei der Abtretung des Herausgabeanspruchs sowie die fehlende Sicherungsübereignung im Wang-Entwurf, vereinfachten die Probleme, die sich in Bezug auf den Besitz beim gutgläubigen Erwerb stellen konnten, erheblich. Ein Doppelspiel des Besitzmittlers war nach dem Wang-Entwurf kaum möglich.

c) Der NVK-Entwurf

Der NVK-Entwurf erfuhr in der Zeit zwischen dem 27. Juli 2005 und dem 13. März 2007 mehrere Überarbeitungen, wobei jedoch die Vorschriften über den rechtsgeschäftlichen Eigentumserwerb beweglicher Sachen von der ersten bis zur

469 *Wang Liming* (Hrsg.), aaO., S. 236.
470 *Wang Liming* (Hrsg.), aaO., S. 419 f.

siebten Fassung unverändert blieben, da diese Regelungen rein technischer Natur waren. Der NVK-Entwurf übernahm diesbezüglich die im Schrifttum und in der Praxis bereits herrschenden Meinungen. Daher sah sich der Gesetzgeber nicht in der Pflicht, den wissenschaftlichen Streit über einzelne Details zu regeln: Da das Abstraktions- und Trennungsprinzip wissenschaftlich überwiegend abgelehnt wurde, war der Gesetzgeber dem gefolgt; da hingegen bezüglich der Zulässigkeit von Übergabesurrogaten beim gutgläubigen Erwerb vom Nichtberechtigten keine Einigkeit bestand und die beiden Vorschlagsentwürfe insgesamt und ja sogar innerhalb desselben inkonsistent waren, hüllte sich der Gesetzgeber hierzu absichtlich in Schweigen (s. unten).

Der NVK-Entwurf stimmte bereits weitgehend mit dem später tatsächlich in Kraft getretenen Sachenrechtsgesetz überein, welches im Folgenden zu betrachten gilt.

B. Die aktuelle Rechtslage zum gutgläubigen Erwerb nach dem Sachenrechtsgesetz der VR China

I. Kausalprinzip und gutgläubiger Erwerb im chinesischen Recht

1. Allgemeines

Nach § 23 SRG[471] wird die Begründung und Übertragung von Rechten an beweglichen Sachen im Zeitpunkt der Übergabe wirksam, wenn das Gesetz nichts anderes bestimmt. Abgesehen von dieser allgemeinen Vorschrift für die Begründung und Übertragung aller Rechte an Sachen stellt das chinesische Vertragsgesetz für den Eigentumsübergang im Rahmen eines Kaufvertrages die konkretere Regel auf, dass das Eigentum an der Kaufsache mit der Übergabe übergeht, soweit gesetzlich nichts anderes bestimmt ist und die Parteien auch nichts anderes vereinbart haben (§ 133 VG[472]). Problematisch ist insoweit § 135 VG,[473] nach dem der Verkäufer verpflichtet ist, dem Käufer die Kaufsache zu übergeben und ihm das Eigentum an der Kaufsache zu übertragen. Den Verkäufer treffen folglich nach § 135 VG zwei

471 § 23 Sachenrechtsgesetz: „Die Errichtung und Übertragung von Sachenrechten an beweglichen Sachen wird, wenn das Gesetz nichts anderes bestimmt, im Zeitpunkt der Übergabe wirksam."

472 § 133 Vertragsgesetz: „Das Eigentum am Vertragsgegenstand geht mit der Übergabe des Gegenstands über, soweit gesetzlich nichts anderes bestimmt ist, und die Parteien auch nichts anderes vereinbaren."

473 § 135 Vertragsgesetz: „Der Verkäufer ist verpflichtet, dem Käufer den Vertragsgegenstand oder die Dokumente zur Entgegennahme des Vertragsgegenstandes zu übergeben und ihm das Eigentum am Vertragsgegenstand zu übertragen."

Verpflichtungen: Übergabe und Eigentumsübertragung. Nach dem eindeutigen Wortlaut der Norm sollen beide Verpflichtungen voneinander getrennt sein, das Eigentum also nicht nur durch die Übergabe übergehen können. Wenn der Verkäufer neben der Übergabe noch die Kaufsache „übereignen“ soll, ist zur Erfüllung der zweiten Verpflichtung ein dingliches Rechtsgeschäft unausweichlich. Ein anderer Beweis für das dingliche Rechtsgeschäft findet sich in § 134 VG,[474] nach dem die Parteien im Kaufvertrag vereinbaren dürfen, dass das Eigentum an der Kaufsache solange dem Verkäufer zusteht, bis der Käufer seiner Pflicht, den Kaufpreis zu entrichten sowie weiterer vereinbarter Pflichten nachgekommen ist. Dies ist der sog. Eigentumsvorbehalt, bei dem der Eigentumsübergang einer Sache von der rechtsgeschäftlich vereinbarten Bedingung, also der vollständigen Zahlung des Kaufpreises oder der Erfüllung anderen Pflichten, abhängig gemacht wird. Diese Bedingung kann das Wirksamwerden des Kaufvertrags auch nicht verhindern, wofür die einzige überzeugende Erklärung ist, dass hier neben dem Kaufvertrag ein anderes Rechtsgeschäft, also ein dingliches Rechtsgeschäft, erforderlich sein soll.[475] In Verbindung mit § 133 VG geht das Eigentum an der Kaufsache auf den Erwerber dadurch über, dass der Verkäufer die Kaufsache dem Käufer übergibt und sich beide Parteien darüber einig sind, dass das Eigentum übergehen soll. Insofern könnte man meinen, dass das Trennungsprinzip im chinesischen Vertragsgesetz beim Kaufvertrag deutlich erkennbar ist. Ob die Wirksamkeit des dinglichen Rechtsgeschäfts auch von der des obligatorischen abstrahiert werden wird, ist jedoch noch einmal eine andere Frage. Allerdings wird diese Erklärung zur Dogmatik der§§ 133 ff. VG, die aus deutscher Sicht überzeugend erscheint, von der chinesischen Rechtspraxis sowie der überwiegenden Literatur abgelehnt.[476] Nach allgemeiner Meinung ist vielmehr davon auszugehen, dass die dingliche Einigung im chinesischen Recht nicht vom Grundgeschäft zu trennen sein soll.[477] Hierfür spricht § 130 VG, der besagt, dass der Kaufvertrag ein

474 § 134 Vertragsgesetz: „Die Parteien können im Kaufvertrag vereinbaren, dass das Eigentum am Vertragsgegenstand solange dem Verkäufer zusteht, bis der Käufer seine Pflicht, den Preis zu zahlen sowie weitere Pflichten erfüllt hat.“

475 *Zhu Qingyu*, Die normative Struktur des dinglichen Rechtsgeschäfts und das Übereignungsprinzip in China, in: Jurist 2013 (6) 62 (67 f.); auch *Tian Shiyong*, Studien zur Lehre des dinglichen Rechtsgeschäfts (2002), S. 234.

476 Bis heute gibt es in der VR China noch kein Urteil, in dem das Abstraktionsprinzip zur Anwendung gekommen ist. In der Literatur gewinnt das Trennungsprinzip zwar immer mehr Befürworter, aber dieser Trend ist erst noch auf dem Vormarsch.

477 Ob das chinesische Recht das Trennungs- und das Abstraktionsprinzip bereits kennt oder jedenfalls in Zukunft anerkennen sollte, war und ist höchst streitig. Meinungen

Vertrag ist, bei dem der Verkäufer dem Käufer das Eigentum am Vertragsgegenstand überträgt und der Käufer dem Verkäufer den Kaufpreis zahlt.[478] Nach dieser Vorschrift soll sich der Kaufvertrag direkt nach Eigentumsübergang richten, womit sie den §§ 133 ff. VG widerspricht. Nur im Rahmen der Gesetzesauslegung lässt sich dieser Widerspruch nicht befriedigend lösen, sodass abzuwarten bleibt, wie der Gesetzgeber diesen im neuen Zivilgesetzbuch auflösen wird.

Die vorliegende Arbeit widmet sich im Wesentlichen dem Verhältnis zwischen Besitzerwerb und gutgläubigem Eigentumserwerb, sodass die Grundregel der Eigentumsübertragung nur ein dahinter stehendes Problem darstellt. Ob die Übertragung des Eigentums an beweglichen Sachen durch obligatorischen Vertrag und Übergabe oder durch das vom Grundgeschäft getrennte dingliche Rechtsgeschäft und Übergabe erfolgt, spielt nur dann eine Rolle, wenn das obligatorische oder dingliche Rechtsgeschäft nichtig oder nachträglich unwirksam ist. Soweit dies bisher zu beurteilen ist, besteht derzeit wohl noch kein Ansatz des Gesetzgebers, das Trennungs- und das Abstraktionsprinzip in die neue Kodifikation des Zivilrechts zu übernehmen.[479]

---

für das Trennungsprinzip, aber gegen Abstraktionsprinzip: *Peng Chengxin*, Die Wahl der Übereignungsregel in der Gesetzgebung, in: Rechtswissenschaft 2000(1), S. 73–80 u. 2000(2), S. 55–65; Meinungen für beides: *Sun Xianzhong*, Zur Entstehung und Bedeutung des dinglichen Rechtsgeschäfts, in: Chinese Journal of Law 1996, Band 18, S. 80–92; *Zhu Qingyu*, Die normative Struktur des dinglichen Rechtsgeschäfts und das Übereignungsprinzip in China, in: Jurist 2013, Band 1, S. 62–80; Meinungen gegen beides, um hier nur die wichtigsten zu nennen: *Liang Huixing*, Erkennt unser Recht das dingliche Rechtsgeschäft an? in: Chinese Journal of Law 1989, Band 6, S. 56–62; *Chen Huabin*, Zur rechtsgeschäftlichen Eigentumsübertragung, in: Essaysammlung für das Zivil- und Handelsrecht 1997, Nr. 2, Band 6, S. 75–156.

478 Abgesehen von §§ 133 ff. VG ist diese Vorschrift anders als § 433 Abs. 1 BGB, nach dem der Verkäufer sich durch den Kaufvertrag nur dazu verpflichtet, dem Käufer die Sache zu übergeben und das Eigentum an der sach- und rechtsmangelfreien Sache zu verschaffen. Wegen des Trennungs- und Abstraktionsprinzips ist der Eigentumsübergang vom Kaufvertrag unabhängig. Für den Eigentumsübergang sind Einigung und Übergabe iSv § 929 S. 1 BGB erforderlich.

479 In dem am 15. März 2017 verabschiedeten Allgemeinen Teil des chinesischen Zivilgesetzbuchs ist kein einziger Beleg für das Trennungs- und Abstraktionsprinzip ersichtlich. Freilich kann man manche Vorschriften mit der nötigen Kreativität zugunsten des Trennungsprinzips auslegen. [Z. B., neuerdings, *Zhu Xiaozhe*, Kommentierung zu § 133 ZGB AT, in: *Chen Su* (Hrsg.), Kommentar zum Allgemeinen Teil des chinesischen Zivilgesetzbuchs (2017), S. 934 ff.] Das Abstraktionsprinzip ist dem neuen ZGB AT jedoch keinesfalls zu entnehmen. Der Entwurf zum Sachenrecht des neuen Zivilgesetzbuchs ist noch nicht veröffentlicht.

Nach der bisher überwiegenden Meinung, dass der rechtsgeschäftliche Eigentumsübergang durch obligatorischen Vertrag und Übergabe erfolgt, kommt dem Kaufvertrag eine Doppelwirkung zu: Erstens verpflichtet sich der Verkäufer durch den Kaufvertrag zur Übereignung; zweitens wird der Wille beider Parteien, das Eigentum zu übertragen, durch dasselbe Rechtsgeschäft zum Ausdruck gebracht. Mit anderen Worten gehen die dinglich-rechtsgeschäftlichen Elemente im obligatorischen Kaufvertrag auf. Nach diesem Eigentumsübertragungsmodell ist der Vorgang des Eigentumsübergangs als eine untrennbare Einheit anzusehen,[480] sodass der Kaufvertrag Verfügungswirkung mit sich bringt.

Ferner schreibt § 24 SRG als Ergänzung vor, dass Bestellung, Änderung, Übertragung und Erlöschen von Sachenrechten an Schiffen, Luft- und Motorfahrzeugen ohne Registrierung einem gutgläubigen Dritten nicht entgegengehalten werden können. Fraglich ist jedoch, ob die Übertragung des Eigentums an Schiffen, Luft- und Motorfahrzeugen neben dem Grundgeschäft auch die Übergabe voraussetzt. Systematisch betrachtet befinden sich § 23 SRG und § 24 SRG gemeinsam unter dem Titel „Übergabe beweglicher Sachen". Die Übertragung des Eigentums an beweglichen Sachen erfordert nach § 23 SRG die Übergabe, wenn das Gesetz nichts anderes bestimmt. Nach dem ausdrücklichen Wortlaut des § 24 SRG gibt es grundsätzlich keinen Ansatz davon auszugehen, dass „etwas anderes" für die Übertragung des Eigentums an Schiffen, Luft- und Motorfahrzeugen bestimmt wird.[481] Also erfolgt die rechtsgeschäftliche Übertragung des Eigentums an Schiffen, Luft- und Motorfahrzeugen durch Grundgeschäft und Übergabe, doch ohne Registrierung kann dies einem gutgläubigen Dritten nicht entgegenhalten werden.[482]

---

480 *Liang*, Wie ist § 51 VG zu verstehen, in: *ders.* (Hrsg.), Essaysammlung für das Zivil- und Handelsrecht 1999 Nr. 3, Band 15, S. 220 f. Die Materialien der Gesetzgebung wurden noch nicht veröffentlicht, der Wille des Gesetzgebers ist aus diesem Grund noch nicht ermittelbar. *Liang* hat als dominierender Experte an der Gesetzgebung des geltenden chinesischen Vertragsgesetzes mitgewirkt, weswegen man ihn als Vater des modernen chinesischen Vertragsgesetzes bezeichnen kann. Seine Meinung steht in gewissem Maß stellvertretend für den Willen des damaligen Gesetzgebers. Dies bedeutet aber keinesfalls, dass die nachträgliche Auslegung seiner Meinung entsprechen muss. In der Tat wird seine Auffassung immer häufiger herausgefordert, insbesondere von jüngeren Autoren, wie z. B. *Zhu Qingyu*, Die normative Struktur des dinglichen Rechtsgeschäfts und das Übereignungsprinzip in China, in: Jurist 2013 (6), 62 (70 f.).

481 Dies ist anders als in § 929a BGB und § 2 SchiffsRG, wonach für die Übertragung des Eigentums an Seeschiffen die schlichte Einigung genügt.

482 *Cui*, Sachenrecht (2014), S. 94 ff.; *ders.*, Noch einmal zur Voraussetzung für das Wirksamwerden der Übertragung dingliche Rechte an beweglichen Sachen, in: Ju-

Es ist folglich nach §§ 23, 24 SRG anzunehmen, dass das chinesische Recht für die Übertragung des Eigentums an beweglichen Sachen einheitliche Voraussetzungen aufstellt: Die Übertragung des Eigentums an beweglichen Sachen wird nach §§ 23, 24 SRG dadurch vollendet, dass der berechtigte Veräußerer aufgrund des wirksamen Grundgeschäfts die Sache dem Erwerber übergibt. Nach §§ 25, 26, 27 SRG kann die Übergabe iSv § 23 SRG durch eine *brevi manu traditio*, ein Besitzkonstitut oder die Abtretung des Herausgabeanspruchs ersetzt werden. Bei der Übertragung des Eigentums an Schiffen, Luft- und Motorfahrzeugen kann man allerdings ohne Registrierung den Eigentumswechsel einem gutgläubigen Dritten nicht entgegenhalten.

Nach diesem Eigentumsübertragungsmodell kann der Kaufvertrag (das Grundgeschäft) für sich genommen den Eigentumsübergang nicht direkt herbeiführen. Vielmehr muss die für die Eigentumsübertragung erforderliche Übergabe vollendet werden.[483] Insofern kann man sagen, dass der Eigentumsübergang im chinesischen Recht vom Grundgeschäft „getrennt" ist. Dies ist aber anders als das im deutschen Recht geltende Trennungsprinzip zu verstehen, weil der Erfüllung des Kaufvertrags im chinesischen Recht kein rechtsgeschäftlicher Charakter zukommen soll. Ist das Grundgeschäft unwirksam oder nachträglich nichtig, scheitert der Eigentumsübergang. Also ist das Grundgeschäft „kausal" für den

---

rist 2010 (5), S. 52 f.; *Yang Daixiong*, Die Voraussetzungen für die Übertragung des Eigentums an registrierten beweglichen Sachen, in: Rechtswissenschaft 2010 (1), S. 128 f. Die Registrierung spielt in § 24 SRG keine selbstständige Rolle, wirkt sich vielmehr auf den gutgläubigen Erwerb des Eigentums an Schiffen, Luft- und Motorfahrzeugen aus. Die Mindermeinung geht davon aus, dass für die Übertragung des Eigentums an Schiffen, Luft- und Motorfahrzeugen das Registrierungsprinzip gelten solle, sodass das Eigentum ohne Registrierung nicht auf den Erwerber übergehe und die Übergabe keine Rolle spiele. Dieser Meinung zufolge werden die Mobilien unterschiedslos den Immobilien geleichgestellt, vgl. *Wang Liming*, Die Regel über Mehrfache Veräußerungen der registrierten beweglichen Sachen in: Legal Forum 2010 (6), S. 7 f. Nach einer anderen Meinung erfolgt die Übertragung des Eigentums an Schiffen, Luft- und Motorfahrzeugen durch schlichte Einigung. Dies führt dazu, dass für die Übertragung des Eigentums an wertvollen spezifischen Mobilien auf das Publizitätsprinzip verzichtet wird. Ohne hinreichende rechtspolitische Gründe kann der Verzicht auf das Publizitätsprinzip aber nicht gerechtfertigt werden vgl. dazu *Dai Yongsheng*, Die Registrierung und Entgegenhaltung gegenüber Dritten beim besonderen beweglichen Sachen, in: Oriental Law, 2014(5/6). *De lege ferenda* ist es empfehlenswert, die Eigentumsübertragung für spezifische Mobilien je nach der Art der Mobilien durch ein Partikulargesetz zu regeln.

483 Dies bedeutet aber nicht, dass die Übergabe rechtsgeschäftlicher Natur ist.

Eigentumsübergang. In solchen Fällen, in denen der Eigentumsübergang wegen Nichtigkeit oder nachträglichen Wegfalls des Grundgeschäfts scheitert, kann der Veräußerer entweder nach § 34 SRG die veräußerte Sache vindizieren oder nach § 122 des Allgemeinen Teils des neuen chinesischen Zivilgesetzbuchs 2017[484] den Besitz, den der Erwerber ohne Rechtsgrund durch die Leistung des Veräußerers erlangt hat, kondizieren.

2. *Wirksames Grundgeschäft als Voraussetzung des gutgläubigen Erwerbs nach dem Kausalprinzip*

Wie bereits ausgeführt ist für einen erfolgreichen Eigentumserwerb vom Berechtigten ein wirksames Grundgeschäft erforderlich. Aber für den gutgläubigen Erwerb vom Nichtberechtigten ist es seit dem Erlass des Vertragsgesetzes streitig, ob der Kaufvertrag, mit dem nichtberechtigt über eine dem Veräußerer nicht gehörende Sache verfügt werden soll, wirksam ist oder nicht.

a) Die Auslegung des § 51 VG

Wenn ein Nichtberechtigter über ein Vermögensgut eines anderen verfügt, ist der Vertrag nach § 51 VG[485] (Vertragsgesetz von 1999) wirksam, wenn der Berechtigte diesen genehmigt oder der Nichtberechtigte nach Abschluss des Vertrages die Verfügungsbefugnis erlangt.

Nach der gängigen Erläuterung dieser Vorschrift ist die „Verfügung" in § 51 VG kein Verfügungsgeschäft im Sinne des deutschen Rechts,[486] sondern wird vielmehr

484 Zuvor war § 92 AGZ die Anspruchsgrundlage für ungerechtfertigte Bereicherung. Das Gesetz über Allgemeine Grundgesätze des Zivilrechts der VR China (AGZR) ist am 1. 1. 1987 in Kraft getreten und gilt bis heute, solange es nicht dem neuen Allgemeinen Teil des Zivilgesetzbuchs 2017 widerspricht. Zum AGZR vgl. *Liang*, Das chinesische Zivilrecht: Sein gegenwärtiger Zustand und der Erlaß eines Zivilgesetzbuches, in: AcP 194 (1994), 480 (481 ff.). Da der Entwurf zum zweiten Buch des neuen Zivilgesetzbuchs noch nicht veröffentlicht ist, sind die weiteren Vorschriften über ungerechtfertigte Bereicherung noch unbekannt. Aber § 122 des neuen Allgemeinen Teils wird sicherlich Rechtsgrundlage dafür sein.

485 § 51 Vertragsgesetz: „Wenn ein nicht Verfügungsberechtigter über das Eigentum eines anderen verfügt, so ist der Vertrag wirksam, wenn der Berechtigte diesen genehmigt oder der nicht Verfügungsberechtigte nach Abschluss des Vertrages die Verfügungsbefugnis erlangt."

486 Zum Verfügungsgeschäft im deutschen Recht, vgl. *Flume*, Allgemeiner Teil des Bürgerlichen Rechts, 2. Bd.: Das Rechtsgeschäft (1992), S. 140 ff.

als die von Grundgeschäft und Übergabe bewirkte Rechtswirkung angesehen.[487] Grundgeschäft und Übergabe führen also dazu, dass das Eigentum an beweglichen Sachen vom Veräußerer auf den Erwerber übergeht. Diese Rechtsfolge ist nichts anders als der nach § 929 S. 1 BGB durch Einigung und Übergabe erfolgte Eigentumsübergang. Als Nichtberechtigter verfügt, wer zum Zeitpunkt des Vertragsabschlusses keine Verfügungsbefugnis innehat. Wer die Verfügungsbefugnis nach dem Vertragsabschluss verliert, verfügt hingegen nicht unberechtigt. Auch ein Miteigentümer, der über die gesamte Sache verfügt, handelt nicht als Nichtberechtigter. Nach § 51 VG wirkt sich die mangelnde Verfügungsbefugnis auf das Wirksamwerden des Grundgeschäfts aus. Wird z. B. durch einen Kaufvertrag über eine fremde Sache unberechtigt verfügt, so hängt die Wirksamkeit des Kaufvertrags von der Genehmigung des Verfügungsberechtigten ab oder aber davon, ob der Nichtberechtigte nachträglich die Verfügungsbefugnis erhält. Vor der Genehmigung durch den Berechtigten oder vor dem nachträglichen Erwerb der Verfügungsbefugnis ist der (Kauf)Vertrag schwebend unwirksam. Diese schwebende Unwirksamkeit des (Kauf)Vertrags ist aber nur ein vorläufiger Zustand. Wenn die Genehmigung vorliegt oder der (ursprünglich) Nichtberechtigte nachträglich die Verfügungsbefugnis erhält, wird der Vertrag nach § 51 VG *ex tunc* wirksam, sodass der Eigentumsübergang nach §§ 23 ff. SRG erfolgt. In solchen Fällen ist der Eigentumserwerb also dem vom (von Beginn an) Berechtigten gleichzustellen. Andernfalls wird der Vertrag durch Umkehrschluss aus § 51 VG unwirksam, mithin kommt dann nur ein Eigentumserwerb vom Nichtberechtigten in Betracht. Daraus ist folgerichtig darauf zu schließen, dass die Unwirksamkeit des Kaufvertrags eine Voraussetzung für den gutgläubigen Erwerb ist.

b) Fehlende Verfügungsbefugnis als Hindernis des Eigentumsübergangs, aber nicht für das Wirksamwerden des Kaufvertrags

Dass der einem gutgläubigen Erwerb zugrunde liegende Kaufvertrag nach § 51 VG unwirksam sein muss, bringt zahlreiche Probleme mit sich: Verweigert der

487 Dies ist die ganz überwiegende Meinung im Schrifttum und in der Praxis: *Baumann*, Das neue chinesische Sachenrecht (2006), S. 139 f. Aber mache Autoren, insbesondere diejenigen, die in Deutschland studiert haben und die Rezeption des Trennungs- und Abstraktionsprinzips befürworten, gehen davon aus, dass der Grundgedanke des § 51 VG dem des § 185 BGB nachgebildet ist. Somit sei die „Verfügung“ iSv § 51 VG als Verfügungsgeschäft zu verstehen. Diese Auffassung gewinnt immer mehr Befürwortung in China, s. *Zhu Qingyu*, Allgemeiner Teil des Zivilrechts (2016), S. 291 f.; *Tian Shiyong*, Die Rezeption der Theorie des dinglichen Rechtsgeschäfts in China, in: FS *Knütel* (2009), 1281 (1288).

Verkäufer die Übergabe der Kaufsache an den gutgläubigen Erwerber, kann der Erwerber aus dem Kaufvertrag nicht die Übergabe bzw. Erfüllung verlangen.[488] Angenommen, der Verkäufer hätte den Kaufvertrag erfüllt und die Sache dem Käufer übergeben, kann der Käufer Gewährleistungsrechte wegen Sach- oder Rechtsmängel geltend machen?[489] Im Jahre 2012 hat das Oberste Volksgericht Chinas eine richterliche Auslegung für den Kaufvertrag verabschiedet. In § 3 Abs. 1 der richterlichen Auslegung wies der Gerichtshof den Klageanspruch einer Partei ab, die sich auf die Unwirksamkeit des Kaufvertrags wegen mangelnder Verfügungsbefugnis beruht. Demnach ist davon auszugehen, dass die Vorschrift des § 51 VG durch die richterliche Auslegung de facto geändert wurde.[490] Dies führt dazu, dass die Wirksamkeit des Kaufvertrags iSv § 51 VG nicht mehr von der Genehmigung des Berechtigten oder von der nachträglich erlangten Veräußerungsbefugnis abhängig ist. In der Praxis[491] kann also fehlende Verfügungsbefugnis das Wirksamwerden des

488 In diesem Fall ist auch ein Anspruch des Käufers aus c. i. c. (§ 42 Nr. 3 VG) denkbar. Dieser Anspruch ist aber nur auf Schadensersatz, nicht Erfüllung des Kaufvertrags gerichtet. Wenn der Käufer ein besonderes Interesse an der Kaufsache hat, hilft ihm also der Anspruch aus c. i. c. nicht weiter.

489 Dies ist vergleichbar mit der Konstellation, in der ein Vertreter ohne Vollmacht mit einem Dritten einen Kaufvertrag abgeschlossen hat, und der Kaufvertrag wegen Verweigerung der Genehmigung durch den Vertretenen unwirksam wird (§ 177 Abs. 1 BGB). Wenn die Voraussetzungen der Rechtsscheinvollmacht nicht gegeben sind, kann der Dritte nach § 179 Abs. 1 BGB nach seiner Wahl die Erfüllung des Vertrags von dem Vertreter verlangen. Wenn der Vertreter den Vertrag erfüllt und sich die Kaufsache als mangelhaft erweist, stellt sich die vergleichbare Frage, wie der Dritte seine Gewährleistungsrechte aus §§ 434, 437 BGB geltend machen kann, weil § 437 BGB ein wirksames Schuldverhältnis voraussetzt. In diesem Fall hat der Dritte alle Ansprüche, die er vertraglich gegen den Vertretenen hätte geltend machen können, vgl. MünchKommBGB/*Schramm* (2015), § 179 Rn. 32; Staudinger/*Schilken* (2014), § 179 Rn. 14. Durch diese Lösung können die Interessen beider Seiten ausgeglichen werden, nichtsdestotrotz können de lege ferenda vielleicht bessere Lösungen gefunden werden.

490 Nach dem chinesischen Gesetzgebungsgesetz hat der OVG keine Kompetenz, bestehende Gesetze zu ändern. Somit geht *Cui* davon aus, dass diese richterliche Auslegung dem Gesetzgebungsgesetz widerspricht und daher nichtig ist, *Cui*, Vertragsrecht (2013), S. 106 f. In der Praxis gelten die richterlichen Auslegungen jedoch als „Quasi-Gesetz“, durch die das positive Recht fortgebildet und tatsächlich geändert werden kann. Zur Entstehung und zum heutigen Stand der richterlichen Auslegungen in China, siehe *Ahl*, Neue Maßnahmen zur Vereinheitlichung der Rechtsprechung in China, in: ZChinR 2012, S. 1 ff.

491 So z. B. Tianjin Mitteleres Volksgericht (Nr. 2), 2014, Zitiernummer: CLI.C.3462148; Haian Volksgericht, 2014, Zitiernummer: CLI.C.6004547.

Kaufvertrags nicht verhindern, zugleich aber geht das Eigentum ohne Vorliegen der Voraussetzungen für den gutgläubigen Erwerb nicht über.

c) *Das Erfordernis eines wirksamen Grundgeschäfts für den gutgläubigen Erwerb*

Zusammenfassend ist davon auszugehen, dass die mangelnde Verfügungsbefugnis das Wirksamwerden des Kaufvertrags nicht verhindern soll und die Wirksamkeit des Kaufvertrags eine unentbehrliche Voraussetzung für den gutgläubigen Erwerb ist. Dies entspricht nicht nur den neuen Regelungen der richterlichen Auslegung des Obersten Volksgerichts von 2012, sondern ansonsten können die durch die Nichtigkeit des Kaufvertrags ausgelösten Probleme auch nicht vermieden werden. Erstens führt dies dazu, dass es beim gutgläubigen Erwerb allein auf die Verfügungsbefugnis ankommt, wenn alle anderen Voraussetzungen für den Erwerb vom Berechtigten gegeben sind. Dadurch wird die Eigentumsübertragungsregel beim Erwerb, vom Nichtberechtigten mit derjenigen beim Erwerb vom Berechtigten in Einklang gebracht. Zweitens können die Interessen beider Seiten besser geschützt werden. Einerseits darf sich der Verkäufer auf den wirksamen Kaufvertrag berufen und vom Käufer den Kaufpreis oder Schadensersatz verlangen, wenn dieser nach dem Eigentumserwerb die Kaufpreiszahlung verweigert oder damit in Verzug gerät. Andererseits kann der Käufer nach dem Vertrag vom Verkäufer die Übereignung und die Übergabe der Kaufsache verlangen. Drittens kann der Käufer seine Gewährleistungsrechte geltend machen, die die Wirksamkeit des Kaufvertrags voraussetzen, oder vom Verkäufer Schadensersatz verlangen.[492]

II. Unbefugte Veräußerung fremder Sachen

Nach § 106 Abs. 1 SRG setzt der gutgläubige Erwerb im chinesischen Recht die unbefugte Veräußerung fremder beweglicher Sache voraus.[493] Der gutgläubige Erwerb findet im chinesischen Recht ebenso wie im deutschen Recht ausschließlich im Rahmen der rechtsgeschäftlichen Eigentumsübertragung statt. In der Praxis

492 Ob die Gewährleistung wegen Sachmängeln und die Haftung aus Vertragsbruch bei Kaufverträgen in China verschieden oder einheitlich geregelt ist, ist umstritten. Nach einer neueren Auffassung soll sich die „Einheitstheorie" im chinesischen Gewährleistungsrecht *de lege lata* hinreichend begründen lassen. Dies sei Folge der Rezeption des UN-Kaufrechts, s. *Han Shiyuan*, Die Gewährleistung des Verkäufers wegen Sachmangels und das Vertragsgesetz Chinas, in: China Legal Science 2007, 170 (179 f.). Hier kann der Streit darüber insofern dahinstehen, weil beide einen wirksamen Kaufvertrag voraussetzen.

493 *Wang Liming*, Studien zum Sachenrecht (2016), Band I, S. 422.

kommen die folgenden Fälle häufig vor: Der Mieter, insbesondere Leasingmieter, oder der Verwahrer, der zur Veräußerung der gemieteten oder aufbewahrten Sache nicht berechtigt ist, veräußert sie dennoch an einen gutgläubigen Dritten.

III. Gutgläubigkeit des Erwerbers beim Erwerb

Im Sachenrechtsgesetz fehlt es an einer Legaldefinition für den Begriff der „Gutgläubigkeit". In der richterlichen Auslegung des Obersten Volksgerichts zum Sachenrechtsgesetz von 2016 wird die Gutgläubigkeit klar abgegrenzt. Nach § 15 Abs. 1 der richterlichen Auslegung[494] ist der Erwerber gutgläubig, wenn er im Zeitpunkt des Erwerbs einer unbeweglichen oder beweglichen Sache die fehlende Verfügungsbefugnis des Veräußerers nicht kennt und auch keine grobe Fahrlässigkeit dahin gehend vorliegt. Nach dem zweiten Absatz des § 15 trifft die Beweislast für die Bösgläubigkeit des Erwerbers den wahren Berechtigten.[495] Daher wird die Gutgläubigkeit des Erwerbers im chinesischen Recht ebenso vermutet wie im deutschen Recht nach § 932 Abs. 2 BGB.

Nach dem Wortlaut des § 106 Abs. 1 SRG wird deutlich, dass sich die Gutgläubigkeit auf die Verfügungsbefugnis anstatt auf das Eigentum des Veräußerers bezieht. § 15 der gerichtlichen Auslegung sind zwei Voraussetzungen für die Gutgläubigkeit zu entnehmen. Erstens darf der Erwerber die fehlende Verfügungsbefugnis des Veräußerers nicht kennen, was das objektive Kriterium darstellt. Da die Unkenntnis hinsichtlich der fehlenden Verfügungsbefugnis eine negative Tatsache ist, kann die Darlegungs- und Beweislast grundsätzlich nicht dem Erwerber auferlegt werden. Vielmehr muss derjenige, der die Gutgläubigkeit des Erwerbers bestreitet, nachweisen, dass der Erwerber beim Erwerb schon Kenntnis von der fehlenden Verfügungsbefugnis hatte.[496] Zweitens darf diese Unkenntnis

---

494 § 15 der richterlichen Auslegung zum Sachenrecht 2016 (Gutgläubigkeit bei Verfügungen ohne Verfügungsbefugnis):
„(1) Hat der Erwerber im Zeitpunkt der Übertragung von unbeweglichen oder beweglichen Sachen keine Kenntnis davon, dass der Veräußerer keine Verfügungsbefugnis hat, und liegt auch keine grobe Fahrlässigkeit vor, muss festgestellt werden, dass der Erwerber gutgläubig ist.
(2) Macht der tatsächlich Berechtigte geltend, dass beim Erwerber keine Gutgläubigkeit gegeben ist, muss er die Beweislast tragen."

495 Dieser Standpunkt wurde in der Literatur bereits vor dem Erlass der richterlichen Auslegung zutreffend vertreten, z. B. *Xu*, Die Basis der Gesetzesauslegung bei der Verteilung der Beweislast in Zivilsachen, in: Chinese Journal of Law 2016(2), 86 (111).

496 *Du* (Hrsg.), Verständnis und Anwendung der richterlichen Auslegung des Obersten Volksgerichts zum Sachenrechtsgesetz (2016), S. 358.

nach § 15 Abs. 1 der Auslegung nicht auf grober Fahrlässigkeit beruhen. In § 17 der Auslegung wird grobe Fahrlässigkeit im Sinne des § 15 Abs. 1 der Auslegung dahin gehend konkretisiert, dass diese vorliegt, wenn beim Erwerb der beweglichen Sache der Vertragspartner, der Ort oder die Geschäftsgelegenheit mit den Verkehrsgebräuchen nicht übereinstimmen.

IV. Entgeltlichkeit der Veräußerung, also zu einem angemessenen Preis

Des Weiteren setzt § 106 Abs. 1 SRG für den gutgläubigen Erwerb einen „angemessenen Preis" voraus. Durch unentgeltliche Rechtsgeschäfte können bewegliche Sachen nicht erworben werden. Im deutschen Rechte scheitert ein gutgläubiger Erwerb hingegen grundsätzlich nicht an der Unentgeltlichkeit des Grundgeschäfts. Allerdings ist der Erwerber beim unentgeltlichen Erwerb nach § 816 Abs. 1 S. 2 BGB zur Rückübereignung der bereits von ihm erworbenen Sache an den bisherigen Eigentümer verpflichtet.[497] In der chinesischen Literatur wird die Erforderlichkeit der Entgeltlichkeit wie folgt begründet: Erstens erleide der unentgeltliche Erwerber bei anschließender Herausgabe der „erworbenen" Sache grundsätzlich keinen Schaden, denn es fehle an einer Gegenleistung des Erwerbers; zweitens diene der gutgläubige Erwerb der Sicherheit des Rechtsverkehrs, bei dem es sich in der Regel um Interessenaustausch handele, der bei einem unentgeltlichen Erwerb gerade fehle.[498] Außerdem muss der Preis nach § 106 Abs. 1 SRG angemessen sein. Ob der Preis angemessen ist, ist in einer Gesamtbetrachtung anhand der konkreten Umstände wie etwa der Beschaffenheit, der Quantität oder der Form der Bezahlung und unter Berücksichtigung von Faktoren wie z. B. dem Marktpreis am Geschäftsort zum Zeitpunkt der Übertragung und der Verkehrssitte festzustellen, § 19 der Auslegung. Bei einem unangemessenen Preis ist die Gutgläubigkeit in der Regel nicht anzunehmen. Streitig ist jedoch, ob zur Vollendung des Eigentumsübergangs der angemessene Preis gezahlt worden sein muss. Eine in der Literatur verbreitete Meinung geht davon aus, dass der Preis tatsächlich gezahlt worden sein müsse und die bloße Vereinbarung eines angemessenen Preises nicht ausreiche,[499] denn ohne die Zahlung sei das Geschäft noch nicht abgeschlossen.[500] Außerdem widerspreche der Verzicht auf die Anforderung der Zahlung dem Normzweck des § 106 Abs. 1 SRG und löse Rechtsstreitigkeiten

497 MünchKommBGB/*Schwab* (2017), § 816, Rn. 63 ff.

498 *Wang Liming*, Studien zum Sachenrecht (2016), Band I, S. 429.

499 *Liang/Chen*, Sachenrecht (2016), S. 195.

500 *Wang Liming*, Studien zum Sachenrecht (2016), Band I, S. 430.

aus.[501] Einer anderen Meinung zufolge ist die tatsächliche Zahlung nicht erforderlich. Denn aus dem Ausdruck „zu einem angemessenen Preis" in § 106 Abs. 1 SRG sei keinesfalls darauf zu schließen, dass der Preis gezahlt worden sein müsse. Vielmehr besage § 106 Abs. 1 SRG nur, dass ein angemessener Preis vereinbart sein müsse.[502] Die noch ausstehende Zahlung bedeute nur, dass eine Pflicht aus dem Vertrag noch nicht erfüllt worden sei.[503] Der Grund der Auslösung etwaiger Rechtsstreitigkeiten gehe fehl, da der (bisherige) Eigentümer trotz der Zahlung beim Erwerber Regress nehmen und somit dennoch einen Rechtsstreit auslösen könne.[504] Der letztgenannten Meinung ist zuzustimmen. Der wichtigste Grund liegt darin, dass der gutgläubige Erwerb im Rahmen des rechtsgeschäftlichen Erwerbs stattfindet. Wenn es für den rechtsgeschäftlichen Eigentumserwerb an beweglichen Sachen vom Berechtigten auf ein wirksames Grundgeschäft und die Übergabe ankommt, kann im Fall des Erwerbs vom Nichtberechtigten nichts anders gelten, abgesehen davon, dass die Verfügungsbefugnis durch den guten Glauben ersetzt wird. In der Regel muss der gute Glaube in jenem Zeitpunkt noch bestehen, in dem der Erwerber das Eigentum erwerben würde.[505] Wenn man die Kaufpreiszahlung, die im Rechtsverkehr häufig als letzter Schritt vollzogen wird, als Voraussetzung für den gutgläubigen Erwerb vom Nichtberechtigten ansehen würde, widerspräche dies schon den allgemeinen Regeln der rechtsgeschäftlichen Eigentumsübertragung, die grundsätzlich nur ein wirksames Grundgeschäft und die Übergabe fordern. Daneben wäre der maßgebliche Zeitpunkt für den guten Glauben keiner der in § 18 der Auslegung bestimmten Zeitpunkte,[506]

---

501 *Wang Liming*, Studien zum Sachenrecht (2016), Band I, S. 431.

502 *Cui*, Sachenrecht: Normen und Lehre (2011), Band I, S. 217.

503 *Cui*, Sachenrecht: Normen und Lehre (2011), Band I, S. 217 f.

504 *Cui*, Sachenrecht: Normen und Lehre (2011), Band I, S. 217.

505 *Prütting*, Sachenrecht (2017), S. 186; *Wilhelm*, Sachenrecht (2016), S. 449 f., 459; *Wang Tze-Chien*, Sachenrecht des Bürgerlichen Rechts (2010), S. 617.

506 § 18 der richterlichen Auslegung zum Sachenrecht 2016 (der maßgebliche Zeitpunkt der Gutgläubigkeit)

(1) Beim Erwerb der unbeweglichen oder beweglichen Sache durch den Erwerber" in § 106 Abs. 1 Nr. 1 Sachenrechtsgesetz ist der Zeitpunkt maßgeblich, in dem [...] die Übergabe der beweglichen Sachen erfolgt.

(2) Übergeben Parteien Sachen in der Form des § 25 Sachenrechtsgesetz, gilt als Zeitpunkt der Übergabe der beweglichen Sachen der Zeitpunkt als maßgeblich, in dem das Rechtsgeschäft wirksam wird; übergeben die Parteien Sachen in Form des § 26 Sachenrechtsgesetz, gilt als Übergabe der beweglichen Sachen der Zeitpunkt, in dem die Vereinbarung zwischen dem Veräußerer und dem Erwerber über die Übertragung des Herausgabeanspruchs wirksam wird.

[...]

sondern meist jener der Preiszahlung, sofern diese wie in der Praxis gängig später erfolgt. Dass hingegen die richterliche Auslegung für die Feststellung der Gutgläubigkeit den Zeitpunkt der Übergabe für maßgeblich hält, bedeutet, dass der gutgläubige Erwerb nicht von der Preiszahlung abhängt. Zusammenfassend kann man so sagen, dass für den gutgläubigen Erwerb ein angemessener Preis vereinbart, jedoch nicht unbedingt gezahlt worden sein muss.

V. Rechtsgeschäft im Sinne eines Verkehrsgeschäfts

Es ist im chinesischen Recht auch anerkannt, dass sich der gutgläubige Erwerb ausschließlich durch Rechtsgeschäft im Sinne eines Verkehrsgeschäfts vollziehen muss. Dies bedeutet zweierlei: Zum einen muss der Eigentumsübergang durch Rechtsgeschäft, wie z. B. Kaufvertrag, erfolgen. Beim Erwerb kraft Gesetzes, wie z. B. durch Erbschaft oder öffentlich-rechtliche Enteignung, ist der gutgläubige Erwerb keineswegs möglich.[507] Zum anderen muss es sich bei dem Rechtsgeschäft, das dem gutgläubigen Erwerb zugrunde liegt, um ein Rechtsgeschäft in Sinne eines Verkehrsgeschäfts handeln. Handelt es sich bei der Veräußerer- und der Erwerberseite rechtlich oder wirtschaftlich um dasselbe Rechtssubjekt, ist ein Verkehrsgeschäft nicht anzunehmen.[508]

VI. Übergabe

Nach den allgemeinen Regeln soll die Eigentumsübertragung an beweglichen Sachen grundsätzlich durch Grundgeschäft und Übergabe erfolgen, § 23 SRG. Unter einer Übergabe iSv § 23 SRG versteht man den Wechsel unmittelbaren bzw. mittelbaren Besitzes auf Veranlassung des Veräußerers.[509] Also reichen eine Übergabe kurzer Hand (§ 25 SRG), ein Besitzkonstitut (§ 27 SRG) oder die Abtretung des Herausgabeanspruchs (§ 26 SRG) ebenfalls aus. Im SRG werden Übergabe, Übergabe kurzer Hand, Besitzkonstitut und Abtretung des Herausgabeanspruchs im selben Titel „Übergabe beweglicher Sachen" geregelt. Aus diesem Grund wird die Übergabe in der Literatur in zwei Arten eingeteilt, einerseits die Übergabe im engeren Sinne und andererseits die sog. fingierte Übergabe. Daher stellt sich beim gutgläubigen Erwerb die Frage, ob der Erwerb mittelbaren Besitzes durch den gutgläubigen Erwerber im Wege eines Besitzkonstituts oder durch die Abtretung

---

507 *Liang/Chen*, Sachenrecht (2016), S. 193; *Chang*, Grundkurs und fortgeschrittener Kurs des Sachenrechts (2016), S. 216.

508 *Chang*, Entfaltung und Reflexion über Sachenrecht (2007), S. 263; *Wang Tze-Chien*, Das Sachenrecht des Bürgerlichen Rechts (2010), S. 605.

509 *Cui*, Sachenrecht: Normen und Lehre (2011), Band I, S. 225

des Herausgabeanspruchs auch zum Eigentumsübergang führen kann. Dies wird im folgenden Kapitel näher erörtert.

C. Das Problem des Doppelspiels beim gutgläubigen Erwerb im chinesischen Sachenrechtsgesetz

I. Die Übergabe im Sinne von „Geben und Nehmen" als Ausgangspunkt

Im Idealfall erfolgt die Übergabe iSv § 929 S. 1 BGB dadurch, dass der Veräußerer als unmittelbarer Besitzer die veräußerte bewegliche Sache durch „Geben und Nehmen" dem Erwerber aushändigt[510] und der Erwerber damit den unmittelbaren Besitz erlangt. In diesem Besitzwechsel kommt auch der Eigentumswechsel augenscheinlich zum Ausdruck. Dieses „Idealmodell" der Übergabe im Sinne des § 929 S. 1 BGB kann jedoch die vielfältigen Konstellationen des Wirtschaftslebens nicht abdecken. In der Praxis ist es vielmehr üblich, dass sich beide Seiten bei der Übergabe einer Mittelsperson bedienen. Also kann die Übergabe im Sinne des § 929 S. 1 BGB auch die folgenden Formen umfassen: Aushändigung vom Veräußerer an den Besitzdiener oder Besitzmittler des Erwerbers; Aushändigung vom Besitzdiener oder Besitzmittler des Veräußerers an den Erwerber selbst; Aushändigung der Sache vom Besitzmittler oder Besitzdiener des Veräußerers an den Besitzmittler oder Besitzdiener des Erwerbers.[511] Dabei sind zwei Punkte zu fokussieren: einerseits die Aufgabe des Besitzes beim Veräußerer und andererseits die Erlangung der tatsächlichen Sachherrschaft durch den Erwerber auf Veranlassung des Veräußerers.

Dem gutgläubigen Erwerb des Eigentums an beweglichen Sachen liegt im chinesischen Recht der gleiche Grundgedanke wie im deutschen Recht zugrunde, also die Sicherheit und Erleichterung des Rechtsverkehrs zu schützen.[512] Die Rechtsgrundlage dafür findet sich in §§ 106–108 SRG:

„§ 106 Gutgläubiger Erwerb

(1) Veräußert ein Nichtberechtigter eine unbewegliche oder bewegliche Sache, so kann der Eigentümer die Herausgabe der Sache verlangen. Soweit gesetzlich nichts anderes bestimmt ist, wird der Erwerber unter den folgenden Voraussetzungen Eigentümer der unbeweglichen oder beweglichen Sache:
   1. der Erwerber ist bei Erwerb der unbeweglichen oder beweglichen Sache in gutem Glauben;
   2. die Veräußerung erfolgt zu einem angemessenen Preis;

---

510 Staudinger/*Wiegand* (2017), § 929 Rn. 46; *Wolff/Raiser*, Sachenrecht (1957), S. 235.

511 Staudinger/*Wiegand* (2017), § 929 Rn. 48.

512 MünchKommBGB/*Oechsler* (2017), § 932 Rn. 3.

3. und die Veräußerung der unbeweglichen oder beweglichen Sache ist, sofern nach den gesetzlichen Bestimmungen die Eintragung erforderlich ist, eingetragen worden oder die Sache ist, sofern keine Eintragung erforderlich ist, übergeben worden.

(2) Wird der Erwerber nach der Vorschrift des vorigen Absatzes Eigentümer der unbeweglichen oder beweglichen Sache, so kann der ursprüngliche Eigentümer vom Nichtberechtigten Schadensersatz verlangen.

(3) Für den gutgläubigen Erwerb anderer dinglicher Rechte gelten die Vorschriften der Absätze 1 und 2 entsprechend."

„§ 107 Herausgabe
Eigentümer und andere Berechtigte können die Herausgabe einer verlorenen Sache verlangen. Ist eine solche Sache durch Veräußerung in den Besitz eines anderen gelangt, so kann der Berechtigte vom Nichtberechtigten Schadensersatz oder innerhalb von zwei Jahren ab dem Tag, an dem er von der Person des Erwerbers Kenntnis erlangt hat oder hätte erlangen müssen, vom Erwerber die Herausgabe der Sache verlangen. Hat der Erwerber die Sache in einer öffentlichen Versteigerung oder aufgrund eines Verkaufs durch einen zum freihändigen Verkauf öffentlich Ermächtigten erworben, so muss der Berechtigte, der vom Erwerber Herausgabe verlangt, diesem die Kosten [des Erwerbs] ersetzen; hat der Berechtigte dem Erwerber diese Kosten ersetzt, so kann er beim Nichtberechtigten Regress nehmen."

„§ 108 Lastenfreier Erwerb
Hat ein gutgläubiger Erwerber das Eigentum an einer beweglichen Sache erlangt, so erlöschen die ursprünglichen Rechte an dieser beweglichen Sache, soweit nicht der gutgläubige Erwerber diese Rechte im Zeitpunkt des Erwerbs kannte oder kennen musste."

§ 106 findet auf alle Arten des gutgläubigen Erwerbs Anwendung, erfasst also den gutgläubigen Erwerb des Eigentums sowohl an beweglichen als auch an unbeweglichen Sachen.[513] Dies ist anders als im deutschen Recht, das zwischen gutgläubigem Erwerb beweglicher Sachen (§§ 932 ff. BGB) und Immobilienerwerb kraft öffentlichen Glaubens des Grundbuches (§ 892 BGB) differenziert. Dennoch lassen sich auch aus § 106 Abs. 1 SRG zwei verschiedene Tatbestände herauslesen, denn der Rechtsscheinträger und die Kriterien der Gutgläubigkeit bei Mobilien und Immobilien unterscheiden sich durchaus.[514] Ferner ordnet § 106 Abs. 3 SRG an, dass § 106 Abs. 1 SRG auf den gutgläubigen Erwerb beschränkt dinglicher Rechte, z. B. Faustpfandrecht an beweglichen Sachen, Hypothek an Grundstü-

513 *De lege ferenda* ist diese scheinbare Vereinheitlichung des gutgläubigen Erwerbs der beweglichen und unbeweglichen Sachen freilich umstritten. *Cui*, Sachenrecht: Normen und Lehre (2011), Band I, S. 202 Fn. 2.

514 Deswegen wird unzutreffend vertreten, dass § 106 SRG sich nur auf Fahrniserwerb beschränken solle. Vgl. *Zhu Guangxin*, Die Grenze der Anwendbarkeit der Vorschriften über gutgläubigen Erwerb auf Immobilien, in: Chinese Journal of Law 2009 (4), 40 ff.

cken, entsprechende Anwendung findet. Nach § 107 SRG können auch verlorene Sachen[515] gutgläubig erworben werden,[516] wobei hier der Eigentumserwerb erst nach Ablauf einer zweijährigen Frist, mag man sie als Ausschlussfrist[517] oder Verwirkungsfrist[518] bezeichnen, eintritt. Hätte der Gesetzgeber diese zweijährige Frist nicht eingeführt, könnte der Eigentümer mangels einer Regelung der Ersitzung seine verlorenen Sachen stets vindizieren, was große Rechtsunsicherheit auslösen würde. Mit der Einführung der zweijährigen Frist ins Gesetz, deren Ablauf zu einem mit einer Ersitzung vergleichbaren Ergebnis führt,[519] wird der Interessenkonflikt zwischen Erwerber und (bisherigem) Eigentümer abgemildert. Folge des gutgläubigen Erwerbs nach § 106 SRG ist der endgültige lastenfreie Eigentumserwerb (§ 108 SRG): Alle dinglichen Rechte Dritter an der Sache, sofern der gutgläubige Erwerber diese im Zeitpunkt des Erwerbs nicht kannte oder kennen musste, erlöschen infolge des gutgläubigen Erwerbs.

Ein Anliegen der richterlichen Auslegung zum Sachenrechtsgesetz 2016[520] war es, den Zeitpunkt des Vorliegens des guten Glaubens zu konkretisieren. Hierbei war zuerst die Frage zu beantworten, ob auch die Abtretung des Herausgabeanspruchs und die Vereinbarung eines Besitzkonstituts ausreichend für den gutgläubigen Erwerb sind. Somit war das Problem der Übergabe beim gutgläubigen Erwerb bei der richterlichen Auslegung indirekt betroffen. Aus §§ 23–27 SRG in

---

515 Im § 107 SRG wird der Ausdruck „Abhandenkommen" im Sinne von § 935 BGB nicht verwendet. Stattdessen erfasst § 107 SRG nur verlorene Sachen. Gestohlene Sache wird somit davon nicht berührt.

516 Zutreffend, *Cui*, Sachenrecht (2014), S. 99 f. § 107 SRG ist dem Art. 934 des schweizerischen ZGB nachgebildet. Nach der herrschenden Meinung in der Schweiz tritt der gutgläubige Erwerb abhandengekommener Sachen nach Ablauf der fünfjährigen Verwirkungsfrist im Sinne des Art. 934 ZGB ein. Vgl. *Sutter-Somm*, Schweizerisches Privatrecht, 5. Band, erster Teilband, Besitz und Eigentum, 2014, 2. Aufl., S. 39.

517 Unzutreffend, *Wang Liming*, Studien zum Sachenrecht (2016), Band I, S. 454.

518 Zutreffend, *Liang/Chen*, Sachenrecht (2016), S. 200; *Cui*, Sachenrecht: Normen und Lehre (2011), Band I, S. 237.

519 Im schweizerischen Recht, dem § 107 SRG nachgebildet ist, gibt es die Ersitzung (Art. 728 ZGB), an der es dem chinesischen Recht jedoch fehlt. Sobald die Verwirkungsfrist im Sinne des Art. 934 ZGB beim gutgläubigen Erwerb abhandengekommener Sache abgelaufen ist, schadet eine etwaig noch laufende Ersitzung nicht, *Sutter-Somm*, Schweizerisches Privatrecht, 5. Band, erster Teilband, Besitz und Eigentum, 2014, 2. Aufl., S. 39.

520 Die vollständige deutsche Übersetzung findet sich bei *Pißler*, Erläuterungen des Obersten Volksgerichts zu einigen Fragen der Anwendung des „Sachenrechtsgesetzes der Volksrepublik China" (Teil 1), in: ZChinR 2017, S. 64 ff.

Verbindung mit der richterlichen Auslegung ergibt sich die rechtsdogmatische Grundlage der Übergabe im chinesischen Recht.

II. Gutgläubiger Erwerb durch Abtretung des Herausgabeanspruchs, § 26 SRG

Terminologisch wurde die Abtretung des Herausgabeanspruchs im chinesischen Recht aus historischen Gründen oftmals mit der Besitzanweisung verwechselt. Heutzutage ist dieses Missverständnis teilweise klargestellt.[521] Nach § 26 SRG kann das Eigentum an beweglichen Sachen dadurch übertragen werden, dass der Veräußerer, wenn sich die Sache bei einem Dritten befindet, seinen Herausgabeanspruch gegen den Dritten an den Erwerber nach § 79 VG[522] abtritt. Es ist jedoch in Literatur und Praxis streitig, ob das Eigentum im Zeitpunkt des Vertragsabschlusses oder der Abtretungsanzeige gegenüber dem Besitzmittler übergehen soll.[523] Nach der h. L. ist analog § 80 Abs. 1 VG[524] für den Eigentumsübergang die Anzeige der Abtretung des Herausgabeanspruchs gegenüber dem Besitzmittler nicht erforderlich, was auch mit der deutschen Dogmatik übereinstimmt. Aber ob der gutgläubige Erwerber auch durch die Abtretung des Herausgabeanspruchs das Eigentum vom nichtberechtigten Veräußerer erwerben kann, ist § 106 Abs. 1 SRG nicht unmittelbar zu entnehmen. Vor der richterlichen Auslegung zum Sachenrechtsgesetz bejahten manche Autoren in der Literatur unter Verweis auf die deutsche oder japanische Lehre den gutgläubigen Erwerb bei Abtretung des Herausgabeanspruchs.[525] Als Grund dafür wurde angeführt, dass der gutgläubige Erwerb nach § 106 Abs. 1 SRG die Übergabe voraussetze und die Übergabe wiederum sowohl die körperliche als auch fingierte Übergabe

---

521 *Zhuang*, Übertragung des Fahrniseigentums durch Abtretung des Herausgabeanspruchs, in: Chinese Journal of Law 2017 (3), 170

522 § 79 Vertragsgesetz: „Der Gläubiger kann Rechte aus einem Vertrag ganz oder teilweise einem Dritten abtreten, außer unter den folgenden Umständen:
1. wenn sie nach der Natur des Vertrags nicht abgetreten werden dürfen;
2. wenn sie nach Vereinbarungen der Parteien nicht abgetreten werden dürfen;
3. wenn sie nach gesetzlichen Bestimmungen nicht abgetreten dürfen."

523 Der Meinungsstand dazu bei *Ran*, Allgemeiner Teil des Sachenrechts (2015), S. 437

524 § 80 Vertragsgesetz: „Wenn der Gläubiger Rechte überträgt, muss der Schuldner diesbezüglich belehrt werden. Ohne Belehrung bleibt die Übertragung gegenüber dem Schuldner wirkungslos.
Die Belehrung über die Übertragung von Rechten durch den Gläubiger kann außer mit dem Einverständnis des Übertragungsempfängers nicht widerrufen werden."

525 Z. B. *Liang/Chen*, Sachenrecht (2015), 5. Aufl., S. 213; *Liu*, Sachenrecht (2015), S. 106.

umfasse. Dass das Sachenrechtsgesetz den gutgläubigen Erwerb bei Abtretung des Herausgabeanspruchs nicht ausdrücklich ausschließe, deute darauf hin, dass dieser auch in solchen Situationen zulässig sei. Einer anderen Meinung zufolge ist die Abtretung des Herausgabeanspruchs für einen gutgläubigen Erwerb nicht ausreichend, weil die Veränderung der Besitzlage im Fall der Abtretung des Herausgabeanspruchs von außen nicht erkennbar sei.[526]

Dieser Streit wurde jedoch durch die richterliche Auslegung zum Sachenrechtsgesetz von 2016 beigelegt. § 18 Abs. 1 der richterlichen Auslegung besagt nämlich, dass „der maßgebliche Zeitpunkt" im Sinne des § 106 Abs. 1 Nr. 1 SRG, „in dem der Erwerber die unbewegliche oder bewegliche Sache gutgläubig erlangt", sich darauf bezieht, wann bei Immobilien der Grundbucheintrag erfolgt oder bei beweglichen Sachen die Übergabe erfolgt. In Abs. 2 desselben Paragrafen wird der Zeitpunkt der „Übergabe" dahin gehend konkretisiert, dass es bei der Übergabe mittels Abtretung des Herausgabeanspruchs nach § 26 SRG auf den Zeitpunkt ankommt, in dem der Abtretungsvertrag zwischen Veräußerer und Erwerber wirksam wird. Daher bringt die richterliche Auslegung den Streit über einen möglichen gutgläubigen Erwerb durch Abtretung des Herausgabeanspruchs „beiläufig" zum Ende.

Von der richterlichen Auslegung nicht betroffen ist das Problem der Abtretung des angeblichen Herausgabeanspruchs. In solchen Konstellationen besteht tatsächlich überhaupt kein Herausgabeanspruch, den der Veräußerer abtreten kann. Dann fragt man sich, ob der gutgläubige Erwerber trotzdem den Herausgabeanspruch erwerben kann. Anders als ein tatsächlich bestehender Herausgabeanspruch, an dessen Inhaberschaft es dem Zedenten fehlt, kann ein nichtexistierender Herausgabeanspruch grundsätzlich nicht gutgläubig erworben werden.[527] Daher empfiehlt sich die rationale Lösung, sich in dieser Konstellation auf die Grundtatbestände zurückzubesinnen. Die bloße Abtretung des angeblichen Herausgabeanspruchs vom Nichtberechtigten an den gutgläubigen Erwerber bleibt erfolglos, denn in solchen Fällen bestehen vor der tatsächlichen Besitzverschaffung keine hinreichenden Ansätze für die Annahme, der Veräußerer sei Eigentümer der Sache. Daher darf der Erwerber durch Abtretung eines nicht bestehenden Herausgabeanspruchs keinen stärkeren Schutz genießen als der Erwerber eines tatsächlich bestehenden abgetretenen Anspruchs. Die zusätzliche

526 Z. B. *Wang Liming*, Studien zum Sachenrecht (2016), Band I, S. 448.

527 *Wang Hongliang*, Allgemeiner Teil des Schuldrechts (2016), S. 451 f.; im deutschen Recht auch so, MünchKommBGB/*Roth/Kieninger* (2016), § 398 Rn. 27 ff.

Voraussetzung, also der Besitzerwerb auf Veranlassung des nicht berechtigten Veräußerers, muss zudem erfüllt sein.

III. Gutgläubiger Erwerb durch bloßes Besitzkonstitut, § 27 SRG

Vor dem Erlass der richterlichen Auslegung war es in China streitig, ob ein bloßes Besitzkonstitut für einen gutgläubigen Erwerb ausreichend ist. Eine in Literatur[528] und Praxis[529] verbreitete Meinung verneinte dies. Als Argument wurde häufig ins Feld geführt, dass die Änderung der Besitzlage durch ein bloßes Besitzkonstitut nicht erkennbar sei. Im Falle der körperlichen Übergabe im Sinne eines „Gebens und Nehmens" finde ein Ortswechsel in sichtlicher Weise statt, welcher dem Publizitätsprinzip genüge. Hingegen habe sich die bewegliche Sache beim bloßen Besitzkonstitut keineswegs bewegt und der Erwerber erhalte somit auch keinen unmittelbaren Besitz.[530] Deswegen stünden die Interessen des (bisherigen) Eigentümers mit jenen des gutgläubigen Erwerbers beim Besitzkonstitut in einem Konflikt verbunden mit der Abwägung, wessen Interessen der Vorzug zu geben sei. In dieser Konstellation bleibe der unberechtigte Veräußerer nach wie vor im unmittelbaren Besitz der Sache, wobei das Vertrauen, welches der Eigentümer dem Veräußerer geschenkt habe auf derselben Stufe stehe wie jenes, das der Erwerber dem Veräußerer schenke. Somit soll ein gutgläubiger Erwerb im Fall des bloßen Besitzkonstituts nicht eintreten, es sei denn, dass der Veräußerer dem Erwerber durch körperliche Übergabe den Besitz verschafft habe.[531]

Im Gegensatz dazu wird in der Literatur an anderer Stelle vertreten, dass der gutgläubige Erwerber auch durch bloßes Besitzkonstitut vom Nichtberechtigten das Eigentum erwerben könne.[532] Begründet wird dies mit einem Hinweis auf die Literatur Taiwans, die jedoch wegen der durch die Gesetzesänderung im Jahre 2010 eingeführten Vorschrift, die den gutgläubigen Erwerb durch bloßes Besitzkonstitut ausschließt,[533] seit einigen Jahren veraltet ist. Diese Literatur, die vor der Gesetzesänderung den gutgläubigen Erwerb durch bloßes Besitzkonstitut bejahte,[534] wurde

528 Z. B. *Cui*, Sachenrecht: Normen und Lehre (2011), Band I, S. 234; *ders.*, Sachenrecht (2014), 3. Aufl., S. 100 f.

529 Z. B. Shanghai Huangpu Volksgericht, 17. 10. 2014, Zitiernummer: CLI.C.3786100.

530 *Wang Liming*, Studien zum Sachenrecht (2016), Band I, S. 433.

531 *Cui*, Sachenrecht: Normen und Lehre (2011), Band I, S. 234.

532 *Liang/Chen*, Sachenrecht (2015), 5. Aufl., S. 213.

533 Vgl. Dritter Teil A. III. der vorliegenden Arbeit.

534 Z. B. die alte Fassung des Standardwerks für Sachenrecht aus Taiwan von *Wang Tze-Chien*, Sachenrecht des Bürgerlichen Rechts (Beijing 2009), Nachdruck einer vor der Gesetzesänderung erschienenen Auflage aus Taiwan, S. 96 f.

inzwischen der Gesetzesänderung entsprechend überarbeitet.[535] Die Autoren auf dem chinesischen Festland reagierten jedoch nicht rechtzeitig auf die Gesetzesänderung in Taiwan und beriefen sich immer noch auf die obsolete Literatur.

Eine andere Meinung bejaht zwar den gutgläubigen Erwerb, allerdings mit einer anderen Begründung: Da die Übergabe im engeren Sinne, die Abtretung des Herausgabeanspruchs und das Besitzkonstitut unter dem gleichen Titel „Übergabe beweglicher Sache" stünden, verstehe es sich von selbst, dass die Übergabe im Sinne von § 106 Abs. 1 SRG sowohl die Abtretung des Herausgabeanspruchs als auch das Besitzkonstitut umfasse.[536] Der Urheber des Sachenrechtsgesetzes, also die Arbeitsgruppe für Zivilrecht des ständigen Ausschusses des Nationalvolkskongresses (folgend: Arbeitsgruppe des NVK), vertrat eine ähnliche Ansicht, nämlich dass „die Übergabe der Sache an den Erwerber" im Sinne des § 106 Abs. 1 SRG das Besitzkonstitut nicht ausschließt.[537] In der Erläuterung zu § 27 SRG wies die Arbeitsgruppe des NVK darauf hin, dass sich das Besitzkonstitut von der Übergabe im Sinne des § 23 SRG dadurch unterscheide, dass es die Willensübereinstimmung sowohl über den Eigentumsübergang als auch über die Schaffung mittelbaren Besitzes enthalte.[538] Daneben weise das Besitzkonstitut auch erhebliche Differenzen zur Übergabe kurzer Hand und Abtretung des Herausgabeanspruchs auf. Bei der Übergabe kurzer Hand im Sinne des § 24 SRG habe der Erwerber im Voraus den unmittelbaren Besitz vom Veräußerer erlangt, sodass der Eigentumsübergang von außen erkennbar sei. Bei der Abtretung des Herausgabeanspruchs im Sinne des § 25 SRG habe der Erwerber zwar noch keinen unmittelbaren Besitz erlangt, der Veräußerer habe jedoch seinen Besitz vollständig verloren und somit keinen Herausgabeanspruch mehr gegen den unmittelbaren Besitzer. Im Gegensatz zur Übergabe kurzer Hand und der Abtretung des Herausgabeanspruchs erfolge die Eigentumsübertragung durch bloßes Besitzkonstitut ausschließlich in einer von außen nicht erkennbaren Form, sei es durch mündliche Vereinbarung, sei es durch schriftlichen Vertrag: Die faktische Kontrolle und körperliche Herrschaft über die Sache wird durch ein Besitzkonstitut nicht verändert. Ferner geht die Arbeitsgruppe des NVK vom Publizitätsprinzip des Sachenrechts aus, welches die Erkennbarkeit von Bestellung, Änderung, Übertragung oder Erlöschung eines dinglichen Rechts erfordert. Für unbewegliche Sachen ist dies die Eintragung ins Grundbuch und für bewegliche Sachen die

535 Z. B. *Wang Tze-Chien*, Sachenrecht des Bürgerlichen Rechts (Taipeh 2010), S. 611 ff.
536 *Liu*, Sachenrecht (2015), S. 107.
537 *Hu* (Hrsg.), Erläuterungen zum Sachenrechtsgesetz der Volksrepublik China (2016), S. 77.
538 *Hu* (Hrsg.), Erläuterungen zum Sachenrechtsgesetz der Volksrepublik China (2016), S. 76.

Übergabe (Besitzwechsel).[539] Ihren Ansatz erläutert die Arbeitsgruppe des NVK am Beispiel eines klassischen Schulfalls:

E verkauft sein Fahrrad an K1 und mietet es anschließend zurück. Danach verkauft E das Fahrrad wieder an K2, und vereinbart mit K2, dass E es weiter nutzen darf. Kann K2 das Eigentum an dem Fahrrad gutgläubig erwerben?

Eine Ansicht verneinte dies mit der Begründung, dass sich die „Übergabe" im Sinne des § 106 Abs. 1 SRG nur auf die körperliche Übergabe beschränke. Im vorliegenden Fall hätten K1 und K2 dem E das gleiche Vertrauen geschenkt, sodass kein sachgerechter Grund bestehe, den einen Erwerber zulasten des anderen zu privilegieren. Im Gegensatz dazu bejahte die Arbeitsgruppe des NVK den gutgläubigen Erwerb des K2 aus drei Gründen: Zunächst schließe die Übergabe im Sinne des § 106 Abs. 1 SRG die vergeistigten Formen der Übergabe (Abtretung des Herausgabeanspruchs, Besitzkonstitut) nicht aus; zweitens, wenn K1 von E das Eigentum durch Besitzkonstitut erwerben dürfe, könne man den Eigentumserwerb des K2, der ebenfalls durch bloßes Besitzkonstitut erfolge, nicht verneinen; drittens sei der Rechtsverlust des K1 die Rechtsfolge der von K1 freiwillig getroffenen Entscheidung – wenn er die Gefahr der zweiten Veräußerung des E vermeiden wolle, hätte er von E die tatsächliche Übergabe verlangen müssen. Außerdem habe K2 auf den aus dem Besitz resultierenden Rechtsschein des E vertraut und es sei gerade die Aufgabe des gutgläubigen Erwerbs, das Vertrauen des Erwerbers in den Rechtsschein zu schützen.[540] Diese Gründe sind zwar in vielerlei Hinsicht kritisierbar, jedoch stützt sich die Arbeitsgruppe des NVK auf die wortlautgetreue Auslegung des § 106 Abs. 1 SRG in Verbindung mit § 23 ff. SRG. Wollte man der Meinung der Arbeitsgruppe des NVK widersprechen, hätte man die Hürde der gesetzlichen Zuordnung des Besitzkonstituts als Übergabe zu überwinden, entweder durch teleologische Reduktion oder im Wege einer Gesetzesänderung bzw. richterlichen Auslegung des Obersten Volksgerichts.

Beim Verfassen der richterlichen Auslegung 2017 schwankte das Oberste Volksgericht hinsichtlich des gutgläubigen Erwerbs durch bloßes Besitzkonstitut. Nachdem es die richterliche Auslegung erlassen hatte, veröffentlichte es eine weitere Kommentierung zu seiner richterlichen Auslegung.[541] In dieser gestand das Oberste Volksgericht zu, es als eigene Aufgabe angesehen zu haben,

---

539 *Hu* (Hrsg.), Erläuterungen zum Sachenrechtsgesetz der Volksrepublik China (2016), S. 76.

540 *Hu* (Hrsg.), Erläuterungen zum Sachenrechtsgesetz der Volksrepublik China (2016), S. 77.

541 *Du* (Hrsg.), Verständnis und Anwendung der richterlichen Auslegung des Obersten Volksgerichts zum Sachenrechtsgesetz (2016). Diese Kommentierung zu der richterlichen Auslegung wurde von den Richtern des ersten Zivilsenats verfasst und kann somit repräsentativ für die Meinung des Obersten Volksgericht stehen.

das Problem des Besitzkonstituts beim gutgläubigen Erwerb zu lösen. Es hatte sich hierbei zwischen drei „Lösungsmöglichkeiten" zu entscheiden: Nach dem ersten Lösungsvorschlag war für den gutgläubigen Erwerb ein bloßes Besitzkonstitut zwar ausreichend, aber der Erwerber müsste im Zeitpunkt der tatsächlichen Übergabe gutgläubig sein. Dieser Ansatz findet sich in § 22 des Entwurfs zu der Auslegung (Juli 2014). Danach wäre ein gutgläubiger Erwerb bei reinem Besitzkonstitut zwar nicht ausgeschlossen, aber die Rechtsfolge träte erst mit der tatsächlichen Übergabe ein. Dies ist vergleichbar mit § 933 BGB. Nach dem zweiten Lösungsvorschlag war für den gutgläubigen Erwerb ein bloßes Besitzkonstitut zwar auch ausreichend, aber abweichend von Lösung Nummer eins kommt es für den Zeitpunkt des guten Glaubens des Erwerbers auf den Abschluss des Besitzkonstituts an. Nach § 18 Abs. 2 des Entwurfs der richterlichen Auslegung (Oktober 2015) stelle der Zeitpunkt der Übergabe denjenigen dar, in welchem die Eigentumsübertragung nach § 27 SRG durch Besitzkonstitut erfolgt. Auf den ersten Blick scheint es, dass beide Ansichten übereinstimmen. Tatsächlich aber verlagert die zweite Meinung den Zeitpunkt des Eigentumsübergangs auf die Vereinbarung des Besitzkonstituts, also den Abschluss des Besitzmittlungsverhältnisses, vor. Den Grund dafür formulierte das Oberste Volksgericht wie folgt: Wenn nach § 27 SRG das Eigentum an beweglichen Sachen durch Besitzkonstitut vom Berechtigten erworben wird, wird der Eigentumsübergang bereits im Zeitpunkt der Vereinbarung des Besitzmittlungsverhältnisses wirksam; es erscheint somit unbillig, im Fall des Erwerbs vom Nichtberechtigten durch Besitzkonstitut den maßgeblichen Zeitpunkt für die Gutgläubigkeit auf den Erwerb des unmittelbaren Besitzes zu verlagern, zumal der Erwerber zwischen der Vereinbarung des Besitzkonstituts und dem Erwerb des unmittelbaren Besitzes gutgläubig bleiben müsse. Nach einer dritten Meinung findet ein gutgläubiger Erwerb bei bloßem Besitzkonstitut nicht statt. Hinter § 22 des Entwurfs zur richterlichen Auslegung (Juli 2014) wurde diese dritte Meinung als Anmerkung eingefügt: Bei der Übergabe im Sinne des § 106 Abs. 1 SRG handele es sich ausschließlich um die Übergabe im engeren Sinne und die Übergabe kurzer Hand. Bei bloßem Besitzkonstitut und Abtretung des Herausgabeanspruchs könne es keinen gutgläubigen Erwerb geben, es müsse in solchen Fällen bei den Grundtatbeständen der Übergabe bleiben. Die erste und dritte Meinung führen somit zum gleichen Ergebnis.[542]

Trotz der Bandbreite der Meinungen in den Entwürfen schwieg das Oberste Volksgericht zu diesem Problem in der endgültigen Formulierung der richterli-

542 *Du* (Hrsg.), Verständnis und Anwendung der richterlichen Auslegung des Obersten Volksgerichts zum Sachenrechtsgesetz (2016), S. 418.

chen Auslegung, weil „auch erwogen wurde, dass die Konstellationen des gutgläubigen Erwerbs durch Besitzkonstitut durchaus kompliziert sind. In ausländischen Rechtsordnungen und in der Literatur werden schließlich verschiedenste Meinungen vertreten. Vorsichtigerweise würde das Oberste Volksgericht es der Praxis überlassen, sich weiter damit auseinanderzusetzen, und gegebenenfalls anhand der konkreten Umstände des Einzelfalls zu beurteilen, ob die Voraussetzungen des gutgläubigen Erwerbs durch Besitzkonstitut gegeben sind."[543]

Hinsichtlich des gutgläubigen Erwerbs durch bloßes Besitzkonstitut ergibt sich jedoch etwas Anderes aus der vom Obersten Volksgericht verfassten, nachträglich veröffentlichen Kommentierung zu § 18 der richterlichen Auslegung. Das Oberste Volksgericht führte die Meinung, die es beim Verfassen der richterlichen Auslegung zum Sachenrecht vertrat,[544] fort und wies darauf hin, dass das Sachenrechtsgesetz für den gutgläubigen Eigentumserwerb relativ strengere Voraussetzungen aufgestellt habe, indem z. B. der Erwerber zu einem angemessenen Preis erwerben müsse. Somit werde durch die richterliche Auslegung darauf abgezielt, einerseits durch die Konkretisierung des Gutglaubenszeitpunkts die fingierte Übergabe in die Übergabe im Sinne des § 106 Abs. 1 SRG mit einzubeziehen, und andererseits den gutgläubigen Erwerb durch Abtretung des Herausgabeanspruchs zugunsten des Erwerbers stattfinden zu lassen. Bei der Ausarbeitung der richterlichen Auslegung hat das Oberste Volksgericht dreierlei Anhaltspunkte herangezogen:[545]

Erstens müsse dem Willen des Gesetzgebers, also der normativen Formulierung des Sachenrechtsgesetzes, der Vorrang eingeräumt werden. Somit müssten die Vorschriften über den gutgläubigen Erwerb systemgemäß dahin gehend ausgelegt werden, dass sich die Übergabe im Sinne des § 106 Abs. 1 SRG auf die unter dem Titel „Übergabe der beweglichen Sachen" vorgeschriebenen Formen (§§ 23–27 SRG) beziehen solle. Insofern verstehe es sich von selbst, dass der gutgläubige Erwerber durch Abtretung des Herausgabeanspruchs oder Besitzkonstitut auch vom Nichtberechtigten das Eigentum an beweglichen Sachen erwerben könne. Aus den gleichen Gründen solle der Zeitpunkt des Eigentumserwerbs vom Nichtberechtigten auch nicht anders als vom Berechtigten bestimmt werden. Die richterliche Auslegung solle bei diesem Problem der systematischen Auslegung des Sachenrechtsgesetzes folgen und den gutgläubigen Erwerb durch bloßes Besitzkonstitut nicht ausschlie-

543 *Du* (Hrsg.), Verständnis und Anwendung der richterlichen Auslegung des Obersten Volksgerichts zum Sachenrechtsgesetz (2016), S. 418.

544 *Huang* (Hrsg.), Das Sachenrecht der VR China: Verständnis und Anwendung (2007), S. 328.

545 *Du* (Hrsg.), Verständnis und Anwendung der richterlichen Auslegung des Obersten Volksgerichts zum Sachenrechtsgesetz (2016), S. 419 f.

ßen. Diesbezüglich war es eines der zentralen Anliegen der richterlichen Auslegung, den Gutglaubenszeitpunkt zu konkretisieren. Dass das Oberste Volksgericht in der endgültigen Fassung der richterlichen Auslegung zum Gutglaubenszeitpunkt beim Besitzkonstitut geschwiegen hat, bedeutet also nicht, dass das Besitzkonstitut generell untauglich für den gutgläubigen Erwerb ist.[546]

Zweitens wies das Oberste Volksgericht zutreffend darauf hin, dass ein gutgläubiger Erwerb durch bloßes Besitzkonstitut in ausländischen Rechtsordnungen (wie z. B. in Deutschland und Japan) in der Literatur zwar auch umstritten ist, aber von der Praxis einschränkend gehandhabt werde. Das Oberste Volksgericht geht ferner davon aus, dass durch verschiedene Wirtschaftsordnungen bedingt auch die Gesetze und deren praktische Ausgestaltung in jedem Land unterschiedlich seien, auch wenn sie vergleichbare Regelungen enthielten. Dies gelte insbesondere für ein konkretes Rechtsinstitut. Es bestehe somit kein sachgerechter Grund dafür, nur wegen der Betrachtung ausländischer Rechtsordnungen zu dem Ergebnis zu gelangen, dass das chinesische Recht die gleiche Lösung annehmen solle. Im Vergleich zu ausländischen Rechtsordnungen habe das chinesische Sachenrecht bereits zusätzliche Voraussetzungen für den gutgläubigen Erwerb vorgeschrieben, so muss der Erwerber nach chinesischem Rechte beispielsweise, anders als im deutschen Recht, die bewegliche Sache zu einem angemessenen Preis erwerben.[547]

Drittens versuchte das Oberste Volksgericht aufgrund der oben genannten Erwägungen das Interesse des wahren Eigentümers und das des gutgläubigen Erwerbers miteinander abzuwägen und bestmöglich in Einklang zu bringen. Als Ausgleichsinstrument zu den generell engen Voraussetzungen des gutgläubigen Erwerbs empfahl es, den Begriff der „Übergabe" im Sinne des § 106 Abs. 1 SRG möglichst weit auszulegen.[548] Allerdings werden der angemessene Preis und die Übergabe beim gutgläubigen Erwerb aus verschiedenen Gründen heraus gefordert. Somit können die strengen Voraussetzungen auf der einen Seite nicht durch extensive Auslegung auf der anderen Seite neutralisiert werden.

Aus all diesen dargestellten Erwägungen resultierte der Weg des Obersten Volksgerichts, trotz des Schweigens in der richterlichen Auslegung zum Sachenrechtgesetz den gutgläubigen Erwerb durch bloßes Besitzkonstitut dennoch zu-

546 *Du* (Hrsg.), Verständnis und Anwendung der richterlichen Auslegung des Obersten Volksgerichts zum Sachenrechtsgesetz (2016), S. 419.

547 *Du* (Hrsg.), Verständnis und Anwendung der richterlichen Auslegung des Obersten Volksgerichts zum Sachenrechtsgesetz (2016), S. 420.

548 *Du* (Hrsg.), Verständnis und Anwendung der richterlichen Auslegung des Obersten Volksgerichts zum Sachenrechtsgesetz (2016), S. 420.

lassen zu wollen. Zudem konkretisiert das Oberste Volksgericht seine Meinung anhand eines Beispiels, in dem der Veräußerer ein Doppelspiel betreibt:

E verkaufte sein Klavier an K1. E und K1 vereinbarten, dass E das Klavier weiter benutzen durfte und an K1 Miete zahlen musste. Anschließend verkaufte E dasselbe Klavier an K2, wobei E und K2 ebenfalls ein Mietverhältnis vereinbarten. Später wurde beantragt, in das Vermögen des E zu vollstrecken. Sowohl K1 als auch K2 beanspruchten die Aussonderung des Klaviers für sich.[549]

Bei der ersten Übereignung von E an K1 war E Eigentümer und somit zur Veräußerung berechtigt. Darüber hinaus ist das Besitzkonstitut zwischen E und K1 nach § 27 SRG ebenfalls wirksam vereinbart worden. Somit ist das Eigentum an dem Klavier auf K1 übergangen. Hingegen handelte E als Nichtberechtigter bei der zweiten Übereignung an K2 aufgrund des vorherigen Eigentumsverlusts an K1. Somit fragt man sich, ob K2 nach § 106 Abs. 1 SRG iVm § 27 SRG das Eigentum gutgläubig erwerben konnte. Da E sowohl mit K1 als auch anschließend mit K2 je ein Besitzkonstitut in Form der Miete des Klaviers vereinbarte mit Mietzahlungen an K1 sowie K2, trieb E Doppelspiel. Das Oberste Volksgericht gestand zwar zu, dass der gutgläubige Erwerb des K2 durch bloßes Besitzkonstitut nach §§ 106 Abs. 1 und 27 SRG wegen mangelnder Publizität umstritten war, vertrat jedoch die Meinung, dass die Übergabe im Sinne des § 106 Abs. 1 SRG das Besitzkonstitut nicht ausschließe, und bejaht in der Folge ausdrücklich den gutgläubigen Erwerb des K2, sofern die sonstigen Voraussetzungen des § 106 Abs. 1 SRG gegeben sind.[550] Daneben wies das Oberste Volksgericht noch anhand einer Variante des oben genannten Ausgangsfalls darauf hin, dass selbst, wenn das Klavier dem E von einem Dritten zur Verwahrung übergeben wurde und E wie im Ausgangsfall das Klavier nacheinander an K1 und K2 per Besitzkonstitut veräußert hätte, der gutgläubige Erwerb zunächst bei K1 und dann bei K2 nacheinander möglich wäre.[551]

IV. Die Anwendung der aktuellen Rechtslage auf die streitigen Fälle des Doppelspiels und eigene Stellungnahme

Überträgt man die Ansicht des Obersten Volksgerichts auf die in der Einleitung der vorliegenden Arbeit erwähnten Fälle, wären die Rechtsfolgen noch erstaunli-

549 *Du* (Hrsg.), Verständnis und Anwendung der richterlichen Auslegung des Obersten Volksgerichts zum Sachenrechtsgesetz (2016), S. 426.

550 *Du* (Hrsg.), Verständnis und Anwendung der richterlichen Auslegung des Obersten Volksgerichts zum Sachenrechtsgesetz (2016), S. 426 f.

551 *Du* (Hrsg.), Verständnis und Anwendung der richterlichen Auslegung des Obersten Volksgerichts zum Sachenrechtsgesetz (2016), S. 427.

cher als die des Fräsmaschinenfalls im deutschen Recht, in dem ein gutgläubiger Erwerb durch bloßes Besitzkonstitut von § 933 BGB ausdrücklich ausgeschlossen ist. In einem Fall, den das Shenzhen Mittlere Volksgericht als Berufungsinstanz zu entscheiden hatte, trieb K ein Doppelspiel, da er nach dem Erhalt der Maschinen einerseits die Miete an D1, den K somit als neuen Eigentümer anerkannte, zahlte und andererseits an den Verkäufer E den Restpreis zahlte. Diese Konstellation ist nicht anders als die des vom Obersten Volksgericht als Beispiel genommenen Klavier-Falls:[552] In beiden Fällen veräußert der unmittelbar besitzende Nichtberechtigte eine bewegliche Sache durch bloßes Besitzkonstitut an einen Dritten. Die Lösung des Obersten Volksgerichts ist also schon vorhersehbar, auch wenn der Fall nicht zur Entscheidung vorgelegt wurde.

Das Shenzhen Mittlere Volksgericht hat bereits am 29. Mai 2014, also vor der Bekanntmachung der richterlichen Auslegung zum Sachenrecht durch das Oberste Volksgericht im Jahre 2016, als Berufungsinstanz eine ähnliche Meinung wie das Oberste Volksgericht später bei Entscheidung dieses Falls vertreten und den gutgläubigen Erwerb des D1 mit einer einfachen Begründung bejaht:

> *K hat die Maschinen im Besitz gehabt und die tatsächliche Gewalt über sie gemäß dem Mietvertrag mit D1 ausgeübt. Daher ist ein wirksames Besitzkonstitut zwischen K und D1 vereinbart worden. Nach § 27 SRG kann die bewegliche Sache auch durch Besitzkonstitut übergeben werden, somit ist davon auszugehen, dass die Maschinen bereits wirksam an D1 übergeben worden waren. Die Voraussetzung der Übergabe für den gutgläubigen Erwerb nach § 106 Abs. 1 SRG ist somit gegeben.*[553]

In dieser im Jahre 2014 getroffenen Entscheidung wurde jedoch offengelassen, ob es für den gutgläubigen Erwerb erforderlich ist, dass der Veräußerer sich des Besitzes vollständig entledigen muss und ob der (bisherige) Eigentümer noch in besitzrechtlicher Beziehung zu dem unmittelbar besitzenden Veräußerer bleibt. Der (bisherige) Eigentümer E, der zu jener Zeit noch von K regelmäßig die Kaufpreisrate erhielt und der sich gegebenenfalls noch über den Verbleib der Maschinen bei K vergewissern konnte, verlor jedoch nach Auffassung des Shenzhen Mittleren Volksgerichts und des Obersten Volksgerichts dennoch das Eigentum an den D. In dieser Situation ist es geboten, den gutgläubigen Erwerb bei einem bloßen Besitzkonstitut im chinesischen Recht auszuschließen, so wie die Rechtslage im deutschen Recht wegen § 933 BGB ausgestaltet ist. Des Weiteren ist es ebenfalls er-

552 Siehe oben, VI.

553 Shenzhen Mittleres Volksgericht, Urteil vom 29. 05. 2014, Zivilsachen mit ausländischen Bezügen Nr. 102 (Zitiernummer des Urteils bei ChinaLawInfo: CLI.C.4077758.).

forderlich, dem Erwerber in solchen Fällen neben dem Ausschluss des Eigentumserwerbs auch den Erwerb mittelbaren Besitzes grundsätzlich abzusprechen, es sei denn, dass sich der Besitzmittler durch äußerlich erkennbares Verhalten zum Eigenbesitzer aufgeschwungen hat. Nur durch die innerliche Willensänderung allein kann der Besitzmittler eine Änderung des Besitzzustandes nicht hervorrufen. Mit solchen Einschränkungen hätte D1 in dem vom Shenzhen Mittleren Volksgericht entschiedenen Fall durch bloßes Besitzkonstitut weder Eigentum noch mittelbaren Besitz erwerben können. Dass sich D1 ohne Gestattung des K des Besitzes bemächtigte und an D2 übergab, würde nur den Tatbestand des § 107 SRG erfüllen, wonach der Eigentumserwerb des D2, dessen Gutgläubigkeit unterstellt, erst nach Ablauf der zweijährigen Frist einträte.

Bei einem chinesischen Lagerfall, in dem der Lagerhalter ein Doppelspiel trieb und den das Tianjin Obere Volksgericht als Berufungsinstanz zu entscheiden hatte, kam es zu fast derselben Rechtsfolge wie in den deutschen Lagerfällen. Da es im chinesischen Recht keine Regelung über die Abtretung des angeblichen Herausgabeanspruchs beim gutgläubigen Erwerb wie in § 934 2. Alt. BGB gibt und das Oberste Volksgericht in der richterlichen Auslegung zum Sachenrechtsgesetz 2016 dies auch nicht thematisiert hatte, muss man sich zuerst damit auseinandersetzen, ob die Regel über den gutgläubigen Erwerb durch Abtretung eines tatsächlichen bestehenden Herausgabeanspruchs (mindestens analog) auf den vorliegenden Fall anzuwenden ist. Im Fall der Übereignung beweglicher Sachen durch Abtretung des Herausgabeanspruchs ist der Eigentumserwerb die Folge des Erwerbs mittelbaren Besitzes. Wird ein angeblicher Herausgabeanspruch abgetreten, wird hingegen nichts erworben. Demnach scheidet die direkte oder analoge Anwendung des § 106 Abs. 1 SRG iVm § 26 SRG aus. Vielmehr muss in diesem Fall auf den Grundtatbestand des gutgläubigen Erwerbs zurückgegriffen werden. Danach kann das Eigentum erst dann auf den Erwerber übergehen, wenn dieser unmittelbaren oder mittelbaren Besitz vom Veräußerer oder von einem Dritten auf dessen Veranlassung erwirbt. Dies ist nicht anders als in § 934 2. Alt. BGB. Durch die Erstellung eines neuen Lagerscheins an D2 brachte der Lagerhalter L in äußerlich erkennbarer Weise den alten mittelbaren Besitz des D1 zu Fall. Mithin sollte D2 im vorliegenden Fall den mittelbaren Besitz erlangt und somit auch das Eigentum erworben haben.

Das Tianjin Obere Volksgericht vertrat hingegen eine andere Meinung. Es bejahte zwar die Gutgläubigkeit des D2, wies jedoch darauf hin, dass die Übergabe im Sinne des § 106 Abs. 1 SRG im vorliegenden Fall problematisch gewesen sei, und setzte sich damit genauer auseinander. Da im vorliegenden Fall kein Ansatz für die Übergabe im Sinne des § 23 SRG (körperliche Übergabe) bestand und die

Ware sich in der Hand eines Dritten, also des Lagerhalters, befunden hatte, ging das Tianjin Obere Volksgericht davon aus, dass nur noch eine Übergabe durch Abtretung des Herausgabeanspruchs nach § 26 SRG in Betracht kommen könne. Anschließend setzte das Tianjin Obere Volksgericht sich mit dem Bestehen eines Herausgabeanspruchs von K auseinander und verneinte dies zutreffend. Daraufhin prüfte das Volksgericht die Möglichkeit des gutgläubigen Erwerbs durch Abtretung eines angeblichen Herausgabeanspruchs, beschritt an dieser Stelle jedoch einen falschen Weg, indem es darauf hinwies, dass die Abtretung des Herausgabeanspruchs eine nur vergeistigte Form der Übergabe sei und somit nur zum Wechsel des mittelbaren Besitzes geführt habe. Ohne Wechsel des unmittelbaren Besitzes fehle es indessen an der für den Eigentumsübergang nötigen Publizität. Um die Verkehrssicherheit und die Interessen Dritter zu schützen, habe der unmittelbare Besitzer (der Lagerhalter) hinsichtlich der Abtretung des Herausgabeanspruchs belehrt werden müssen, sonst könne man nicht davon ausgehen, dass die Übergabe schon erfolgt sei. Im vorliegenden Fall sei der Lagerhalter über die Abtretung jedoch nicht belehrt worden, demnach sei der gutgläubige Erwerb des D2 gescheitert.[554]

Die Begründung des Tianjin Oberen Volksgerichts ist an mehreren Punkten fragwürdig. Da K, wie das Tianjin Obere Volksgericht mit Recht angenommen hat, keineswegs einen Herausgabeanspruch gegen den Lagerhalter L hatte, konnte der gutgläubige Erwerb nicht durch Abtretung des Herausgabeanspruchs gemäß § 106 Abs. 1 SRG iVm § 26 SRG eintreten. Was das Gericht zunächst zu prüfen hatte, war nicht die Abtretung eines *tatsächlich bestehenden* Herausgabeanspruchs, sondern die eines *angeblichen* Herausgabeanspruchs. Verneint man diese Möglichkeit (s. o.), hat man sich mit dem Grundtatbestand des gutgläubigen Erwerbs nach § 106 Abs. 1 SRG iVm § 23 SRG auseinanderzusetzen, da nur ein angeblicher Herausgabeanspruch abgetreten wurde. Diese Prüfung unterließ das Tianjin Obere Volksgericht jedoch. Der alte mittelbare Besitz war schon in äußerlich erkennbarer Weise beendet und der neue mithin begründet worden, als der Lagerhalter den Lagerschein erstellte. Daher hat D2 das Eigentum an der Sache nach § 106 Abs. 1 SRG iVm § 23 SRG gutgläubig erworben und konnte als Berechtigter weiter an D3 veräußern.

554 Tianjin Oberes Volksgericht, Urteil vom 05. 08. 2015, Zivilsachen Nr. 77 (Zitiernummer des Urteils bei ChinaLawInfo: CLI.C.7289936.).

Vierter Teil: Rechtsvergleichende Schlussbetrachtung

(1) Beim rechtsgeschäftlichen Eigentumserwerb findet in Deutschland das Trennungs- und Abstraktionsprinzip Anwendung. Hingegen gilt im chinesischen Recht nach der h. M. das sog. Übergabeprinzip, nach dem die dinglichen rechtsgeschäftlichen Elemente nicht vom Grundgeschäft „abstrahiert" werden können und somit das Eigentum durch ein wirksames Grundgeschäft und eine Übergabe bzw. entsprechende Surrogate übertragen werden. Der gutgläubige Erwerb des Eigentums an beweglichen Sachen vom Nichtberechtigten findet im deutschen wie auch im chinesischen Recht jeweils seine Grundlage im rechtsgeschäftlichen Eigentumserwerb vom Berechtigten. Wegen des Trennungs- und Abstraktionsprinzips wirkt sich die Nichtigkeit des schuldrechtlichen Rechtsgeschäfts im deutschen Recht grundsätzlich nicht auf die dingliche Ebene aus. Wenn § 51 VG dahin ausgelegt würde, dass die fehlende Genehmigung des echten Eigentümers die Unwirksamkeit des Grundgeschäfts herbeiführen würde, wäre die Unwirksamkeit des Grundgeschäfts konsequenterweise eine Voraussetzung für den gutgläubigen Erwerb im chinesischen Recht. Durch eine richterliche Auslegung des Obersten Volksgerichts zum Kaufvertrag im Jahre 2012, nach der die fehlende Verfügungsbefugnis das Wirksamwerden des Kaufvertrags nicht verhindern kann, werden die Voraussetzungen des gutgläubigen Erwerbs im chinesischen Recht dahin gehend modifiziert, dass ein wirksames Grundgeschäft nicht entbehrlich ist. Daneben liegen die tatbestandlichen Unterschiede zwischen dem Erwerb vom Berechtigten bzw. dem gutgläubigen Erwerb vom Nichtberechtigten darin, dass zum einen der gute Glaube des Erwerbers an die Stelle der Verfügungsbefugnis des Veräußerers tritt und zum anderen die Ersatzformen der Übergabe beim gutgläubigen Erwerb in Deutschland und in China auf verschiedene Arten eingeschränkt werden.

(2) Sowohl in der deutschen als auch chinesischen Rechtsordnung tauchen Fälle des Doppelspiels des Besitzmittlers auf. In Deutschland sind dies der berühmte Fräsmaschinenfall und die Lagerfälle in der Zeit des Reichsgerichts. Beim Fräsmaschinenfall mittelte der Vorbehaltskäufer (K) zuerst ausschließlich den Besitz für den Vorbehaltsverkäufer (E). Als K, bevor er den Kaufpreis vollständig bezahlt hatte, durch bloßes Besitzkonstitut die Maschinen sicherheitshalber an den Kreditgeber D1 übereignete, trieb er ein Doppelspiel. Wegen § 933 BGB scheiterte der gutgläubige Erwerb des D1 jedoch mangels tatsäch-

licher Übergabe. Trat D1 als Nichtberechtigter seinen Herausgabeanspruch gegen K in der Folge aber an D2 ab, ließ der BGH jedoch den gutgläubigen Erwerb nach § 934 1. Alt. BGB zu, obwohl der Besitzmittler K nach wie vor das Doppelspiel betrieb. Eine andere Fallgruppe des Doppelspiels beim gutgläubigen Erwerb ist mit § 934 2. Alt. BGB verbunden: Der Lagerhalter, der dem Eigentümer den Besitz an der eingelagerten Ware mittelte, erstellte auf Veranlassung des nichtberechtigten Veräußerers dem gutgläubigen Erwerber einen Lagerschein und trieb somit ein Doppelspiel. Auch unter dem chinesischen Sachenrechtsgesetz sind Fälle des Doppelspiels beim gutgläubigen Erwerb aufgetreten. Anders als im deutschen Recht kommen solche Fälle im chinesischen Recht allerdings nicht im Rahmen einer Sicherungsübereignung, die das chinesische Recht nicht anerkennt, auf, sondern aufgrund des gesetzlich nicht klar definierten Begriffs der Übergabe iSv § 106 Abs. 1 SRG.

(3) Das im geltenden Recht auftretende Doppelspiel beim gutgläubigen Erwerb ist in beiden Ländern zwar ähnlich gelagert, jedoch aus verschiedenen Gründen entstanden. Im deutschen Recht lässt sich in der Entstehungsgeschichte des BGB ein klares Bild nachzeichnen, wie sich das Doppelspiel im Laufe der BGB-Gesetzgebung bis zum heutigen Zustand entwickelte. In *Johows* Teilentwurf zum Sachenrecht wurde noch streng zwischen Besitzer und Inhaber unterschieden. Der gutgläubige Erwerb vom Nichtberechtigten war im Teilentwurf *Johows* auf wenige Fälle, nämlich Inhaberpapier und Geld, eingeschränkt. Der Teilentwurf *Johows* erkannte auch die Ersitzung an, die nach Ablauf der Ersitzungsfrist dem Erwerber zum „Erwerb vom Nichtberechtigten" verhelfen konnte. Nach dem Konzept *Johows* war nur der Besitzer in der Lage, die bewegliche Sache an einen Dritten durch Besitzkonstitut oder Besitzanweisung zu übergeben. Der Inhaber, den das heutige Recht als Besitzmittler bezeichnet, war hingegen nicht in der Lage dazu. Gerade aus diesem Grund war das Doppelspiel beim gutgläubigen Erwerb oder gar der Ersitzung nach *Johows* Teilentwurf nicht möglich. Der erste Entwurf nahm den gutgläubigen Erwerb im Anschluss an § 306 ADHGB zwar ins künftige Bürgerliche Gesetzbuch auf, übernahm gleichzeitig aber auch die Unterscheidung zwischen Besitzer und Inhaber aus dem Teilentwurf zum Sachenrecht. Da der erste Entwurf die Vollendung des neu eingeführten gutgläubigen Erwerbs an die Übergabe durch den Besitzer knüpfte, konnte der bloße Inhaber einer beweglichen Sache, wenn er diese als Nichtberechtigter veräußern wollte, dem Erwerber nicht nach § 805 Abs. 1 E I durch bloßes Besitzkonstitut den nötigen Besitz verschaffen. Das Doppelspiel des Inhabers beim gutgläubigen

Erwerb war nach dem ersten Entwurf somit von vornherein ausgeschlossen. Dies änderte sich allerdings grundlegend durch den zweiten Entwurf. Der zweite Entwurf übernahm die Grundregel des gutgläubigen Erwerbs aus dem ersten Entwurf, hob jedoch gleichzeitig die Unterscheidung zwischen Besitzer und Inhaber auf. Der Inhaber des ersten Entwurfs wurde im zweiten Entwurf nun auch als „Besitzer" (Besitzmittler, § 868 BGB) bezeichnet. Eine entsprechende Anpassung der Übergaberegel an die neu formulierten Vorschriften im Abschnitt des Besitzes war im zweiten Entwurf jedoch nicht ersichtlich. Dies führte dazu, dass der Besitzmittler (=Inhaber im ersten Entwurf) die Position erlangte, als Nichtberechtigter auch dem Dritten durch Besitzkonstitut den Besitz verschaffen zu können. Zudem lehnte die zweite Kommission die Anträge *Sohms* ab, welche diese Rechtsposition des Besitzmittlers einzuschränken gedachten. Somit nahm das Doppelspiel-Problem beim gutgläubigen Erwerb im deutschen Recht seinen Anfang. In China hingegen findet das Problem seinen Ursprung in anderen Besonderheiten. Das kontinentaleuropäische Recht wurde in China anlässlich der Rechtsmodernisierung der späten Qing-Dynastie rezipiert. Dieser Rezeptionsprozess wurde von der Republik China nach dem Untergang der Qing-Dynastie fortgeführt und mündete schließlich im Erlass des chinesischen Zivilgesetzbuchs von 1930. Nach der Gründung der Volksrepublik China im Jahre 1949 wurde das Zivilgesetzbuch außer Kraft gesetzt und eine weitere Rezeption des europäischen „kapitalistischen" Zivilrechts war somit ausgeschlossen. Erst in den 1980er Jahren wurde der seit Jahrzehnten unterbrochene Rezeptionsprozess wieder aufgenommen. Bei der Gesetzgebung des Sachenrechtsgesetztes war es innerhalb mehrerer Entwürfe streitig, ob die Sicherungsübereignung ins chinesische Sachenrechtsgesetz eingeführt werden sollte, was jedoch schließlich abgelehnt wurde. Das im deutschen Recht wegen fehlender Publizität bei der Sicherungsübereignung entstandene Doppelspiel beim gutgläubigen Erwerb tritt im chinesischen Recht somit in deutlich weniger Konstellationen auf. Dennoch ist es auch dort in gewissen Fallkonstellationen ersichtlich, v. a. deswegen, weil es im chinesischen Sachenrechtsgesetz eine Vorschrift wie die des § 933 BGB, der den gutgläubigen Erwerb bei bloßem Besitzkonstitut ausschließt, fehlt.

(4) Nach dem Inkrafttreten des BGB kamen in Deutschland die beiden genannten Konstellationen des Doppelspiels beim gutgläubigen Erwerb auf. Das Reichsgericht hat sich bereits in den 1930er Jahren wiederholt damit im Rahmen der Lagerfälle auseinandergesetzt, in denen der Lagerhalter ursprünglich für den Eigentümer den Besitz mittelte und danach auf Anweisung

des Nichtberechtigten, der durch Abtretung des Herausgabeanspruchs die Sache übereignete, dem gutgläubigen Erwerber den Lagerschein erstellte. Das Reichsgericht lehnte die Nebenbesitzlehre zu Recht ab und bejahte den gutgläubigen Erwerb mit der Begründung, dass die Erstellung eines neuen Lagerscheins den alten mittelbaren Besitz bereits in äußerlich erkennbarer Weise zu Fall gebrachte habe. In der Entscheidung zum Fräsmaschinenfall vertrat der BGH die Auffassung, dass der erste Sicherungsnehmer wegen der Einschränkung des § 933 BGB zwar das Eigentum nicht gutgläubig habe erwerben können. Jedoch habe er den mittelbaren Besitz und somit einen sich daraus ergebenden Herausgabeanspruch erworben, welchen er sicherungshalber weiter an den zweiten Sicherungsnehmer habe abtreten können. Zwar stellten beide Sicherungsübereignungen mit den Worten des BGH „wirtschaftlich gleich liegende Sachverhalte" dar. Dennoch sprach der BGH das Eigentum dem zweiten Sicherungsnehmer zu, da nur der erste Sicherungsnehmer durch die Abtretung des Herausgabeanspruchs auf jeglichen Besitzrest an den Maschinen verzichtet habe. Mit dem Schicksal des alten mittelbaren Besitzes des Vorbehaltsverkäufers hat sich der BGH allerdings nicht auseinandergesetzt.

In China wird dieses Problem noch nicht hinreichend ernst genommen. Das chinesische Oberste Volksgericht hat bisher noch keine Entscheidung zu einem Fall dieser Konstellation erlassen. Das Shenzhen Mittlere Volksgericht hat lediglich einen Fall, der mit dem deutschen Fräsmaschinenfall vergleichbar war, dahin gehend entschieden, dass bereits derjenige, an den der Vorbehaltskäufer als Nichtberechtigter die Maschinen durch bloßes Besitzkonstitut (!) übereignete, das Eigentum erwirbt. Diese Meinung wurde später durch die vom Obersten Volksgericht verfasste Kommentierung zur richterlichen Auslegung des Sachenrechtsgesetzes bestätigt. Das Tianjin Obere Volksgericht lehnte hingegen bei einer chinesischen Konstellation der Lagerfälle den gutgläubigen Erwerb desjenigen ab, dem der nichtberechtigte Veräußerer einen nur angeblich bestehenden Herausgabeanspruch abtreten wollte, obwohl der Lagerhalter zugleich einen neuen Lagerschein erstellte. Mit der möglichen Rolle eines neu erstellten Lagerscheins und dessen Rechtsschein beim gutgläubigen Erwerb durch Abtretung eines angeblichen Herausgabeanspruchs setzte sich das Tianjin Obere Volksgericht nicht auseinander, was dazu führte, dass die Grundtatbestände des gutgläubigen Erwerbs nach § 106 Abs. SRG übersehen wurden.

(5) Die Lagerfälle und der Fräsmaschinenfall lösten in Deutschland weitreichende Diskussionen aus, insbesondere darüber, ob es überhaupt gerechtfertigt ist,

dem gutgläubigen Erwerber beim Doppelspiel das Eigentum zuzusprechen. Da bei den Lagerfällen die Erstellung eines neuen Lagerscheins an den gutgläubigen Erwerber jedenfalls äußerlich erkennbar ist, ist die Neuzuordnung des Eigentums hier weniger umstritten. Dennoch ist es seit Jahrzehnten streitig, ob dem zweiten Sicherungsnehmer im Fräsmaschinenfall das Eigentum zuzusprechen ist. Die Ansichten, die den Eigentumserwerb des zweiten Sicherungsnehmers verneinen, begründen dies mit verschiedenen Argumenten. Einerseits wird vertreten, dass das bereits bestehende Besitzmittlungsverhältnis die Begründung eines neuen Besitzmittlungsverhältnisses und somit den gutgläubigen Erwerb sperren solle (*Boehmer*) oder dass andererseits der mittelbare Besitz rein objektiver Natur sei, dessen Entstehen und Erlöschen also unabhängig vom inneren Willen des Besitzmittlers sei (*Bömer*). Einen ähnlichen Weg hat *Hager* beschritten, der davon ausging, dass der gutgläubige Erwerb gesperrt sei, solange der wahre Eigentümer noch einen schuldrechtlichen Herausgabeanspruch habe. Diesen drei Lösungsansätzen liegt die Objektivierung des mittelbaren Besitzes zugrunde. Anderer Meinung zufolge ist neuer mittelbarer Besitz unbeschadet des Fortbestehens des alten mittelbaren Besitzes begründet worden, wenn der Vorbehaltskäufer als Nichtberechtigter versucht habe, die Maschinen sicherungshalber durch Besitzkonstitut an den ersten Sicherungsnehmer zu übereignen. Der alte und der neue mittelbare Besitz stünden nebeneinander. Für den gutgläubigen Erwerb sei der vom ersten Sicherungsnehmer erlangte „Nebenbesitz" jedoch nicht ausreichend für einen gutgläubigen Eigentumserwerb. Wenn der erste Sicherungsnehmer die Maschinen weiter sicherungshalber durch Abtretung des sich aus dem „Nebenbesitz" ergebenden Herausgabeanspruchs an den zweiten Sicherungsnehmer übereigne, habe dieser nicht mehr als bloßen „Nebenbesitz" erhalten, welcher für § 934 1. Alt. BGB nicht ausreichend sei. Solche Lösungen zur Verneinung des gutgläubigen Erwerbs des zweiten Sicherungsnehmers stehen nicht mit der heutigen Anschauung zum Besitzrecht in Einklang, insbesondere wenn man die von *Lohsse* belegte Unbedachtheit der zweiten Kommission bei der Einführung des mittelbaren Besitzes ins BGB berücksichtigt. Die v. a. in Kommentaren verbreitete Meinung, dass keine Wertungsinkongruenz bestehe, stützt sich auf die vom BGH getroffene Entscheidung des Fräsmaschinenfalls, wobei viele Autoren zugleich ihre Ratlosigkeit angesichts der klaren Formulierung der §§ 933 f. BGB zum Ausdruck bringen.
In China hat das Doppelspiel-Problem beim gutgläubigen Erwerb noch keine hinreichende Beachtung gefunden. Noch auffälliger ist es, dass das Oberste Volksgericht Chinas in der Kommentierung zur richterlichen Auslegung des

Sachenrechtsgesetzes dieses Problem noch verkomplizierte, indem es den gutgläubigen Erwerb durch bloßes Besitzkonstitut zuließ. Die vorm Erlass der richterlichen Auslegung getroffenen Entscheidungen verschiedener Volksgerichte zu ähnlichen Fällen bejahten teilweise den gutgläubigen Erwerb durch bloßes Besitzkonstitut, während andere ihn verneinten. Diese Rechtsprechung bedarf insgesamt der Korrektur.

(6) In Deutschland sind die Doppelspiel-Fälle beim gutgläubigen Erwerb v. a. wegen fehlender Publizität bei der Sicherungsübereignung ein heikles Problem. Denn wenn die Sicherungsübereignung z. B. durch „*notice filing*" erkennbar wäre, wäre die Wahrscheinlichkeit eines Doppelspiels stark reduziert. Ein Doppelspiel beim gutgläubigen Erwerb in sonstigen sich nicht aus einer Sicherungsübereignung ergebenden Konstellationen könnte dadurch vermieden werden, dass der Besitzmittler ohne äußerlich erkennbare Handlung keinem Dritten den mittelbaren Besitz verschaffen kann.

Im chinesischen Recht bedarf die Meinung des Obersten Volksgerichts aus mehreren Gründen der Korrektur: Zum einen darf durch ein bloßes Besitzkonstitut kein gutgläubiger Erwerb eintreten. Daneben wäre noch eine weitere Einschränkung für den Besitzmittler erforderlich, sodass dieser nur durch eine äußerlich erkennbare Handlung den alten mittelbaren Besitz beenden und denselben einem Dritten einräumen darf. Falls die Sicherungsübereignung von der noch beratenden Kodifikationskommission ins künftige Zivilgesetzbuch aufgenommen wird, wären detaillierte Publizitätsvorschriften wünschenswert.

Literaturverzeichnis

A. Deutsche und englische Literatur

Altmeppen, Holger et al. (Hrsg.): Festschrift für *Rolf Knütel* zum 70. Geburtstag, München u. a. 2009.

Ahl, Björn: Neue Maßnahmen zur Vereinheitlichung der Rechtsprechung in China, in: ZChinR 2012, S. 1–16.

Avenarius, Martin: Übereignung besitzloser Sachen und Vindikationszession, in: JZ 1994, S. 511–512.

Baumann, Xiaoyan: Das neue chinesische Sachenrecht, 1. Aufl., Baden-Baden 2006.

Baumgärtel, Gottfried et al. (Hrsg.): Festschrift für *Heinz Hübner* zum 70. Geburtstag am 7. November, Berlin 1984.

Baur, Fritz/Baur, F. Jürgen/Stürner, Rolf: Sachenrecht. 18., neu bearbeitete Aufl., München 2009.

Biermann, Johannes: Traditio ficta, Amsterdam 1891.

Biermann, Johannes et al. (Hrsg.): Kommentar zum Bürgerlichen Gesetzbuch und seinen Nebengesetzen. 3. neubearbeitete Aufl., Berlin 1914.

Boehmer, Gustav: Grundlagen der bürgerlichen Rechtsordnung. Dogmengeschichtliche Grundlagen des bürgerlichen Rechts. 2. Buch, 1. Abteilung, Tübingen 1951.

Boehmer, Gustav: Grundlagen der Bürgerlichen Rechtsordnung. Dogmengeschichtliche Grundlagen des bürgerlichen Rechts, 2. Buch, 2. Abteilung, Tübingen 1952.

Bömer, Guido: Besitzmittlungswille und mittelbarer Besitz. Tübingen 2009.

Brandsma, Frits: Zucker- und Fräsmaschinen oder Gab es Nebenbesitz im römischen Recht? in: TRG (2010), S. 209–218.

Brinkmann, Moritz: Kreditsicherheiten an beweglichen Sachen und Forderungen, 1. Aufl., Tübingen 2011.

Bruns, Viktor: Besitzerwerb durch Interessenvertreter, Tübingen 1910.

Bu, Yuanshi: Einführung in das Recht Chinas, München 2009.

Bülow, Peter: Recht der Kreditsicherheiten, 8., neu bearbeitete und erweiterte Aufl., Heidelberg u. a. 2012.

Chen, Miaofen: Die Bedeutung von Savignys Rechtslehre für die moderne Rechtsreform im chinesischen Sprachraum, in: *Rückert/Duve* (Hrsg.), Savigny International, Frankfurt a. M. 2015.

Cordes, Albrecht et al. (Hrsg.): Handwörterbuch zur deutschen Rechtsgeschichte Band II, 2., völlig überarbeitete und erweiterte Aufl., Berlin 2012.

Deutscher Anwaltsverein (Hrsg.): Gutachten aus dem Anwaltsstande: Ueber die erste Lesung des Entwurfs eines Bürgerlichen Gesetzbuchs, Berlin 1890.

Dittmann, Marcus: Das Bürgerliche Gesetzbuch aus Sicht des Common Law, Berlin 2001.

Dölle, Hans: JW (1932) Heft 18, Anmerkung zu Fall 13, S. 1212–1215

Dölle, Hans: JW (1932) Heft 51/52, Anmerkung zu Fall 4, S. 3763–3766.

Eidenmüller, Horst/Kieninger, Eva-Maria (Hrsg.): The Future of Secured Credit in Europe, Berlin u. Boston 2008.

Einsele-Wili, Felicitas: Die Vindikationszession, Zürich 1976.

Erman, Walter et al. (Hrsg.) Handkommentar zum Bürgerlichen Gesetzbuch mit Nebengesetzen, 14. Aufl., Köln 2014.

Ernst, Wolfgang: Eigenbesitz und Mobiliarerwerb, Tübingen 1992.

Flume, Werner: Allgemeiner Teil des bürgerlichen Rechts. Zweiter Band. Das Rechtsgeschäft. 4., unveränderte Aufl., Berlin u. a. 1992.

Freudenberg, Christian: Die Entwicklung des rechtsgeschäftlichen Eigentumserwerbs in der DDR: Die Verabschiedung des Abstraktionsprinzips, Frankfurt a. M. u. a. 1997.

Füller, Jens Thomas: Eigenständiges Sachenrecht? Tübingen 2006.

Gierke, Otto von: Der Entwurf eines Bürgerlichen Gesetzbuchs und das deutsche Recht, veränderte und vermehrte Ausgabe, Leipzig 1889.

Gierke, Otto von: Die soziale Aufgabe des Privatrechts, Berlin, Heidelberg 1889.

Goldmann, Eduard/Lilienthal, Leo: Das Bürgerliches Gesetzbuch, systematisch dargestellt, Zweiter Band, Sachenrecht, Berlin 1912.

Gursky, Karl-Heinz: Klausurenkurs im Sachenrecht. Fälle und Lösungen nach höchstrichterlichen Entscheidungen, 12., neu bearbeitete Aufl., Heidelberg u. a. 2008.

Habscheid, Walther Jakob et al. (Hrsg.): Festschrift für *Friedrich Wilhelm Bosch* zum 65. Geburtstag, Bielefeld 1976.

Haferkamp, Hans-Peter: Art. „Besitz", in: Enzyklopädie der Neuzeit, Band 2, Stuttgart, Weimar 2005, Sp. 82–84.

Haferkamp, Hans-Peter: „Fehleridentität" – zur Frage der Anfechtung von Grund- und Erfüllungsgeschäft, in: Jura 20, 1998, S. 511–516.

Haferkamp, Hans-Peter: Gesetz und juristische Methode in der Wertungsjurisprudenz, in: ZfPW (2016), S. 319–334.

Hager, Johannes: Verkehrsschutz durch redlichen Erwerb, München 1990.

Hähnchen, Susanne: Rechtsgeschichte. Von der Römischen Antike bis zur Neuzeit, 4., völlig neu bearbeitete und erweiterte Aufl., Heidelberg u. a. 2012.

Heck, Philipp: Grundriss des Sachenrechts. Neudruck der Ausgabe von J. C. B. Mohr 1930. Aalen 1960.

Heuser, Robert: Grundriss der Geschichte und Modernisierung des chinesischen Rechts, 1. Aufl., Baden-Baden 2013.

Heuser, Robert: Beginn eines Jahrhundertprojekts: Rechtsreform unter der Späten Qing-Dynastie, in: ZChinR 2008, S. 192–205.

Horn, Norbert et al. (Hrsg.): Aspekte europäischer Rechtsgeschichte. Festgabe für *Helmut Coing* zum 70. Geburtstag, Frankfurt a. M. 1982.

Honsell, Heinrich: Römisches Recht, 8. Aufl., Berlin, Heidelberg 2015.

Hübner, Heinz: Der Rechtsverlust im Mobiliarsachenrecht, Erlangen 1955.

Hurst-Wechsler, Martina: Herkunft und Bedeutung des Eigentumserwerbs kraft guten Glaubens nach Art. 933 ZGB, Zürich 2000.

Jakobs, Horst H./Schubert, Werner (Hrsg.): Die Beratung des Bürgerlichen Gesetzbuchs, Sachenrecht, Band I, §§ 854–1017. Berlin, New York 1985.

Kindl, Johann: Gutgläubiger Mobiliarerwerb und Erlangung mittelbaren Besitzes, in: AcP 201 (2011), S. 391–410.

Jehle, Jörg-Martin (Hrsg.): Rezeption und Reform im japanischen und deutschen Recht, Göttingen 2008.

Johow, Reinhold: Entwurf eines Bürgerlichen Gesetzbuches für das Deutsche Reich, Sachenrecht, Begründung Band I, Berlin 1880.

Johow, Reinhold: Entwurf eines Bürgerlichen Gesetzbuches für das Deutsche Reich, Sachenrecht, Begründung Band II, Berlin 1880.

Kindl, Johann: Rechtsscheintatbestände und ihre rückwirkende Beseitigung, Berlin, Heidelberg 1999.

Kindel, Wilhelm: Das Recht an der Sache, Breslau 1889.

Kindel, Wilhelm: Das Rechtsgeschäft und sein Rechtsgrund, Berlin 1892.

Kaser, Max/Knütel, Rolf/Lohsse, Sebastian: Römisches Privatrecht, 21. Aufl., München 2016.

Klages, Niels/Peter Leibküchler/Pißler, Knut Benjamin Deutsche Übersetzung „Allgemeiner Teil des Zivilrechts der Volksrepublik China", in: ZChinR 2017, S. 208–238.

König, Heinz: Der Nebenbesitz, Düsseldorf 1939.

Kress, Hugo: Besitz und Recht, Nürnberg 1909.

Krimphove, Das Europäische Sachenrecht, Lohmar-Köln 2006.

Lange, Hermann: Eigentumserwerb im Falle des § 934 Halbs. 1 BGB – BGHZ 50, 45, in: JuS 1969, S. 162–166.

Lasch, Werner: Stufung und Spaltung des mittelbaren Besitzes, Marburg 1934.

Liang, Huixing: Das chinesische Zivilrecht: Sein gegenwärtiger Zustand und der Erlaß eines Zivilgesetzbuches, in: AcP 194 (1994), S. 479–494.

Lohsse, Sebastian: Gutgläubiger Erwerb, mittelbarer Besitz und die Väter des BGB, in: AcP 206 (2006), S. 527–554.

Lübtow, Ulrich von: Studien zur Rechtsgeschichte Band II, Rheinfelden 1997.

Luig, Klaus: Art. „Gemeines Recht“, in: HRG[2] Band II (2012), Sp. 60–77.

Manigk, Alfred: JW (1928) Heft 7, Anmerkung zu Fall 3, S. 398–400.

Medicus, Dieter: Bürgerliches Recht, 1. Aufl., Köln u. a. 1968.

Medicus, Dieter/Petersen, Jens: Bürgerliches Recht, 25. Aufl., München 2015.

Menger, Anton: Das bürgerliche Recht und die besitzlosen Volksklassen. Eine Kritik des Entwurfs eines Bürgerlichen Gesetzbuches für das Deutsche Reich, Tübingen 1890.

Michalski, Lutz: Versuch einer Korrektur der Inkongruenz von § 933 und § 934 BGB, in: AcP 181 (1981), 384–422.

Motive zu dem Entwurfe eines Bürgerlichen Gesetzbuches für das Deutsche Reich, Band III Sachenrecht, Berlin u. Leipzig 1888.

Mugdan, Benno (Hrsg.): Die gesamten Materialien zum Bürgerlichen Gesetzbuch für das Deutsche Reich, Band III, Sachenrecht, Berlin 1899.

Müller, Wulf: Heimlicher Gutglaubenserwerb, in: AcP 137 (1933), S. 86–94.

Münchener Kommentar: Kommentar zum BGB, §§ 1–240, 7. Aufl., München 2015; §§ 241–432, 7. Aufl., München 2016; §§ 705–853, 7. Aufl., München 2017; §§ 854–1296, 7. Aufl., München 2017.

Peters, Frank: Rezession zu *Wolfgang Ernst*: Eigenbesitz und Mobiliarerwerbt, in: AcP 192 (1992), S. 348–352.

Musielak, Hans-Joachim: Eigentumserwerb an beweglichen Sachen nach §§ 932 ff. BGB, in: JuS 1992, S. 713–723.

Petersen, Jens: Von der Interessenjurisprudenz zur Wertungsjurisprudenz, 1. Aufl., Tübingen 2001.

Picker, Eduard: Mittelbarer Besitz, Nebenbesitz und Eigentumsvermutung in ihrer Bedeutung für den Gutglaubenserwerb, in: AcP 188 (1988), S. 511–571.

Planck, Gottlieb (Hrsg.): Planck's Kommentar zum Bürgerlichen Gesetzbuch: nebst Einführungsgesetz, Band III/1 Sachenrecht, §§ 854–1112, 5. Aufl., Berlin 1933.

Pißler, Knut Benjamin: Erläuterungen des Obersten Volksgerichts zu einigen Fragen der Anwendung des „Sachenrechtsgesetzes der Volksrepublik China" (Teil 1), in: ZChinR 2017, S. 64–68.

Pißler, Knut Benjamin: Erläuterungen des Obersten Volksgerichts zu Fragen der Rechtsanwendung bei der Behandlung von Streitfällen zu Kaufverträgen, in: ZChinR 2014, S. 373–383.

Protokolle der Kommission für die zweite Lesung des Entwurfs des Bürgerlichen Gesetzbuchs, Band III Sachenrecht, Berlin 1899.

Prütting, Hanns: Sachenrecht, 36., neu bearbeitete Aufl., München 2017.

Prütting, Hanns/Wegen, Gerhard/Weinreich, Gerd (Hrsg.): BGB Kommentar, 12. Aufl., Köln 2017.

Reatz, Karl Ferdinand (Hrsg.): Die zweite Lesung des Entwurfs eines Einführungsgesetzes zum Bürgerlichen Gesetzbuch unter Gegenüberstellung der ersten Lesung, Berlin 1894–1896.

Regelsberger, Ferdinand: Der sogenannte Rechtserwerb vom Nichtberechtigten, in: JherJb 47 (1904), S. 339–378.

Reinicke, Dietrich/Tiedtke, Klaus: Kreditsicherung, 5., vollständig überarbeitete und erweiterte Aufl., Neuwied 2006.

Scherner, Karl Otto: Salmannschaft, Servusgeschäft und venditio iusta, Wiesbaden 1971.

Schubert, Werner: Die Entstehung der Vorschriften des BGB über Besitz und Eigentumsübertrag, Berlin 1966.

Shao, Jiandong: Die Rezeption des deutschen Zivilrechts im alten China, in: JZ 1999, S. 80–86.

Simon, Dieter (Hrsg.): Rechtswissenschaft in der Bonner Republik, 1. Aufl., Frankfurt a. M. 1994.

Stadler, Astrid Die Vorschläge des Gemeinsamen Referenzrahmens für ein europäisches Sachenrecht – Grundprinzipien und Eigentumserwerb, in: JZ 2010, S. 380–392.

Theodor, Soergel et al. (Hrsg.) Bürgerliches Gesetzbuch mit Einführungsgesetz und Nebengesetzen, Sachenrecht I, §§ 854–984, 13. Aufl., Stuttgart 2002.

Stagl, Jakob Fortunat: Gutgläubiger Fahrniserwerb als „sofortige Ersitzung", in: AcP 211 (2011), S. 530–582.

Staudinger, Julius von (Hrsg.): Kommentar zum Bürgerlichen Gesetzbuch mit Einführungsgesetz und Nebengesetzen, §§ 146–240, Neubearbeitung 2014, Berlin 2014; §§ 854–882, Neubearbeitung 2012, Berlin 2012; §§ 925–984, Neubearbeitung 2017, Berlin 2017.

Sun, Xianzhong: Die Kodifikation eines Zivilgesetzbuches in China: Einige Probleme mit Blick auf die Systematisierung und Verwissenschaftlichung der Gesetzgebung, in: ZChinR 2017, S. 86–108.

Sun, Xianzhong: Die Rezeption der westlichen Zivilrechtswissenschaft und ihre Auswirkung im modernen China, in: RabelsZ 71 (2007), S. 644–662.

Sun, Xianzhong: Die Kodifikation eines Zivilgesetzbuches in China: Einige Probleme mit Blick auf die Systematisierung und Verwissenschaftlichung der Gesetzgebung, in: ZChinR 2017, S. 86–108.

Szerkus, Oscar: Die Lehre vom Nebenbesitz und gutgläubiger Erwerb nach § 934 Alt. 1 BGB, in: ZJS 5/2016, S. 592–596.

Sutter-Somm, Thomas (Hrsg.): Schweizerisches Privatrecht, Band V, erster Teilband, Besitz und Eigentum. 2., vollständig überarbeite Aufl., Basel, Genf, München 2014.

Tiedtke, Klaus: Gutgläubiger Erwerb im bürgerlichen Recht im Handels- und Wertpapierrecht sowie in der Zwangsvollstreckung, Berlin, New York 1985.

Tiedtke, Klaus: Erwerb beweglicher und unbeweglicher Sachen kraft guten Glaubens, in: Jura 1983, S. 460–476.

Tiedtke, Klaus: Erwerb und Verlust des Sicherungseigentums an eingelagerter Ware, in: WM 1978, S. 446–455.

Tiedtke, Klaus: Die Übereignung eingelagerter Ware, in: WM 1979, S. 1142–1153.

Vieweg, Klaus/Werner, Almuth: Sachenrecht. 7., neu bearbeitete Aufl., München 2015.

Voigt, Uwe-Michael: Die Funktion mittelbaren Besitzes beim Mobiliarerwerb, Berlin 2012.

Völkl, Artur: Der Verkauf der fremden Sache im Westgotenrecht, in: ZGR RA 110 (1993), S. 427–500.

Wacke, Andreas: Das Besitzkonstitut als Übergabesurrogat in Rechtsgeschichte und Rechtsdogmatik, Köln 1974.

Wang, Chung-Hui: The German Civil Code, translated and annotated with an historical introduction and appendices, London 1907.

Wang, Tze-Chien: Die Aufnahme des europäischen Rechts in China, in: AcP 166 (1966), S. 343–351.

Wang, Qiang: Beiträge der späten Qing-Zeit zu Chinas moderner vermögensrechtlicher Terminologie, Frankfurt a. M. u. a. 2012.

Weise, Christian Ludwig: Zur Dogmatik des Nebenbesitzes, München 1966.

Westermann, Harm Peter/Gursky, Karl-Heinz/Eickmann, Dieter: Sachenrecht, 8., neu bearbeitete Aufl., Heidelberg 2011.

Westermann, Harry: Wesen und Grenzen der richterlichen Streitentscheidung im Zivilrecht, Münster Westf. 1955.

Wieling, Hans Josef: Der mittelbare Besitz, in: Studi in onore di Cesare Sanfilippo, Band I, Milano 1982, S. 715–741.

Wieling, Hans Josef: Voraussetzungen, Übertragung und Schutz des mittelbaren Besitzes, in: AcP 184 (1984), S. 439–464.

Wieling, Hans Josef: Sachenrecht. 2., vollständig überarbeitete Aufl., Berlin u. a. 2006.

Wilhelm, Jan: Sachenrecht, 5., völlig neu bearbeitete Aufl., Berlin, Boston 2016.

Windscheid, Bernhard/

Kipp, Theodor: Lehrbuch des Pandektenrechts, 9. Aufl., Neudruck der Ausgabe Frankfurt a. M. 1906. Aalen 1984.

Winter, Matthias: Das Lösungsrecht nach gutgläubigem Erwerb, Tübingen 2014.

Wolff, Martin: Sachenrecht, 7. Bearbeitung, Tübingen 1927.

Wolff, Martin/Raiser, Ludwig: Sachenrecht, 10. Bearbeitung, Tübingen 1957.

Zhuang, Jiayuan: Interessenkonflikte wegen des Mangels an Publizität bei der Sicherungsübereignung, Frankfurt a. M. u. a. 2012.

Zinser, Rebecka: Die Entstehung des chinesischen Sachenrechtsgesetzes, Frankfurt a. M. u. a. 2012.

Zweigert, Konrad/Kötz, Hein: Einführung in die Rechtsvergleichung, 3., neubearbeitete Aufl., Tübingen 1996.

B. Chinesische Literatur

Chang, Peng'ao: Entfaltung und Reflexion über Sachenrecht, Beijing 2007. (*Chang, Peng'ao*: wuquanfa de zhankai yu fansi).

Chang, Peng'ao: Grundkurs und fortgeschrittener Kurs des Sachenrechts, Beijing 2016. (*Chang, Peng'ao*: wuquanfa de jichu yu jinjie).

Chen, Tien-Huei: Ist das Besitzkonstitut tauglich für den gutgläubigen Erwerb des Eigentums an beweglichen Sachen? in: The Law Mothly 2007, S. 35–46. (*Chen Tien-Huei*: shifou deyi zhanyougaiding zhi fangshi shanyi qude dongchan suoyouquan, in: faling yuekan).

Chen, Huabin: Zur rechtsgeschäftlichen Eigentumsübertragung, in: *Liang, Huixing* (Hrsg.), Essaysammlung für das Zivil- und Handelsrecht 1997, Nr. 2, Band 6, S. 75–156, Beijing 1997. (*Chen, Huabin*: lun jiyu falü xingwei de suoyouquan biandong, in: minshangfa luncong).

Chen, Su (Hrsg.): Kommentar zum Allgemeinen Teil des chinesischen Zivilgesetzbuchs, Beijing 2017. (*Chen, Su*: minfa zongze pingzhu).

Cui, Jianyuan: Sachenrecht, 3. Aufl., Beijing 2014. (*Cui, Jianyuan*: wuquanfa).

Cui, Jianyuan: Vertragsrecht, 2. Aufl., Beijing 2013. (*Cui, Jianyuan*: hetongfa).

Cui, Jianyuan: Sachenrecht: Normen und Lehre, Band I, Beijing 2011. (*Cui, Jianyuan*: wuquan: guifan yu xueshuo shang).

Cui, Jianyuan: Noch einmal zur Voraussetzung für das Wirksamwerden der Übertragung dingliche Rechte an beweglichen Sachen, in: Jurist 2010 (5), S. 49–55. (*Cui, Jianyuan*: zailun dongchan wuquan biandong de shengxiao yaojian, in: faxuejia).

Dai, Yongsheng: Die Registrierung und Entgegenhaltung gegenüber Dritten bei besonderen beweglichen Sachen, in: Oriental Law, 2014(5), S. 42–55; 2014(6), S. 28–48. (*Dai, Yongsheng*: teshu dongchan de wuquan biandong yu duikang, in: dongfang faxue).

Du, Wanhua (Hrsg.): Verständnis und Anwendung der richterlichen Auslegung des Obersten Volksgerichts zum Sachenrechtsgesetz, Beijing 2016. (*Du, Wanhua*: zuigao renminfayuan wuquanfa sifa jieshi lijie yu shiyong).

Liu, Yiqing/Zhang, Deqin (Hrsg.): Die von *Gong Xiantian* ausgelöste Sensation, Beijing 2006. (*Liu, Yiqing/Zhang, Deqin*: gongxiantian xuanfeng lu).

Han, Shiyuan: Die Gewährleistung des Verkäufers wegen Sachmangels und das Vertragsgesetz Chinas, in: China Legal Science 2007, S. 170–190. (*Han, Shiyuan*: chumairen de wude xiacidanbao zeren yu woguo hetongfa, in: zhongguo faxue).

He, Qinhua/Li, Xiuqing/Chen, Yi (Hrsg.): Zusammenstellung der Entwürfe des Zivilgesetzbuchs vom neuen China, Band II, Beijing 2002. (*He, Qinhua/Li, Xiuqing/Chen, Yi*: xinzhongguo mifadian caoan zonglan xia).

Hsieh, Tsay-chuan: Sachenrecht des bürgerlichen Rechts, 5. Aufl., Beijing 2011. (*Hsieh, Tsay-chuan*: minfa wuquan lun).

Hu, Kangsheng (Hrsg.): Erläuterungen zum Sachenrechtsgesetz der Volksrepublik China, Beijing 2016. (*Hu Kangsheng*: zhonghuarenmin gongheguo wuquanfa shiyi.

Huang, Songyou (Hrsg.): Das Sachenrecht der VR China: Verständnis und Anwendung, Beijing 2007. (*Huang, Songyou*: zhonghuarenmin gongheguo wuquanfa: tiaowen lijie yu shiyong).

Liang, Huixing: Erkennt unser Recht das dingliche Rechtsgeschäft an? in: Chinese Journal of Law 1989(6), S. 56–62. (*Liang, Huixing*: woguo minfa shifou chengren wuquanxingwei? in: faxue yanjiu).

Liang, Huixing: Wie ist § 51 VG zu verstehen? in: *Liang Huixing*. (Hrsg.), Essaysammlung für das Zivil- und Handelsrecht 1999 Nr. 3, Band 15, Beijing 1999. (*Liang Huixing*: ruhe lijie hetonfa di wushiyi tiao, in: minshangfa luncong).

Liang, Huixing (Hrsg.): Der Vorschlagsentwurf des chinesischen Sachenrechtsgesetzes nebst den Begründungen, 2. Aufl., Beijing 2007. (*Liang, Huixing*: zhongguo wuquanfa caoan jianyigao fu liyou).

Liang, Huixing/Chen, Huabin: Sachenrecht, 6. Aufl., Beijing 2016. (*Liang, Huixing/Chen, Huabin*: wuquangfa).

Liang, Huixing/Chen, Huabin: Sachenrecht, 5. Aufl., Beijing 2015. (*Liang, Huixing/Chen, Huabin*: wuquangfa).

Liu, Jia'an: Sachenrecht, 2. Aufl., Beijing 2015. (*Liu, Jia'an*: wuquanfa).

Peng, Chengxin: Die Wahl der Übereignungsregel in der Gesetzgebung, in: Rechtswissenschaft, 2000(1), S. 73–80; 2000(2), S. 55–65. (*Peng, Chengxin*: woguo wuquan biandong lilun de lifa xuanze, in: falü kexue).

Ran, Keping: Allgemeiner Teil des Sachenrechts, 1. Aufl., Beijing 2015. (*Ran Keping*: wuquanfa zonglun.

Sun, Xianzhong: Allgemeiner Teil des chinesischen Sachenrechts, 3. Aufl., Beijing 2014. (*Sun, Xianzhong*: zhongguo wuquanfa zonglun).

Sun, Xianzhong: Die Kommentierung zu den Regeln über die Übertragung dinglicher Rechte im Sachenrechtsgesetz der VR China, in: Chinese Journal of Law 2008 (3), S. 42–51. (*Sun, Xianzhong*: woguo wuquanfa zhong wuquan biandong guize de fali shupin, in: faxue yanjiu).

Sun, Xianzhong: Zur Entstehung und Bedeutung des dinglichen Rechtsgeschäfts, in: Chinese Journal of Law 1996(3), S. 80–92. (*Sun, Xianzhong*: wuquanxiwei lilun tanyuan jiqi yiyi, in: faxue yanjiu).

Tian, Shiyong: Studien zur Lehre des dinglichen Rechtsgeschäfts, Beijing 2002. (*Tian, Shiyong*: wuquanxingwei lilun yanjiu).

Wang, Hongliang: Allgemeiner Teil des Schuldrechts, 1. Aufl., Beijing 2016. (*Wang, Hongliang*: zhaifa zonglung).

Wang, Liming: Studien zum Sachenrecht, Band I, 4. Aufl., Beijing 2016. (*Wang, Liming*: wuquanfa yanjiu shang).

Wang, Liming: Die Humanistische Sorge und die Kodifikation des Persönlichkeitsrechts, in: Journal of Chongqing University (Social Science Edition), 2016(1), 176–183. (*Wang, Liming*: rewen guanhuai yu rengequan duli chengbian, in: chongqing daxue xuebao (shehui kexue ban)).

Wang, Liming: Der Erlass des Allgemeinen Teils des Zivilgesetzbuchs und die Schaffung eines selbstständigen Buches des Persönlichkeitsrechts, in: Politik und Recht 2017(8), S. 2–11. (*Wang, Liming*: minfa zongze de banxing yu mifadian rengequanbian de sheli, in: zhengzhi yu falü).

Wang, Liming: Die Regel über Mehrfache Veräußerungen der registrierten beweglichen Sachen in: Legal Forum 2010 (6), S. 5–10. (*Wang Liming*: teshu dongchan yiwushumai de wuquan biandong guize, in: faxue luntan).

Wang, Liming (Hrsg.): Der Vorschlagsentwurf des chinesischen Sachenrechtsgesetzes nebst den Begründungen, 1. Aufl., Beijing 2001. (*Wang, Liming*: zhongguo wuquanfa caoan jianyigao ji shuoming).

Wang, Tze-Chien: Sachenrecht des bürgerlichen Rechts, 2., ergänzende Aufl., Taipeh 2010. (*Wang Tze-Chien*: minfa wuquan)..

Wang, Tze-Chien: Sachenrecht des Bürgerlichen Rechts, Beijing 2009. (*Wang Tze-Chien*: minfa wuquan).

Xie, Zhenmin (Hrsg.): Gesetzgebungsgeschichte der Republik China, Beijing 2000. (*Xie, Zhenmin*: zhonghua minguo lifa shi).

Xu, Diyu: Die Basis der Gesetzesauslegung bei der Verteilung der Beweislast in Zivilsachen, in: Chinese Journal of Law 2016(2), S. 86–111. (*Xu, Diyu*: minshi zhengming zeren fenpei zhi jieshi jizhun, in: faxue yanjiu).

Yang, Daixiong: Die Voraussetzungen für die Übertragung des Eigentums an registrierten beweglichen Sachen, in: Rechtswissenschaft 2010 (1), S. 124–136. (*Yang, Daixiong*: zhunbudongchan der wuquan biandong yaojian, in: falükexue).

Yu, Jiang: Die Analyse des Entwurfs zum Zivilgesetzbuch der Qing-Dynastie, in: Nanjing University Law Review 1998(Spring), S. 146–161. (*Yu, Jiang*: daqing minlü caoan kaoxi, in: najing daxue falü pinglun).

Zhang, Sheng: Studien zur Kodifizierung chinesischen Zivilrechts in der Neuzeit Beijing 2004. (*Zhang, Sheng*: zhongguo jindai minfa fadianhua yanjiu).

Zhu, Guangxin: Die Grenze der Anwendbarkeit der Vorschriften über gutgläubigen Erwerb auf Immobilien, in: Chinese Journal of Law 2009 (4), S. 40–61. (*Zhu, Guangxin*: budongchan shiyong shanyiqude zhidu de xiandu, in: faxue yanjiu).

Zhu, Qingyu: Die normative Struktur des dinglichen Rechtsgeschäfts und das Übereignungsprinzip in China, in: Jurist 2013 (6), S. 62–80. (*Zhu, Qingyu*: wuquxingwei de guifan jiegou yu woguo zhi suoyouquan biandong, in: faxuejia).

Zhu, Qingyu: Allgemeiner Teil des Zivilrechts, Beijing 2016. (*Zhu Qingyu*: minfa zonglun).

Zhuang, Jiayuan: Übertragung des Fahrniseigentums durch Abtretung des Herausgabeanspruchs, in: Chinese Journal of Law 2014 (3), S. 168–185. (*Zhuang, Jianyuan*: jiyu zhishijiaofu de dongchan suoyouquan zhuanyi, in: faxue yanjiu).

www.ingramcontent.com/pod-product-compliance
Ingram Content Group UK Ltd.
Pitfield, Milton Keynes, MK11 3LW, UK
UKHW022100051026
15623UKWH00003B/578

9 783631 756607